파이썬 플러스

최희식

2012년 2월 숭실대학교 일반대학원 컴퓨터학과 전공(공학박사)

2020년 3월~ 서울과학기술대학교 산업시스템공학부 외래교수

2020년 8월~ 한국외국어대학교 미네르바학부 외래교수

2021년 8월~ 건국대 상허교양대학 외래교수

관심분야

SW프로그래밍(Java, C, DB, Python, JSP, JavaScript, Node.Js 등), 컴퓨팅사고,
인공지능, 빅데이터, IoT, 정보보안 etc.

파이썬 플러스

인쇄 2024년 7월 17일 초판 1쇄
발행 2024년 7월 31일 초판 1쇄

지은이 최희식
발행인 채희만
발행처 INFINITYBOOKS | **주소** 경기도 고양시 일산동구 하늘마을로 158, 대방트리플라온 C동 209호
대표전화 02)302-8441 | **팩스** 02)6085-0777
출판팀 임민정, 강미연 | **마케팅팀** 한석범, 성희령 | **경영관리팀** 이승희

도서문의 및 A/S지원
홈페이지 www.infinitybooks.co.kr | **이메일** helloworld@infinitybooks.co.kr

ISBN 979-11-92373-36-2 | **등록번호** 제 2021-000018호 | **판매정가** 25,000원

머리말

컴퓨터 언어는 과거 Fortran, Cobol, Delphi부터 최근 C, Java에 이르기까지 많은 진화를 거듭하였다. 파이썬은 타 언어에 비해 세상에 늦게 나온 언어지만 초보자도 접근하기 쉬운 문법과 뛰어난 가독성을 가졌으며, 최근 프로그래밍 언어 인기 순위에서도 가장 높은 점유율을 가진 언어로 자리 잡았다.

무엇보다 파이썬이 가지고 있는 가장 큰 장점은 기존 C나 Java와 같은 다른 언어와 함께 사용할 때 인터페이스가 좋으므로 상호 데이터 교환이 가능하다는 것이다. 또한 최근 이슈가 되고 있는 인공지능과 함께 머신러닝, 딥러닝 분야에서 대량의 데이터를 빠르게 처리할 수 있는 효율성과 데이터 분석이 탁월하다는 장점도 있다. 이러한 이유로 실무 전문가들이 파이썬을 채택하여 활용하고 있다.

이 책의 특징 및 구성은 다음과 같다.

첫째, 초보자도 파이썬을 쉽게 익힐 수 있도록 구성하였다.

둘째, 파이썬 프로그래밍과 관련된 내용을 이해하기 쉬운 문제와 설명으로 기술하였다.

셋째, 각 장마다 학습 이해도를 스스로 측정할 수 있도록 기초 진단문제를 수록하였다.

넷째, 각 장이 끝날 때마다 연습문제와 수행평가를 수록하여 프로그래밍 코드에 대한 문제 해결 능력을 향상시킬 수 있도록 하였다.

『파이썬 플러스』가 출간될 수 있도록 도움을 준 인피니티북스 한석범 부장, 임민정 대리, 강미연 사원, 출판사 기획 관계자 여러분께 깊은 감사를 드린다. 인공지능과 4차 산업 혁명이 도래된 시점에서 이 책을 자신 있게 추천하는 이유는 파이썬 프로그래밍의 개념 확립과 문제 해결에 충분한 지침서 역할을 하기 때문이다.

You can do it with this book!

2024년 7월

지은이 최희식

강의 계획

주차	주차별 강의 주제	강의 내용
1	파이썬 프로그래밍 소개	파이썬 프로그래밍 소개, 파이썬 설치 및 실행
2	스크립트 모드와 입출력	파이썬 스크립트 모드, print() 함수, 변수, input() 함수
3	기본 자료형과 기본 연산자	파이썬 기본 자료형, 파이썬 기본 연산자
4	연산자	파이썬 연산자(복합 대입 연산자, 관계 연산자, 논리 연산자, 비트 연산자, 쉬프트 연산자, 삼항 연산자)
5	조건문	if 문, 중첩 if 문
6	반복문	for 문, while 문
7	중첩 반복문	중첩 반복문, 기타 제어문(break 문, continue 문, pass 문)
8	중간고사	중간고사
9	자료형 1(리스트)	리스트 살펴보기, 리스트 데이터 활용하기
10	자료형 2(튜플, 다중 리스트, 딕셔너리, 세트)	튜플, 다중 리스트, 딕셔너리, 세트
11	함수 1(사용자 정의 함수)	함수, 유용한 내장함수
12	함수 2(지역변수, 전역변수)	지역변수와 전역변수, 유용한 함수
13	예외 처리와 파일 처리	예외 처리, 파일 처리
14	클래스와 모듈	클래스, 모듈
15	기말고사	기말고사

차례

CHAPTER 01

파이썬 프로그래밍 소개

학습목표

이번 장은 Python 언어와 처음 만나는 과정으로, 프로그래밍 언어 및 Python 언어란 무엇인지, Python 언어에는 어떤 특징이 있는지를 파악한다. 그리고 Python 프로그램을 작성할 때 필요한 도구인 Python IDLE 3.12 버전을 다운로드하여 설치하고 쉘 모드 상태에서 간단한 명령 실행 방법에 대해 살펴본다.

학습목차

1.1 파이썬 프로그래밍 소개

파이썬 프로그래밍 언어는 기존 고급언어인 C, C++, Java, Basic 언어와 같은 고급언어에 속하는 언어로, 최근 전 세계적으로 프로그래밍 도입 언어로 많은 사랑을 받으며 현재 자바와 함께 매우 영향력 있는 언어로 자리 잡고 있다. 현재 많은 대학에서도 기존에 프로그래밍 도입 언어로 사용했던 C 대신 최근에는 파이썬 언어로 대체하여 교육하고 있는 만큼 파이썬 언어가 중심적 언어로 자리 잡고 있으며 삼성을 비롯한 대기업에서도 파이썬 언어의 중요성에 대해서 강조하고 있다.

미국 대학의 경우에 자바를 넘어서 컴퓨터 공학 입문용으로 대부분 파이썬을 선택해 활용하고 있으며, ACM이라는 기관의 조사된 자료에 따르면 상위 10개 컴퓨터 공학 부문 중 8곳이, 상위 39개 학교 중 27곳이 코딩 교육을 위해 파이썬을 이용하고 있다. 이는 파이썬 프로그래밍의 인기를 증명한다.

그림 1-1 파이썬 창시자 귀도 반 로섬

그림 1-2 파이썬 로고

프로그래밍 언어란?

프로그래밍(Programming) 언어란 컴퓨터에게 지시하는 명령어의 모음으로 컴퓨터가 이해하는 언어를 말한다. 즉, 프로그래밍은 소프트웨어를 만드는 과정이고, 이러한 소프트웨어를 만들 때 사용하는 도구를 '프로그래밍 언어(Programming Language)'라고 한다. 최근 우리가 스마트폰에서 사용하는 앱(App)도 프로그래밍 언어로 만들어지며, 문서 작성 프로그램인 한글 워드프로세서, 인터넷 웹 페이지, 각종 게임 관련 소프트웨어도 프로그래밍을 통해서 만들어진다.

프로그래밍 언어는 대부분 알파벳, 숫자, 기호나 문장부호의 모음으로 이루어져 있는데 이와 같이 사람이 이해하기 쉬운 형태의 글자를 코드(code)라고 하며, 코드 작성을 프로그래밍 코딩(Programming Coding)이라고 한다.

프로그래밍 종류는 용도별로 차이가 있으나 실무에서 주로 많이 사용하는 언어로는 C, Python, Java, C++, C#, Javascript, JSP, PHP, R, SQL 등이 있다.

파이썬 언어란?

파이썬은 귀도 반 로섬(네덜란드, 1956년~)이라는 프로그래머가 1980년대 말 고안하고 1989년 12월 구현하기 시작하여, 1991년 플랫폼에 독립적이고 인터프리터 방식인 객체 지향적 대화형 언어의 특징을 가진 고급 프로그래밍 언어를 세상에 선보이게 되었다. 귀도 반 로섬은 2005년부터 2012년까지 구글에서 근무한 경력, 2013년부터 2019년 10월까지 드롭박스에서 일한 화려한 경력을 가지고 있으며, 은퇴하였다가 그 이듬해인 2020년 11월 13일 MS에 다시 입사하여 근무 중이다. 파이썬이라는 이름은 귀도가 어릴 적부터 좋아했던 영국 코미디 〈Monty Python's Flying Circus〉시리즈에서 따온 것이다.

파이썬 언어의 특징

파이썬 언어가 가지고 있는 언어적 특징은 다음과 같다.

❶ 파이썬은 컴파일 수행이 필요 없는 인터프리터 방식 언어이다.

인터프리터(interpreter) 방식의 언어는 한 줄씩 해석하여 바로 실행하여 작동되므로 오류를 발견하기 쉬우며 무엇보다 기존 컴파일 언어 방식보다는 작성하기가 쉽다. 인터프리터 방식 언어로는 Basic, Javascript, VBscript, Perl, Ruby, R 프로그래밍이 있다.

❷ 파이썬은 초보자가 배우기 쉬운 언어이다.

파이썬은 코드가 간결하고 문법이 쉽기 때문에 C, Java와 같은 고급 프로그래밍 언어에 비해 내부 동작 방식에 상관없이 작성되므로 배우기 쉽다.

❸ 파이썬은 들여쓰기(indent)에 민감한 언어이다.

다른 고급언어에서 들여쓰기(indent)란 주로 프로그램의 가독성을 주는 데 사용하지만, 파이썬은 들여쓰기를 통해 코드의 종속성을 나타낸다. 다른 고급언어의 경우는 `if` 문, `for` 문 등에서 중괄호({ })를 통해 블록을 구분하지만 파이썬에서는 중괄호 대신 들여쓰기로 종속성을 나타낸다. 파이썬 들여쓰기는 탭(Tab), 스페이스(4칸) 사용으로 들여쓰기를 구분한다.

❹ 오픈소스 방식의 무료 사용이 가능한 언어이다.

파이썬은 오픈소스로 개발된 언어로 세계적으로 유명한 개발자들이 만들어 놓은 강력한 모듈, 라이브러리를 무료로 이용할 수 있다.

❺ 파이썬은 다양한 플랫폼 적용이 뛰어난 언어이다.

파이썬은 다양한 외부 라이브러리 모듈을 지원하고 있어 높은 확장성을 가지고 있다. 자바스크립트와 같은 언어들은 웹 개발처럼 한정된 분야에만 사용이 가능한 반면 파이썬은 최근 인공지능(AI), 딥러닝, 임베디드 플랫폼 개발 및 통계 및 데이터 분석, 사물 인터넷 등 다양한 플랫폼에도 사용이 가능하다.

여기서 잠깐 **컴파일 방식**

컴파일러 언어(C의 경우)는 프로그래머가 작성한 소스코드(*.c)를 컴파일러(compiler)가 번역하여 목적 프로그램(*.obj)을 생성한 후, 링킹(Linking) & 로딩(Loading)을 거쳐 실행파일(*.exe)이 완성된다. 컴파일러 언어는 번역되는 시간이 소요되지만 런타임 상황에서는 이미 기계어로 모든 소스코드가 변환되어 있기 때문에 빠르게 실행할 수 있다는 장점이 있다.

Tip **빌드(Build)**

최근 출시된 대부분의 고급언어는 컴파일과 링크 과정을 별도로 수행하는 기능과, 그림과 같이 빌드 명령을 컴파일과 링크를 동시에 수행하는 기능을 제공한다.

소스코드 ➡ 빌드(컴파일링크) ➡ 실행

그림 1-3 빌드

여기서 잠깐 **인터프리터 방식**

파이썬 인터프리터(interpreter) 방식은 고급언어로 작성된 프로그램을 한 문장씩 읽고, 인터프리터가 이를 바로 해석하여 실행한다. 또한 자신이 입력한 코드에 오류가 있으면 실행 중 중단하므로 프로그래머가 빠르게 오류를 파악할 수 있는 장점이 있다. 하지만 실행 시마다 번역이 일어나므로 실행 속도는 컴파일러 방식에 비해 느리다는 단점이 있다.

1.2 파이썬 설치 및 실행

파이썬 IDLE 다운로드

파이썬은 2.7 버전부터 최근 3.12 버전까지 다양한 버전으로 나누어 제공하고 있다. 이 책은 3.12 버전을 사용하여 학습이 가능하도록 구성하였으며 학습자의 시스템 운영체제를 고려하여 Windows, Linux/UNIX, MacOS 중 어느 운영체제를 선택해도 상관없지만 Windows 11 운영체제 중심으로 설치하여 학습한다.

> **Tip 파이썬 설치 버전 확인**
>
> 설치된 파이썬 버전을 확인하기 위해서는 키보드의 윈도우키( ) + R을 누른 후, cmd 명령을 입력한 후 `python --version`을 입력하면 확인할 수 있다.

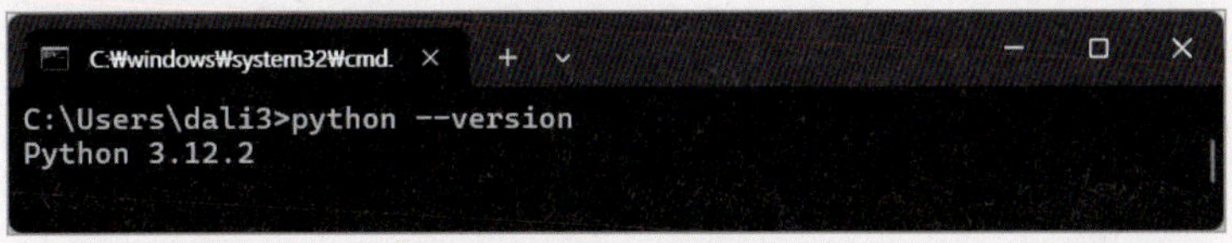

그림 1-4 파이썬 버전 확인

Python 3.12를 설치하도록 하자. 파이썬 프로그램 설치는 다른 언어에 비해 쉽게 설치할 수 있다.

파이썬 다운로드

우선 프로그램을 설치하기 위해 파이썬 공식 홈페이지(python.org)에 접속한다.

[Python] 탭을 선택한 후, 바로 밑의 [Downloads]를 선택한다.

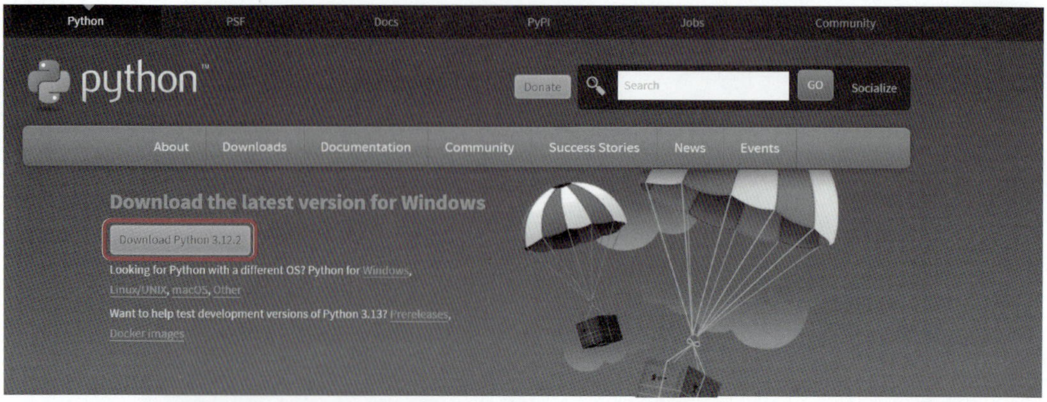

그림 1-5 파이썬 홈페이지

노란색의 [Download Python 3.12] 버튼을 클릭하여 다운로드할 수 있으나 같은 버전의 프로그램이 보이지 않을 때는 바로 아래 Looking for Python with a different OS? Python for Windows, Linux/UNIX, macOS, Other를 클릭하여 Download Windows installer (64-bit) 파일을 선택한다.

다운로드가 완료되면 다음과 같은 설치 실행파일 [python-3.12-amd64]이 표시된다.

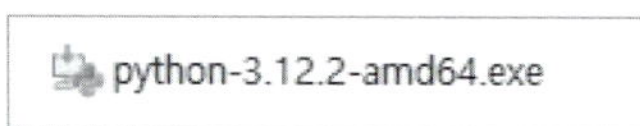

파이썬 윈도우용 설치

다운받은 파이썬을 클릭하여 실행하면 다음과 같은 Install Python 3.12 (64-bit) 화면이 나온다.

❶ 디폴트 폴더에 3.12 폴더 추가

설치를 진행하기 전에 우선 아래에 있는 빈 체크 박스 2개를 다음 그림과 같이 체크한 후, [Install Now]를 선택하여 설치한다.

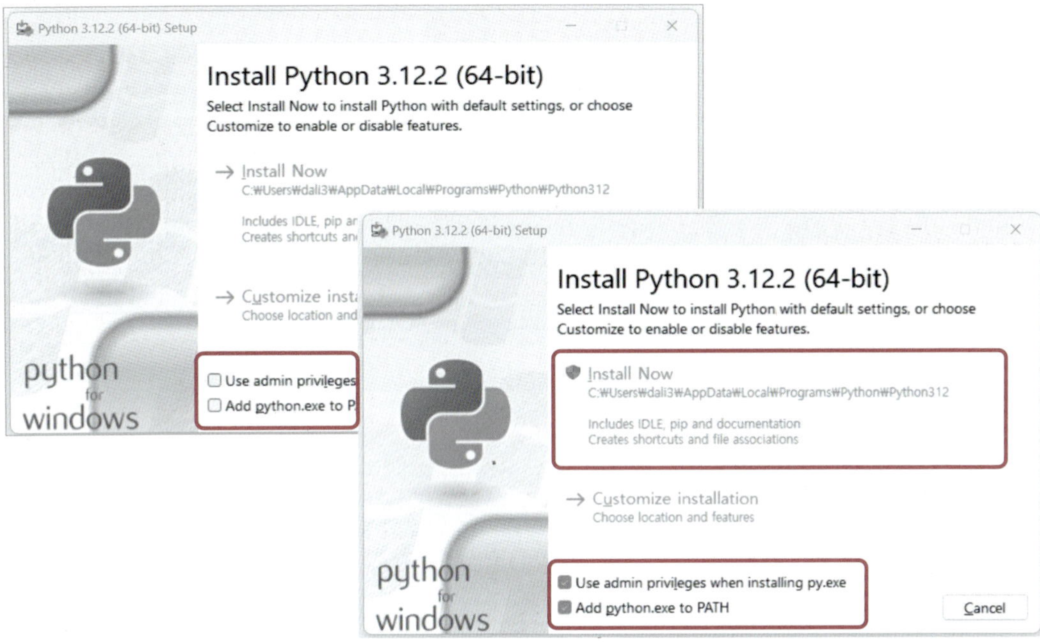

그림 1-6 파이썬 설치

❷ 설치가 진행된다.

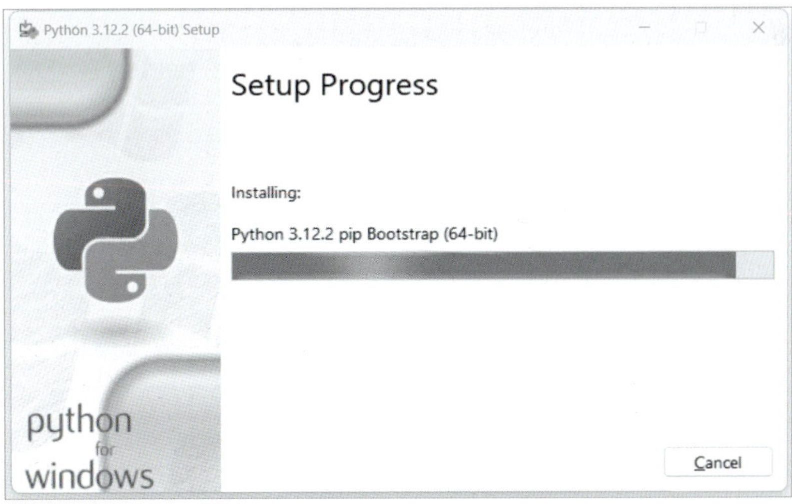

그림 1-7 파이썬 설치 진행

❸ 설치가 성공적으로 끝나면 [Close] 버튼을 클릭하여 종료한다.

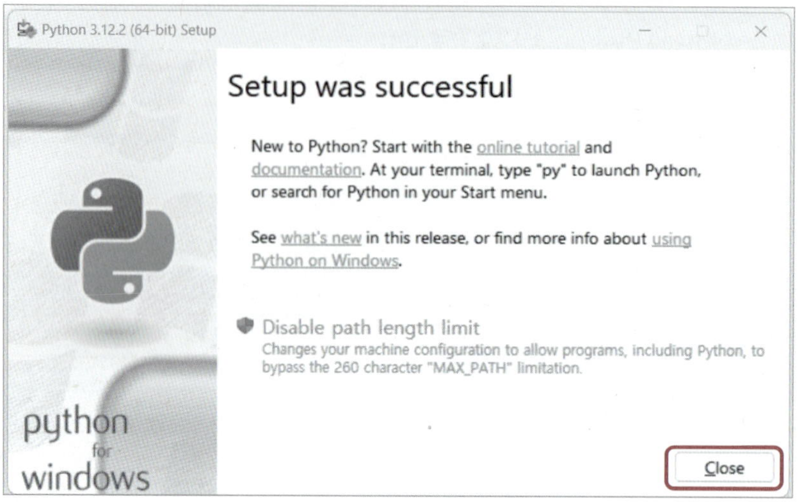

그림 1-8 파이썬 설치 완료

이제 파이썬 프로그래밍 실습을 위한 준비가 완료된 것이다.

파이썬 실행

설치된 프로그램 실행을 위해서 윈도우의 [시작] → [모든 프로그램] → [Python 3.12] → [IDLE (Python 3.12 64-bit)]를 선택하여 파이썬을 실행한다.

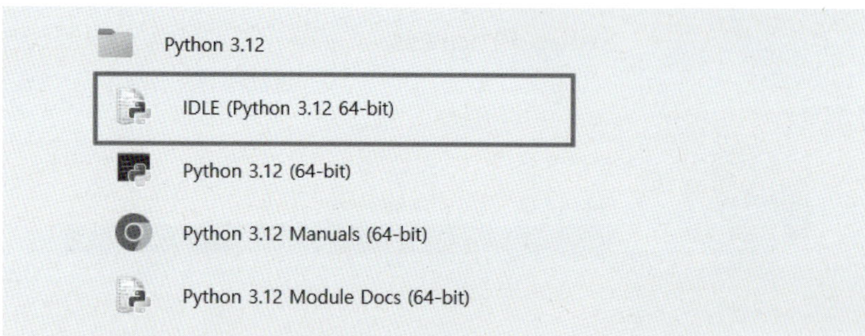

그림 1-9 파이썬 IDLE 실행

IDLE이 시작되면 다음과 같이 파이썬 정보가 출력되고 >>> 모양의 프롬프트가 보이고 옆에 커서가 깜박이는 것을 확인할 수 있다. 우리는 이 상태를 쉘 모드(Shell Mode) 또는 대화형 모드(Interactive Mode)라 하며 쉘 모드 상태에서는 간단한 프로그램 작성이 가능하다.

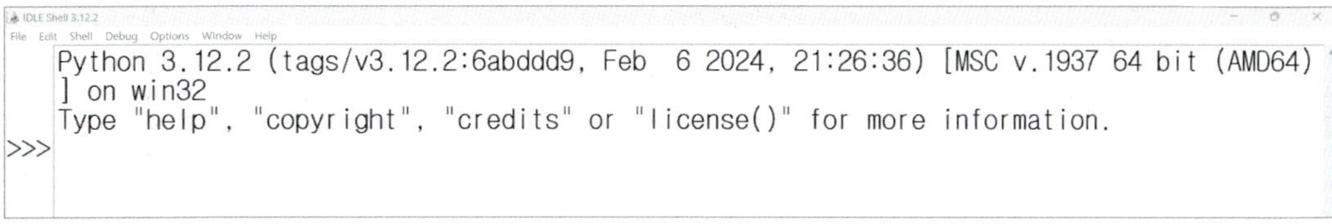

그림 1-10 IDLE 첫 실행 화면

Python IDLE

Python에서 IDLE은 Integrated Development Environment의 약자로 파이썬 프로그램 작성을 도와주는 통합 개발 환경을 의미한다.

파이썬 종료

파이썬을 쉘 모드에서 종료하기 위해서는 메뉴에서 [File] → [Exit]를 선택하거나 >>> 프롬프트 상태에서 quit() 또는 exit() 함수를 입력하여 종료할 수 있다.

파이썬 쉘 모드

파이썬 프롬프트 >>> 모양이 보이면 지금부터 간단한 명령 실행이 가능하다.

Hello, World! 글자 출력하기

print() 안에 입력한 문자열 "Hello, World!"를 입력하고 실행해 보자. 명령을 입력하기 위해서는 프롬프트 >>> 상태에서 출력 명령 print("출력 문자열")을 입력하고 엔터(⏎)를 누르면 바로 실행되어 프롬프트 >>> 아래 결과가 출력된다.

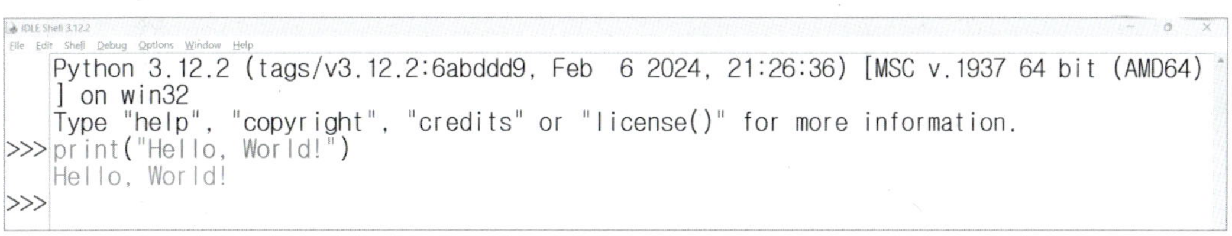

그림 1-11 코드 입력과 실행1

문자열 출력하기

print() 함수 명령을 사용하면 화면에 내용을 출력할 수 있는데 글자를 출력하기 위해서는 큰따옴표(" ") 또는 작은따옴표(' ')를 이용하면 글자 출력이 가능하다.

간단한 계산 수행하기

숫자 계산을 할 때는 빠른 계산에 대한 결과를 도출하기 위해 프롬프트 >>> 상에서 계산식을 입력할 수도 있지만, `print()` 명령을 이용하여 문자 내용과 함께 결과를 출력할 수도 있다.

❶ 프롬프트 상에서 간단한 계산식을 입력해 보자.

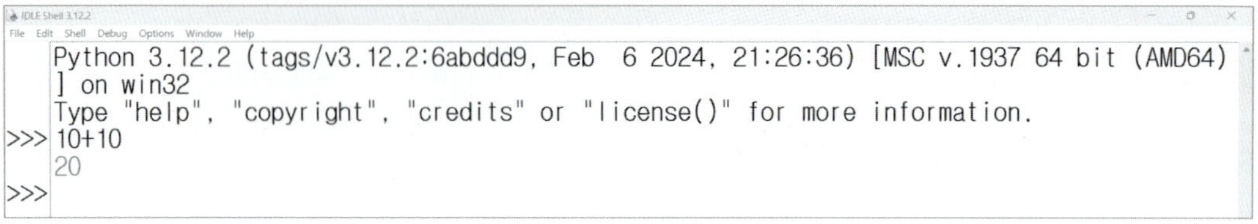

그림 1-12 코드 입력과 실행2

❷ 이번에는 `print()` 명령 안에 간단한 계산식 `print(10+10)`를 입력하여 실행해 보자.

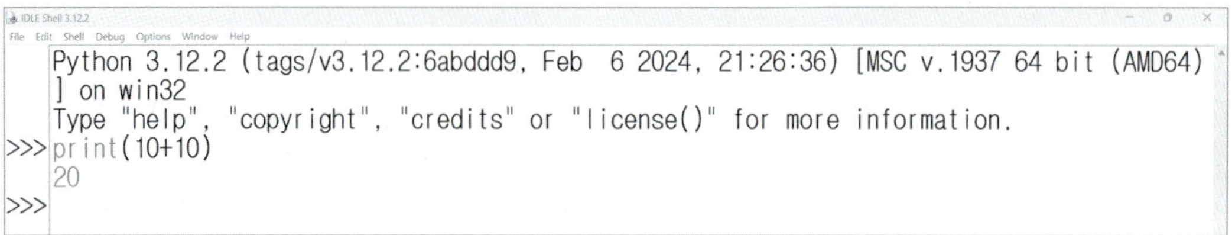

그림 1-13 코드 입력과 실행3

> **Tip 두 계산 결과는 동일하다!**
>
> ```
> >>> 10+10
> >>> print(10+10)
> ```

❸ 이번에는 `print()` 명령에 다음과 같이 계산식 내용과 함께 계산식을 병행하여 입력하여 실행해 보자. 문자열과 계산식 중간에 ,(콤마)를 기준으로 ,(콤마) 앞 큰따옴표(" ")는 문자열 내용이 그대로 표시되고 ,(콤마) 뒤 계산식은 계산에 의한 결과가 출력됨을 알 수 있다.

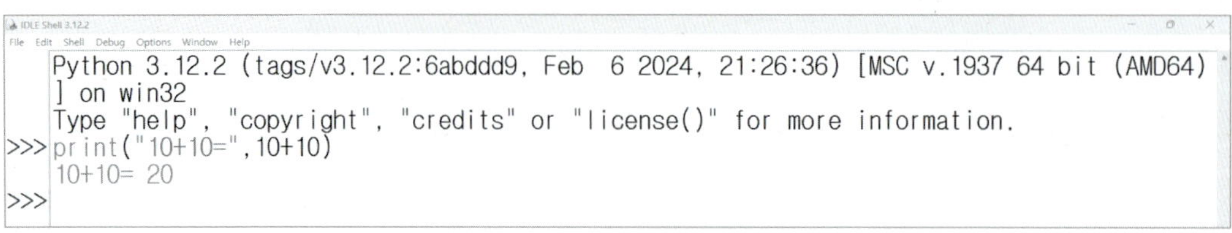

그림 1-14 코드 입력과 실행4

여기서 잠깐 print() 함수 출력 명령을 Print()나 PRINT()로 사용해도 될까?

파이썬 명령어와 함수는 소문자로 되어있으므로 print() 명령을 Print()나 PRINT()와 같은 형태로 철자를 잘못 입력하였다면 파이썬은 인식하지 못하기 때문에 입력 실수가 발생하지 않도록 영문 철자 사용에 주의하도록 한다.

```
Python 3.12.2 (tags/v3.12.2:6abddd9, Feb  6 2024, 21:26:36) [MSC v.1937 64 bit (AMD64)
] on win32
Type "help", "copyright", "credits" or "license()" for more information.
>>> Print("Hello, World!")
Traceback (most recent call last):
  File "<pyshell#0>", line 1, in <module>
    Print("Hello, World!")
NameError: name 'Print' is not defined. Did you mean: 'print'?
>>> PRINT("Hello, World!")
Traceback (most recent call last):
  File "<pyshell#1>", line 1, in <module>
    PRINT("Hello, World!")
NameError: name 'PRINT' is not defined
>>>
```

그림 1-15 코드 철자 에러

여기서 잠깐 파이썬 글자 크기 설정

파이썬 IDLE 작업 창에 대한 글자 폰트와 글자 크기를 변경하기 위해서는 메뉴에서 [Options] → [Configure IDLE] → [Fonts/Tabs]를 선택하여 글자체와 글자 크기를 아래와 같이 설정할 수 있다. 또한 화면의 일정한 크기로 작업 설정을 고정하려면 [Options] → [Configure IDLE] → [Windows] → [Open Shell Window] 항목에서 Width와 Height의 크기를 지정하여 설정한 후, [Apply] [OK] 버튼을 차례로 수행하여 설정된 사항을 적용하면 편리한 작업 환경을 만들 수 있다.

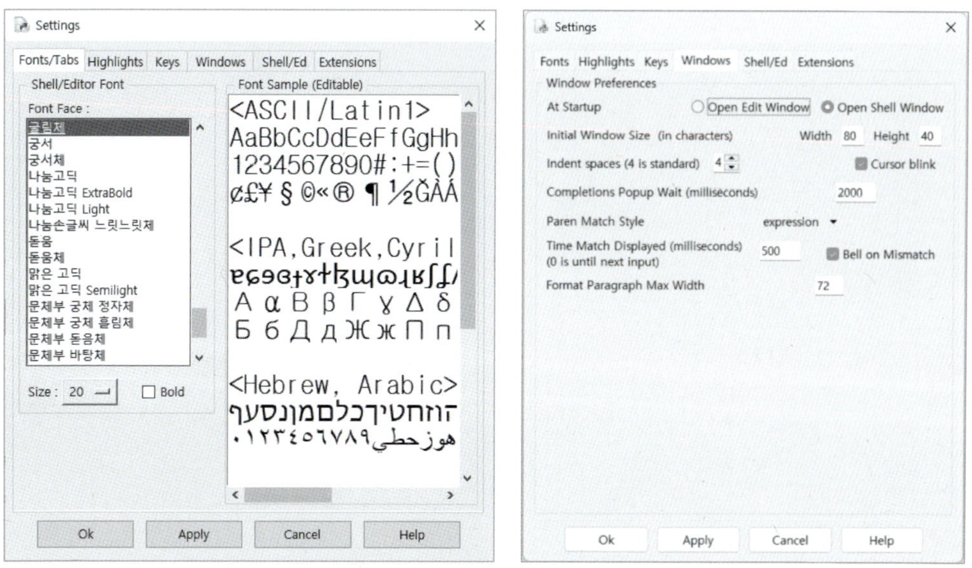

그림 1-16 IDLE 글자 크기 변경

진단문제

파이썬 IDLE을 이용하여 쉘 모드에서 다음과 같은 계산을 수행해 보시오.

❶ `10 * 5 * 2`

❷ `300 / 2 / 2`

❸ `(100+100) / 2`

요점정리

1. 컴퓨터 프로그래밍 언어란 컴퓨터에게 명령을 내리는 것으로 문자나 숫자와 같은 코드를 작성하여 컴퓨터가 이해할 수 있도록 지시하는 명령어의 모음을 말한다.

2. 파이썬 프로그램은 'python.org' 웹사이트에서 최신 버전을 무료로 다운로드할 수 있으며 간단하고 쉽게 설치할 수 있다.

3. IDLE은 Integrated Development Environment의 약자로, 통합 개발 환경을 의미한다.

4. 파이썬 쉘에서 >>> 모양을 프롬프트라고 하며, 쉘 모드에서 간단한 명령 실행이 가능하다.

```
>>> 10+10
>>> print(10+10)
```

5. `print()` 함수 명령을 사용하면 화면에 출력할 수 있다.

6. 파이썬은 인터프리터(interpreter) 방식의 고급언어로, 파이썬 코드로 작성된 프로그램을 한 문장씩 읽고, 인터프리터가 이를 바로 해석하여 실행하는 방식이다.

연습문제

1. 다음 중 인터프리터 방식의 언어가 아닌 것은? ( )

❶ Python　❷ C++　❸ Javascript　❹ R

2. 다음 중 컴파일러 방식의 언어가 아닌 것은? ( )

❶ Basic　❷ Java　❸ C　❹ Fortran

3. 다음 중 파이썬 설치에 대한 설명으로 옳지 않은 것은? ( )

❶ 운영체제는 윈도우, 유닉스, 리눅스, 맥OS 등 사용자 환경에 따라 설치가 가능하다.
❷ 설치 과정은 다른 Windows 프로그램에 비해 비교적 간단하다.
❸ 설치 폴더는 사용자가 임의로 변경할 수 있다.
❹ 파이썬 라이브러리 추가 설치는 유료이다.

4. 문자열을 그대로 출력하고자 할 때 사용하는 문장 부호를 모두 고르시오. (　　)

❶ '　❷ ,　❸ "　❹ `

5. 셸 모드에서 다음 [실행결과]가 출력되도록 프로그램을 작성하시오.

실행결과

```
Python Program is Great Program!
```

6. 셸 모드에서 다음 [실행결과]가 출력되도록 프로그램을 작성하시오.

실행결과

```
50+50의 합= 100
```

7. 다음 코드의 [실행결과]를 쓰시오.

```
>>> print("(5+5)*4/2=",(5+5)*4/2)
```

수행평가

1. 쉘 모드에서 [실행결과]와 같이 출력하시오.

실행결과

```
Hello Python!
```

2. 쉘 모드에서 [실행결과]와 같이 출력하시오.

실행결과

```
안녕하세요?
파이썬 프로그래밍을 시작하겠습니다.
```

3. 쉘 모드에서 문자열과 연산식을 활용하여 [실행결과]와 같이 출력하시오.

실행결과

```
(100+100)-30= 170
```

4. 쉘 모드에서 [실행결과]와 같이 출력하시오.

실행결과

```
8*8=64
```

5. 쉘 모드에서 [실행결과]와 같이 출력하시오.

실행결과

```
이름: 홍길동
학교: 한국대학교
취미: 프로그래밍
```

CHAPTER 02

스크립트 모드와 입출력

학습목표

이번 장은 파이썬의 자료 입력과 출력에 대해서 학습한다. 우선 쉘 모드에서 다루었던 print() 함수에 대해서도 자세히 알아보고, 스크립트 모드에서 코드를 작성하고 저장하기, 불러오기, 실행하기에 대해서 학습한다. 또한 문자열과 숫자형 자료를 입력하여 처리하는 input() 함수에 대해서 알아보고 자료를 할당하는 변수와 상수에 대한 개념과 print() 명령을 통해 다양한 출력 형태에 대해서도 살펴본다.

학습목차

2.1 파이썬 스크립트 모드

우리가 1장에서 학습한 쉘 모드는 한 줄씩 프로그램을 입력하여 프로그램을 완성하기에는 불편할 수 있다. 반면 파이썬에서는 텍스트 환경의 스크립트 모드(script mode)를 제공하여 다소 복잡하고 코드 라인이 긴 프로그램을 입력하고 편집할 수 있다.

Tip

- 쉘 모드(Shell Mode): 대화형 모드로 >>> 프롬프트에서 프로그램을 입력하여 실행
- 스크립트 모드(Script Mode): 메모장과 비슷한 텍스트 에디터를 이용하여 소스코드를 파일에 저장하여 실행하고 열기가 가능한 모드

소스 작성하기

자, 그럼 1장에서 다루었던 간단한 계산식과 문자열 출력에 관한 내용을 아래와 같이 각각 입력한 후, 저장해 보도록 하자.

스크립트 모드 전환하기

❶ 우선 소스를 입력하기 전에, IDLE 쉘 모드에서 스크립트 모드로 전환을 해야 한다. 스크립트 모드로 전환하기 위해, 파이썬 쉘 메뉴에서 [File] → [New File]을 선택한다. 그림 2-2와 같이 스크립트 텍스트 에디터 창이 열리게 된다.

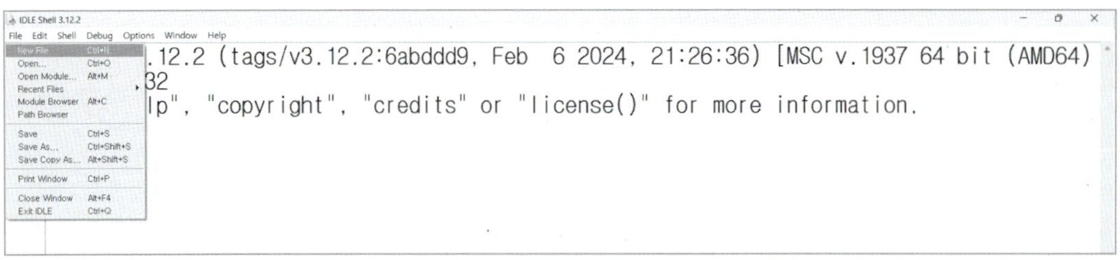

그림 2-1 스크립트 모드 전환

그림 2-2 텍스트 에디터

❷ 텍스트 창이 열리면, 텍스트 에디터에서 아래와 같이 `print()` 함수를 활용한 간단한 출력문을 작성해 보자.

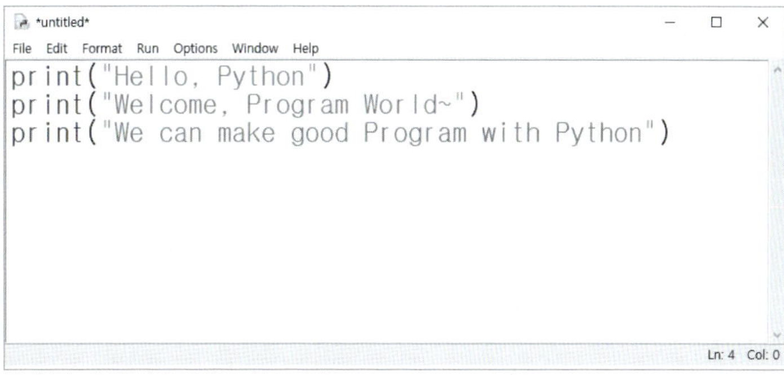

그림 2-3 코드 작성

파일 저장하기

입력한 소스 파일을 ch02_01.py 파일 이름을 지정하여 저장해 보도록 하자. 본 교재에서는 임의로 C:\python_work\ 폴더를 만들어 파일을 이곳에 저장하도록 한다.

파일 이름 입력하여 저장하기

❶ 작성한 소스를 저장하기 위해 메뉴에서 [File] → [Save]를 선택하여 저장할 위치 폴더 C:\python_work\를 선택한 후, 파일 이름 ch02_01.py를 입력하여 저장한다.

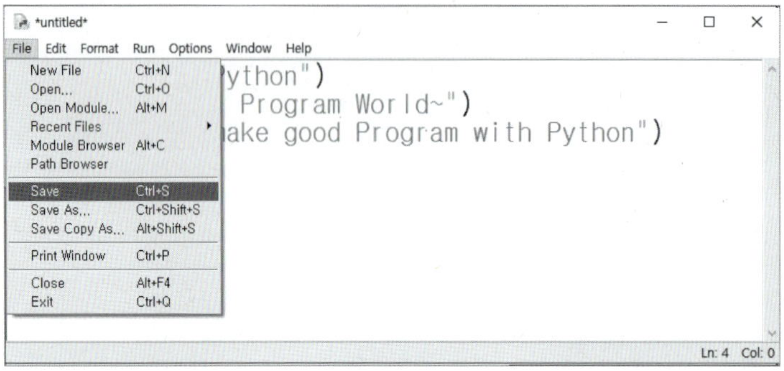

그림 2-4 저장

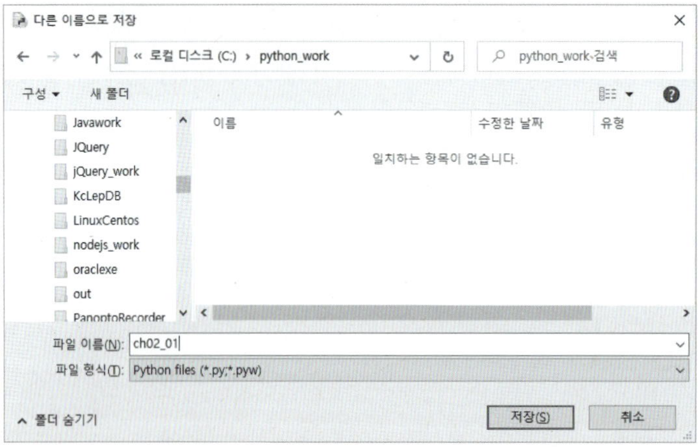

그림 2-5 폴더 선택 및 파일 이름 입력

Tip 확장명

파일을 저장하게 되면 확장명 .py는 자동으로 붙게 되므로 파일을 입력할 때 생략하여도 된다. 파일을 저장하게 되면 스크립트 왼쪽 상단에 폴더와 파일명이 표시된다.

Tip 다른 이름으로 저장하기

만약 기존에 파일이 존재할 경우, 다른 이름으로 저장하고자 할 때는 [File] → [Save As]를 선택하여 기존 파일을 다른 이름으로 변경하여 저장할 수 있다.

파일 실행하기

소스 파일 실행하기

❶ 입력된 코드를 실행하기 위해 메뉴에서 [Run] → [Run Module]을 선택하여 소스 파일을 실행시킨다. 또한 기능키 F5를 눌러도 된다.

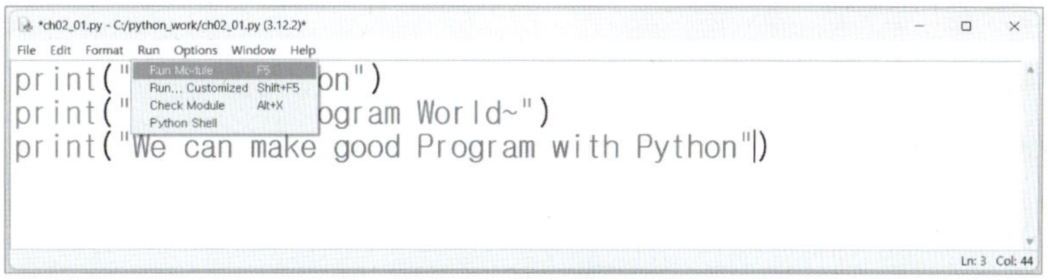

그림 2-6 코드 실행

❷ 실행결과가 쉘 모드에 잘 표시된 것을 확인할 수 있다.

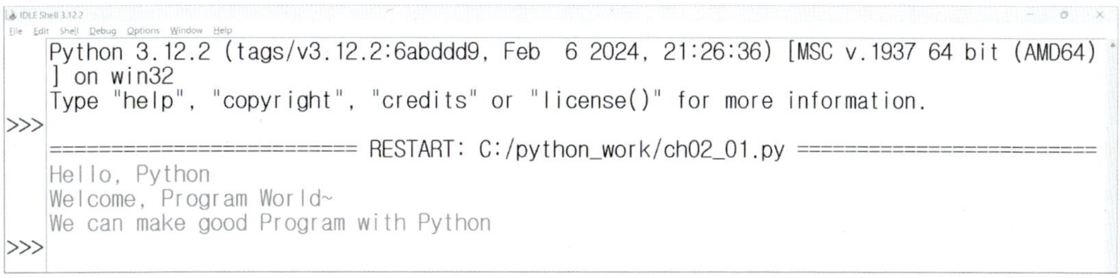

그림 2-7 코드 실행결과

> **Tip 코드 실행결과**
>
> 코드에 대한 실행결과는 항상 파이썬 쉘 모드 상태에서 표시된다.

쉘 모드 창 닫아 종료하기

자, 이번에는 쉘 모드 창에서 오른쪽 상단 ☒ 모양의 닫기 버튼을 선택하여 창을 닫도록 한다. 그런 다음 조금 전 코드를 실행했던 방법으로 다시 실행해 보자. 닫혔던 쉘 모드가 새롭게 열리면서 실행결과 역시 쉘 모드에서 잘 표시됨을 확인할 수 있다.

파일 열기

쉘 모드, 스크립트 모드 창 모두 닫기

이번에는 쉘 모드, 스크립트 모드에서 오른쪽 상단 ☒ 모양의 닫기 버튼을 선택하여 창을 모두 닫고 프로그램을 종료한다.

파일 선택하여 열기

창이 모두 닫히고 프로그램이 종료되면 파이썬 IDLE을 다시 실행하여 파이썬 프로그램을 가동시킨다. 저장된 파일을 열기 위해 메뉴에서 [File] → [Open] 메뉴 선택해서 C:\python_work\ch02_01.py가 저장된 폴더와 파일을 선택하여 파일을 연다. 그러면 텍스트 에디터 창에서 우리가 작성했던 소스코드가 다시 표시될 것이다.

그림 2-8 파일 열기

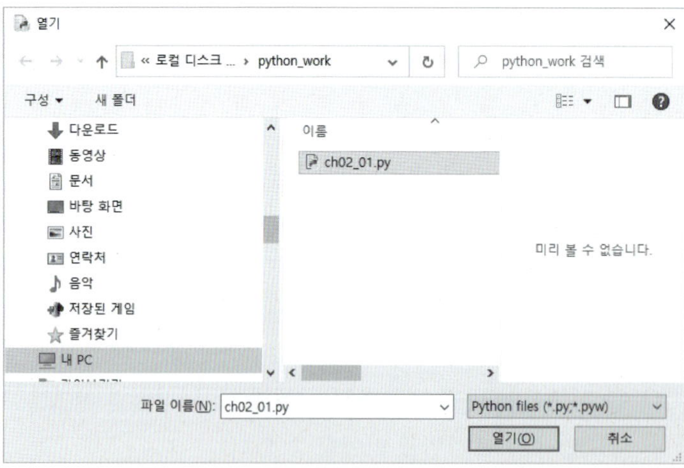

그림 2-9 폴더 및 파일 선택

2.2 print() 함수로 출력하기

우리는 1장에서 파이썬 IDLE 쉘 모드에서 간단한 문자열과 간단한 계산식을 이용하여 계산 결과를 출력해 보았다. 이번에는 print() 함수를 이용하여 좀 더 다양한 출력 형식 및 옵션을 활용하여 출력하는 방법에 대해 알아보자.

print() 함수

print() 함수 명령은 내용을 화면에 출력하라는 명령으로 print() 함수 사용 시 자동으로 줄 바꿈과 띄어쓰기가 실행된다.

문자열 출력

앞서 우리는 문자열을 출력하기 위해서는 큰따옴표(" ")와 작은따옴표(' ')로 문자열 내용을 입력하고 표시하여 출력하는 방법에 대해 알아보았다.

```
print("문자열 내용") 또는 print('문자열 내용')
```

파이썬 셸 모드에서 다음과 같이 " "와 ' '를 이용하여 문자열을 다음과 같이 출력해 보자.

```
>>> print("python")
python
>>> print('program')
program
```

두 개의 문자열 연결하여 출력하기: +(더하기)와 ,(콤마)

두 개의 문자열을 연결하여 출력하기 위해서는 "+" 부호와 ","를 이용할 수 있다. 두 기호의 차이점은 ,(콤마) 기호를 이용하면 한 칸 공백이 생기지만 +(더하기) 기호를 이용하면 공백 없이 바로 붙여서 출력된다는 것이다.

❶ print("문자열 내용" + "문자열 내용"): 문자열과 문자열이 공백 없이 이어서 출력

❷ print("문자열 내용" , "문자열 내용"): 문자열과 문자열 사이에 한 칸 띄어쓰기 공백이 표시되어 출력

```
>>> print("python"+"program")
pythonprogram
>>> print("python","program")
python program
```

두 개의 숫자에 " "나 ' '를 사용하여 출력하기

위 코드처럼 숫자에도 " "를 붙여 출력하면 어떻게 될까? 숫자에 " "나 ' '를 사용하게 되면 숫자도 문자로 간주되어 연결되어 출력되는 것을 확인할 수 있다.

```
>>> print("10"+"10")
1010
>>> print("10","10")
10 10
```

숫자에 따옴표 없이 +(더하기) 기호와 ,(콤마) 기호 사용해서 출력하기

그럼 숫자에 문자를 표시하는 큰따옴표나 작은따옴표 없이 바로 + 기호와 , 기호를 사용하면 어떻게 될까? + 기호는 숫자 정수에 의한 계산이 되는 것을 확인할 수 있지만 , 기호는 두 숫자 정수가 각각 출력된다.

```
>>> print(10+10)
20
>>> print(10,10)
10 10
```

> **Tip** ,(콤마) 기호를 이용하여 문자열이나 숫자를 출력할 때 한 칸 띄워 출력되는 이유는 여러 개의 값을 출력할 때 분리하여 출력하기 때문이다.

문자열 반복해서 출력하기

문자열 뒤에 *(곱하기) 기호를 붙이고 숫자를 입력하면 입력된 숫자만큼 반복하여 출력된다.

```
>>> print("파이썬 " * 5)
파이썬 파이썬 파이썬 파이썬 파이썬
```

여기서 잠깐

만약 앞에서 배운 문자열과 숫자를 + 기호를 혼합해서 사용하게 되면 에러가 발생한다.

```
>>> python("python"+3)
Traceback (most recent call last):
  File "<pyshell#16>", line 1, in <module>
    python("python"+3)
NameError: name 'python' is not defined
```

이를 해결하기 위해 앞으로 학습하게 될 문자열 함수 str()을 이용하면 에러 없이 문자열과 함께 출력할 수 있다.

```
>>> print("python"+str(3))
python3
```

print() 함수에 end와 sep 옵션 활용하기

print() 함수를 사용하면 문자열 출력 시 자동으로 줄 바꿈 문자(\n)가 포함되어 출력되는 것을 학습하였다. 그럼 print() 함수와 함께 end와 sep라는 두 옵션 사용법에 대해서도 알아보자.

end 옵션 사용하기

print() 함수에서 문자 출력 시 기본 값으로는 개행(\n)이 포함되어 줄 바꿈이 표시되어 출력되는데 end 옵션을 이용하면 개행을 없애고 출력할 수 있다.

[예제 1]

```
print("python")
print("program")
```

[예제 2]

```
print("python", end="")
print("program")
```

sep 옵션 사용하기

print() 함수에서 ,(콤마) 구분자를 주면 문자 출력 시 자동으로 한 칸의 공백(' ')이 주어져 출력됨을 확인할 수 있었는데, sep 옵션을 활용하여 공백을 없애거나 구분자를 변경하여 출력할 수 있다.

❶ sep=""을 사용하여 공백 없이 출력

```
>>> print("a","b","c")
a b c
>>> print("a","b","c",sep="")
abc
```

❷ 공백 구분자를 ,(콤마)로 변경하여 출력

```
>>> print("python", "program", "cool")
python program cool
>>> print("python","program","cool",sep=(","))
python,program,cool
```

문자열 포맷팅 활용하기

이번에는 숫자나 문자 데이터에 서식을 지정하여 좀 더 다양한 형식으로 출력할 수 있는 문자열 포맷팅(String Formatting)에 대해서 알아본다. print() 함수와 문자열 포맷팅을 함께 사용하면 훨씬 더 깔끔하고 고급스런 출력을 만들어낼 수 있다. 뿐만 아니라 다음 절에서 학습할 기억된 변수를 함께 사용한다면 훨씬 더 자유자재로 세련된 출력을 만들어 낼 수 있을 것이다.

문자열 포맷팅은 크게 다음과 같이 3가지로 구분하여 사용된다.

❶ C 출력 형식과 비슷한 % 파이썬 문자열 포맷팅

❷ format() 함수와 { }를 활용한 문자열 포맷팅

❸ { }를 활용한 f-string 포맷팅

파이썬 스트링 포맷팅: 정수형 숫자

print() 함수와 함께 사용하는 파이썬 문자열 포맷팅은 다른 프로그래밍 언어인 C의 출력 형식과 비슷하며 서식을 사용하기 위해서 % 기호를 사용한다. %d가 주는 의미는 숫자 정수를 서식 형식에 맞게 1 : 1로 대응하여 출력하라는 의미가 된다.

그럼 다음 실습을 통해 숫자가 1개인 데이터와 숫자가 3개인 데이터를 각각 출력해 보자.

%d는 숫자 정수로 왼쪽 서식과 오른쪽 값을 구분해 주는 서식의 역할이며, 뒤에 나오는 %는 왼쪽 숫자 형식에 맞는 데이터 값이 된다. 이때 주의해야 할 점은 반드시 왼쪽 % 서식 개수와 따옴표 뒤에 나오는 % 값의 개수가 일치해야 한다는 것이다.

```
>>> print("%d" %10)
10
>>> print("국어 : %d, 수학 : %d, 영어 : %d" %(90, 100, 95))
국어 : 90, 수학 : 100, 영어 : 95
```

여기서 잠깐 서식 지정하여 출력하기

print() 함수에서 사용할 수 있는 특정 자료 출력에 대한 서식 형식은 다음과 같다.

서식	설명
%d	Decimal Integer의 의미로, 정수형 숫자를 나타낸다.
%f	Floating Point의 의미로, 실수형 숫자를 나타낸다.
%c	Character의 의미로, 문자 한 글자를 나타낸다. 파이썬에서 %c는 잘 사용하지 않고 문자열은 모두 %s로 사용한다.
%s	String을 의미하고, ' '나 " "로 감싸진 문자열을 나타낸다.

파이썬 스트링 포맷팅: 실수형 숫자

실수형 숫자를 출력하기 위해서는 %f 형식의 서식 지정을 사용할 수 있다. 이때 앞의 숫자는 전체 숫자 자리를 의미하고 소수점 뒤의 숫자는 소수점 아래 몇 번째 자리까지 표현할 것인지에 대한 의미를 담고 있다.

```
실수형 서식 %f : print("%7.2f" %4500.23)
```

Tip %7.2f: 전체 숫자의 길이는 7자리이며 소수점 아래 2자리까지 출력한다.

```
>>> print("원의 넓이=%5.2f" %(5*5*3.14))
원의 넓이=78.50
```

파이썬 스트링 포맷팅: format() 함수

데이터 값을 표시하는 중괄호 { } 표시와 함께 출력할 데이터 값의 순서를 지정할 수 있으며 format() 함수에는 실제 데이터 또는 변수를 지정할 수 있다.

❶ { } 위치에 .format() 함수에 포함되는 데이터 값을 순차적으로 할당

```
>>> print("이름:{}, 나이:{}".format("홍길동",20))
이름:홍길동, 나이:20
```

❷ { } 위치에 출력할 번호를 부여하고 format()에 포함되는 데이터 값의 순서를 임의로 부여하여 순서에 맞게 출력되도록 할당

```
>>> print("{0}군은 {1}과에 재학 중이며 {0}의 지도교수는 {2}이다.".format("홍길동","컴퓨터공학","최희식"))
홍길동군은 컴퓨터공학과에 재학 중이며 홍길동의 지도교수는 최희식이다.
```

파이썬 스트링 포맷팅: f-string 포맷팅

f-string 포맷은 아주 간결하고 출력할 때 편리하게 사용할 수 있는 포맷팅이다. 특히 파이썬 3.6 이후 버전부터 사용되고 있는 새로운 출력 포맷으로 기존 출력 형식에 비해 간결하여 사용하기 쉽다는 것이 특징이다. f-string 포맷을 사용하기 위해서는 print() 함수와 따옴표 앞에 f를 접두사로 붙이고 {변수}를 사용한다.

우리는 변수에 대한 본 수업을 들어가기 이전이므로 다음과 같이 변수를 활용한 예제를 우선 따라서 작성해 보자.

❶ f-string과 변수

```
f "표시할 문자열 {변수}"
```

[예제 3]

```
name="홍길동"
age=20
print(f"이름은 {name}이고, 나이는 {age} 세이다.")
```

실행결과

```
이름은 홍길동이고, 나이는 20 세이다.
```

Tip 중괄호 { } 안에는 변수이름을 직접 작성하여 출력할 내용을 가져올 수 있다.

❷ f-string과 정렬

f-string 중괄호 { } 안에서 :(콜론)으로 구분자를 이용하고 :(콜론) 구분자를 기준으로 왼쪽에는 변수를 사용하고, 구분자 오른쪽에는 정렬 기호 및 출력할 자릿수를 지정해 준다.

이때 실수에는 f를 붙일 수 있다.

```
f "표시할 문자열 {변수 : 정렬기호  자릿수}"
```

여기서 잠깐 f-string과 함께 사용되는 옵션

- 변수: 변수이름을 사용하여 출력할 내용을 표기
- <: 출력 내용을 왼쪽 정렬
- ^: 출력 내용을 가운데 정렬
- >: 출력 내용을 오른쪽 정렬
- 자릿수: 출력 내용의 길이를 정함

[예제 4]

```
# f-string 왼쪽 정렬
str="Python"
print(f"21세기 최고의 언어는 바로 우리가 배우는 : {str:<10} 입니다.")

# f-string 가운데 정렬
print(f"21세기 최고의 언어는 바로 우리가 배우는 : {str:^10} 입니다.")

# f-string 오른쪽 정렬
print(f"21세기 최고의 언어는 바로 우리가 배우는 : {str:>10} 입니다.")
```

실행결과

```
21세기 최고의 언어는 바로 우리가 배우는 : Python     입니다.
21세기 최고의 언어는 바로 우리가 배우는 :   Python   입니다.
21세기 최고의 언어는 바로 우리가 배우는 :     Python 입니다.
```

❸ f-string: '''와 """

f-string에는 '''와 """를 이용하여 화면에 보이는 그대로 여러 행으로 출력이 가능하다.

```
name="홍길동"
age=20
print(f"""
이름: {name}
나이: {age}
""")
```

실행결과

```
이름: 홍길동
나이: 20
```

이스케이프 문자

이스케이프 문자 \n은 새로운 줄로 바꾸는 특수 문자열이다. \n은 이스케이프 시퀀스(escape sequence)의 의미로 \(백슬래시) 뒤에 문자나 기호가 오는 조합이다. 이스케이프 문자는 print() 함수와 \n과 같은 줄 바꿈 외에도 일정한 간격을 띄우기 위해 탭을 준다든지, "와 같은 표현하기 어려운 글자 및 제어문자를 표현할 때 사용한다.

이스케이프 문자	기능
\n	새로운 줄로 이동(New Line 의미로 개행)
\t	탭 사용(보통 8칸 공백을 띄움)
\b	Backspace를 사용한 효과로 한 칸 뒤로 이동
\'	'문자 자체 출력
\"	"문자 자체 출력
\\	\문자 자체 출력

[예제 5]

```
name="홍길동"
age=20
city="Paju"

print("안녕하세요 "+name+" 입니다.")
print("제 나이는 "+str(age)+"세이며,", end="")
print("\t\t사는 곳은 "+city+"이며 "+"고향은 \""+city+"\"입니다.")
```

실행결과

```
안녕하세요 홍길동 입니다.
제 나이는 20세이며,		사는 곳은 Paju이며 고향은 "Paju"입니다.
```

Tip end="" 명령을 사용하여 줄 바꿈 하지 않고 뒤의 문장을 이어서 출력한다. \t\t 명령을 2번 입력해 공백을 주었으며, "Paju"에서 따옴표를 표현하기 위해 \"를 사용하였다.

Tip 코드가 긴 소스는 앞서 학습한 스크립트 모드로 프로그램을 작성한 후, F5 기능키로 한꺼번에 수행하여 실행에 대한 결과를 얻도록 하는 것이 편리하다.

2.3 변수

변수 만들기

파이썬에서 변수(variable)란, 값을 저장할 때 사용하는 식별자를 말하며 언제든지 새로운 값에 의해 값이 변할 수 있다. 다른 언어에서는 변수 선언 시 앞에 자료형을 지정해야 하지만 파이썬에서는 자료형 지정은 따로 선언하지 않는다. 변수 이름을 만들 때는 사용자가 마음대로 정할 수 있지만 어떤 데이터를 저장할 것인지에 따라 변수 이름도 의미 있게 부여하는 것이 좋다.

변수를 사용하기 위해서는 맨 좌측에 변수이름, 할당 연산자(=)를, 우측에는 데이터 값을 적어 주면 된다.

```
변수이름 = 데이터 값
```

❶ 변수를 사용하기 위해서는 1개의 변수이름에 하나의 데이터 값으로 구별하여 지정할 수 있으며, 파이썬에서는 숫자, 문자열 데이터 자료형 구분 없이 데이터를 지정할 수 있다.

```
>>> name="홍길동"
>>> print("나의 이름은 ", name, "이다")
나의 이름은  홍길동 이다
```

❷ 변수를 지정할 때 2개 이상의 변수 num1, num2, num3에 하나의 값으로 각각 동일하게 지정할 수 있다.

```
>>> num1=num2=num3=10
>>> sum=num1+num2+num3
>>> print(f"{num1}+{num2}+{num3}의 합계는 {sum} 이다.")
10+10+10의 합계는 30 이다.
```

❸ 2개 이상의 변수에 각각 다른 데이터를 동시에 지정할 수 있다.

```
>>> kor, eng, com=100, 90, 95
>>> print(f"국어:{kor}, 영어:{eng}, 전산:{com}점이며 총점은 {kor+eng+com} 이다.")
국어:100, 영어:90, 전산:95점이며 총점은 285 이다.
```

식별자 규칙

식별자(identifier)란 변수나 함수이름을 말하며 식별자 이름을 생성할 때는 아래와 같은 규칙을 반드시 따라야 한다.

식별자 이름 규칙

❶ 파이썬 키워드는 식별자로 사용할 수 없다.

❷ 영문자는 대소문자를 구별한다(ex. Hap과 hap은 다른 식별자로 인식).

❸ 식별자 구성은 영문자, 숫자, 밑줄 문자(_)로 이루어진다. 단, 숫자로 시작하면 안 된다.

❹ 첫 글자는 반드시 영문자나 밑줄 문자(_)로 시작해야 한다.

❺ 식별자 중간에 공백을 포함할 수 없다.

❻ 식별자 생성에 길이 제한은 없다.

❼ 특수 문자(+, -, *, /, #, $, @, &, %, ^ 등)는 사용할 수 없다.

파이썬에서 사용 가능한 식별자

식별자	설명
name	영문 알파벳 문자로 시작
_number	밑줄 문자로 시작할 수 있음
number_of_pens	중간에 밑줄 문자를 넣을 수 있음
Code3	맨 처음이 아니라면 숫자도 넣을 수 있음

파이썬에서 사용 불가능한 식별자

식별자	설명
1st_class	숫자로 시작할 수 없음
my car	중간에 공백이 포함되었음
def	def는 파이썬 키워드임
num1#	특수기호 #이 사용되었음

파이썬 키워드 목록

파이썬 키워드는 사용 용도가 정해져 있으므로 변수로 사용할 수 없다.

파이썬 키워드				
and	as	assert	break	class
continue	def	del	elif	else
except	False	for	from	global
if	import	in	is	lambda
None	not	or	pass	return
True	try	while	with	yield

숫자 천 단위 콤마

숫자 데이터에 세 자리마다 콤마(,) 단위를 주어 숫자를 쉽게 표현하기 위해 문자열 포맷팅 `format()` 함수를 사용할 수 있다.

```
{인덱스:,}.format(값)
```

[예제 6]

```
name="홍길동"
kibon=2000000
bonus=500000
salary=kibon+bonus

print("{0}씨 월급은 기본급 {1:,} 보너스 {2:,},
        총급여액 {3:,} 이다.".format(name, kibon, bonus, salary))
```

실행결과

```
홍길동씨 월급은 기본급 2,000,000 보너스 500,000, 총급여액 2,500,000 이다.
```

정수형 숫자 자리 형식 지정

[예제 7]

```
num1, num2, num3=100, 200, 300
print("{0:d} {1:5d} {2:05d}".format(num1, num2, num3))
```

실행결과

```
100 200 00300
```

소수점 자리 형식 지정

[예제 8]

```
num1=45000000
num2=100000.41375

print("num1 변수 {0:0,.2f}".format(num1))
print("num2 변수 {0:0,.2f}".format(num2))
```

실행결과

```
num1 변수 45,000,000.00
num2 변수 100,000.41
```

여기서 잠깐 형식 서식에 d를 사용하는 경우 정수형 숫자만 사용 가능

형식 서식에 d를 사용하는 경우, float 유형의 자료형을 대입하는 경우에는 오류가 발생한다.

하지만 자료형 유형을 별도로 지정하지 않으면 정수형, 실수형 모두 사용 가능하다.

❶ {0:,}.format(변수 또는 값) : 정수형 숫자 3자리마다 ,(콤마) 부여

❷ {0:0,.1f}.format(값) : 정수형 부분은 숫자 3자리마다 ,(콤마)를 부여하고, 소수점 자리는 소수점 둘째 자리에서 반올림하여 첫째 자리까지만 출력

여기서 잠깐 스트링 포맷팅과 f-스트링 포맷 출력 형식

출력에 대한 문자열 포맷 형식은 각각 다르게 입력하였지만 출력 결과는 같다.

[예제 9]

```
num1=45000000
num2=100000.41375

print("num1 변수 {0:0,.2f} {1:0,.2f}".format(num1, num2))
print(f"num1 변수 {num1:0,.2f} {num2:0,.2f}")
```

실행결과

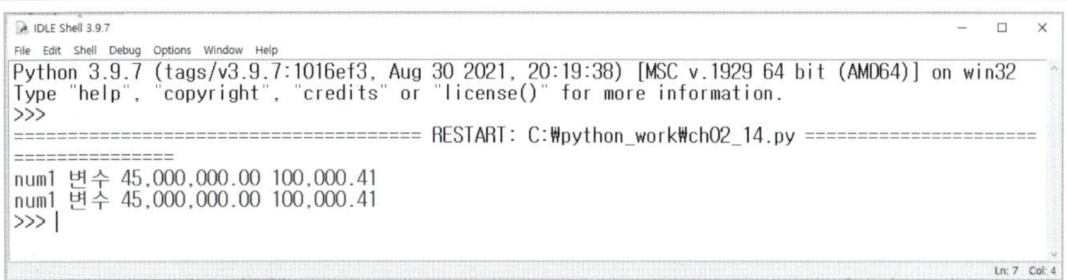

그림 2-10 스트링 포맷팅과 f-스트링 포맷 출력 결과

진단문제

가로 너비 20, 세로 높이 20인 직사각형이 있다. 변수를 활용하여 직사각형의 넓이를 [실행결과]와 같이 출력하시오.

실행결과

```
직사각형의 넓이=400
```

진단문제

아래 표를 참고하여 변수를 설정하여 [실행결과]와 같이 판매금액을 구하여 보자.

품목	단가	수량
파인애플	5000	3

실행결과

```
품목: 파인애플
단가: 5,000
수량: 3
판매금액: 15,000
```

2.4 input() 함수로 입력하기

우리는 print() 함수를 통해서 출력에 대해 학습하였다. 이번 절에서는 사용자로부터 어떤 데이터를 입력받기 위해 사용하는 input() 함수에 대해 학습한다.

input() 함수

앞서 소개한 것처럼 input() 함수는 키보드로부터 입력한 데이터를 가져오는 함수이다. input() 함수는 사용자가 입력한 데이터를 무조건 문자열 형태로 입력받아서 변수에 할당한다. input() 함수를 사용하여 사용자에게 입력을 기다리는 커서가 깜박이게 되면 이때 데이터를 입력하고 ⏎를 누른다.

```
x = input()
```

문자열 데이터 입력

input() 함수를 사용하면 사용자로부터 데이터를 입력받도록 커서가 깜박인다. 이때 키보드로 데이터를 입력받게 되는데, 사용자가 데이터를 입력하면 input() 함수는 수행을 종료하게 된다.

실습을 통해 input() 함수로 이름과 나이 데이터를 입력받아서 각 변수에 할당한 후, print() 함수를 통해 출력해 보자.

[예제 10]

```
name=input("이름을 입력하세요:")
age=input("나이를 입력하세요:")
print("당신의 이름은",name,"이고","나이는",age,"세 입니다.")
```

실행결과

```
이름을 입력하세요:홍길동
나이를 입력하세요:20
당신의 이름은 홍길동 이고 나이는 20 세 입니다.
```

숫자형 데이터 입력

[예제 10]에서 input() 함수를 이용해 입력받은 데이터 값은 모두 문자열이었다. 나이를 입력받기 위해 숫자를 입력했지만 실제로 그 숫자는 연산을 할 수 있는 숫자가 아니라 문자열 숫자였다. 실제로 연산할 수 있는 숫자를 입력받기 위해서는 int() 함수를 사용하여 숫자 자료형으로 변환하는 작업이 필요하다.

정수를 두 개 입력받아 합을 구한 후, 출력하는 프로그램에 대해 작성해 보자.

[예제 11]

```
num1=int(input("숫자 정수1을 입력하세요:"))
num2=int(input("숫자 정수2을 입력하세요:"))
tot=num1+num2

print(f"{num1}과 {num2}의 합계는 {tot}이다.")
```

실행결과

```
숫자 정수1를 입력하세요:150
숫자 정수2를 입력하세요:350
150과 350의 합계는 500이다.
```

Tip int(): 사용자가 입력한 문자열 데이터를 정수형 숫자로 변환하기 위한 함수이다.

사용자로부터 섭씨온도를 실수형 숫자로 입력받아 화씨온도로 변환한 후, 화씨온도를 출력하는 프로그램에 대해 작성해 보자.

```
섭씨온도를 화씨온도로 변환 공식: °F(화씨온도) = °C * 1.8 + 32
화씨온도를 섭씨온도로 변환 공식: °C(섭씨온도) = (°F - 32) / 1.8
```

[예제 12]

```
celsius_degree=float(input("섭씨온도를 입력하세요:"))
fahrenheit_degree=celsius_degree * 1.8 + 32

print(f"섭씨온도 {celsius_degree}는 화씨온도 {fahrenheit_degree} 이다.")
```

실행결과

```
섭씨 온도를 입력하세요:24
섭씨온도 24.0는 화씨 온도 75.20 이다.
```

Tip float(): 사용자가 입력한 문자열 데이터를 실수형 숫자로 변환하기 위한 함수이다.

여기서 잠깐 숫자를 문자열 데이터로 변환

앞서 우리가 살펴봤던 문자열 자료형을 int(), float()를 이용하여 정수형과 실수형으로 변환한 것처럼, 숫자로 된 자료형을 문자열 자료형으로 변환하기 위한 함수는 str() 함수를 사용한다.

input() 함수로 여러 데이터 입력

이번에는 input() 함수를 이용하여 한 번에 여러 데이터 값을 입력받는 방법에 대해서 알아보자. 동시에 여러 데이터 값을 입력받기 위해서는 input() 함수 뒤에 추가적으로 .split() 함수를 사용하면 된다.

[예제 13]

```
name=input("이름을 입력하세요:")
year,month,day=input("당신이 태어난 해의 년도, 월, 일을 차례로 입력하세요:").split()

print(f"{name}씨! 당신의 생년월일은 {year}년 {month}월 {day}일입니다.")
```

실행결과

```
이름을 입력하세요:홍길동
당신이 태어난 해의 년도, 월, 일을 차례로 입력하세요:2000 3 5
홍길동씨! 당신의 생년월일은 2000년 3월 5일입니다.
```

여기서 잠깐 여러 개의 데이터 구분해서 입력하기: split() 함수

input() 함수를 이용하여 데이터 입력 시 여러 개의 데이터를 구분하여 입력받고자 한다면 input() 함수 끝에 split() 함수를 이용할 수 있다. split() 함수는 입력하는 데이터에 대해서 구분하여 입력을 받겠다는 명령이다. 이때 추가적인 데이터 구분은 데이터를 입력하고 공백 한 칸을 띄우고 입력하면 데이터가 구분되어 입력된다.

split() 함수 안에 아무 내용도 넣지 않고 비워두는 이유는 여러 개의 데이터 입력 시 공백으로 데이터를 구분하겠다는 의미이다. 만약 공백을 주지 않고 ,(콤마)를 사용하게 되면 오류가 발생한다.

여기서 잠깐 split() 함수

특정 분리자를 기준으로 문자열을 분리하고 싶다면, split() 함수를 다음과 같이 사용한다.

```
객체.split("분리할 문자")
```

그럼 년, 월, 일을 ,(콤마)를 이용하여 분리하면 다음과 같다.

```
name=input("이름을 입력하세요:")
year,month,day=input("당신이 태어난 해의 년도, 월, 일을 차례로 입력하세요:").
split(",")

print(f"{name}씨! 당신의 생년월일은 {year}년 {month}월 {day}일입니다.")
```

실행결과

```
이름을 입력하세요:홍길동
당신이 태어난 해의 년도, 월, 일을 차례로 입력하세요:2000,3,5
홍길동씨! 당신의 생년월일은 2000년 3월 5일입니다.
```

진단문제

정수 3개를 입력받아 [실행결과]와 같이 출력되도록 프로그램을 작성하시오.

실행결과

```
첫 번째 정수? 150
두 번째 정수? 350
세 번째 정수? 500
150과 350과 500의 합은 1,000 이다.
```

여기서 잠깐 input() 함수와 split() 함수 동시에 사용하기

input() 함수로 여러 개의 데이터를 동시에 입력하기 위해서는 split() 함수를 사용하여 숫자 데이터를 구분한 뒤, 정수로 변환하기 위해 int() 함수를 함께 사용할 경우에는 에러가 발생한다.

이를 해결하기 위해서는 뒤에 나오는 함수 단원에서 다룰 map() 함수를 사용하여 int() 함수와 input() 함수를 함께 사용하고, split() 함수로 구분자를 주어 입력하게 되면 에러 없이 사용할 수 있다.

map() 함수를 사용하여 int() 함수와 input() 함수를 동시에 사용하여 데이터를 입력하여 총점을 계산해 보자.

[예제 14]

```
kor, eng, math=map(int, input('국어,영어,수학:").split(","))
tot=kor+eng+math
avg=tot/3
print(f"""
국어:{kor}
영어:{eng}
수학:{math}
총점:{tot}
""")
```

실행결과

```
국어,영어,수학:90,100,85
국어:90
영어:100
수학:85
총점:275
```

요점정리

1. 쉘 모드(Shell Mode)란 대화형 모드로 >>> 프롬프트에서 프로그램을 입력하여 실행하는 모드를 말한다.

2. 스크립트 모드(Script Mode)란 메모장과 비슷한 텍스트 에디터를 이용하여 소스코드를 파일에 저장하여 실행하고 열기 가능한 모드를 말한다.

3. 소스코드 실행을 위해서는 기능키 F5를 이용한다.

4. 문자열을 출력하기 위해서는 큰따옴표(" ")와 작은따옴표(' ')로 문자열 내용을 입력한다.

5. `print()` 함수에서 출력 문자열 뒤에 *(곱하기) 기호를 붙이고 숫자를 입력하면 입력된 숫자만큼 반복하여 출력된다.

6. 변수(variable)란 값을 저장할 때 사용하는 식별자로 숫자, 문자열의 데이터를 저장할 수 있다.

7. 출력 서식 형식

서식	설명
%d	Decimal Integer의 의미로, 정수형 숫자를 나타낸다.
%f	Floating Point의 의미로, 실수형 숫자를 나타낸다.
%s	String을 의미하고, 두 글자 이상의 문자열을 나타낸다.

8. `format()` 문자열 포맷팅 스트링은 데이터 값을 표시하는 중괄호 `{ }` 표시와 함께 출력할 데이터 값의 순서를 지정할 수 있으며 `format()` 함수에는 실제 데이터 또는 변수를 지정할 수 있다.

9. f-string 포맷은 아주 간결하고 출력할 때 편리하게 사용할 수 있는 문자열 포맷팅으로 파이썬 3.6 이후 버전부터 사용된 새로운 출력 포맷이며 기존 출력 형식에 비해 간결하여 사용하기 쉽다는 것이 특징이다.

10. 이스케이프 문자

이스케이프 문자	기능
\n	새로운 줄로 이동(New Line 의미로 개행)
\t	탭 사용(보통 8칸 공백을 띄움)
\b	Backspace를 사용한 효과로 한 칸 뒤로 이동
\'	'문자 자체 출력
\"	"문자 자체 출력
\\	\문자 자체 출력

11. 식별자 이름 규칙

① 파이썬 키워드는 식별자로 사용할 수 없다.

② 영문자는 대소문자를 구별한다(ex. Hap과 hap은 다른 식별자로 인식).

③ 식별자 구성은 영문자, 숫자, 밑줄문자(_)로 이루어진다. 단, 숫자로 시작하면 안 된다.

④ 첫 글자는 반드시 영문자나 밑줄문자(_)로 시작해야 한다.

⑤ 식별자 중간에 공백을 포함할 수 없다.

⑥ 식별자 생성에 길이 제한은 없다.

12. `input()` 함수는 사용자가 입력한 데이터를 무조건 문자열 형태로 입력받아서 변수에 할당하게 된다.

13. `int()` 함수는 사용자가 입력한 문자열 데이터를 정수형 숫자로 변환하기 위한 함수이다.

14. `float()` 함수는 사용자가 입력한 문자열 데이터를 실수형 숫자로 변환하기 위한 함수이다.

15. `str()` 함수는 숫자로 된 자료형을 문자열 자료형으로 변환하기 위한 함수이다.

16. `split()` 함수는 `input()` 함수를 이용하여 데이터 입력 시 여러 개의 데이터를 입력받고자 한다면 `input()` 함수 끝에 `.split()` 함수를 이용할 수 있다.

연습문제

1. input() 함수를 사용해 사용자로부터 데이터를 입력받을 때 기본적으로 처리되는 자료형은? ( )

   ❶ 정수형 ❷ 숫자형 ❸ 문자열 ❹ 논리형

2. 다음 중 식별자에 대한 설명으로 옳지 않은 것은? ( )

   ❶ 파이썬 키워드는 식별자로 사용할 수 없다.
   ❷ 영문자는 대소문자를 구별한다.
   ❸ 첫 글자는 반드시 영문자나 밑줄문자(_)로 시작해야 한다.
   ❹ 식별자에 공백을 포함할 수 있다.

3. 다음 중 파이썬 키워드로 불가능한 식별자는? ( )

   ❶ my_car ❷ _tot ❸ pay4 ❹ 4wol

4. 다음 중 이스케이프 문자에 대한 설명이 옳지 않은 것은? ( )

   ❶ \s: 문자 출력 ❷ \n: 줄 바꿈 ❸ \t: 탭 ❹ \b: 백스페이스

5. 다음과 같이 파이썬 쉘 모드에서 입력했을 때 실행결과로 옳은 것은? ( )

```
>>> print("a","b","c",sep="")
```

   ❶ a,b,c ❷ abc ❸ a b c ❹ a, b, c

6. 다음과 같이 파이썬 쉘 모드에서 입력했을 때 실행결과로 옳은 것은? ( )

```
>>> print("Python " * 3)
```

   ❶ Python * 3 ❷ "Python" * 3
   ❸ PythonPythonPython ❹ Python Python Python

7. input() 함수를 이용하여 소스코드를 [실행결과]와 같이 출력되도록 밑줄 친 부분에 들어갈 알맞은 코드는? (　)

실행결과

```
300과 700의 합계는 1,000이다.
```

```
num1=int(input("숫자 정수1을 입력하세요:"))
num2=int(input("숫자 정수2을 입력하세요:"))
tot=num1+num2
print(f"{num1}과 {num2}의 합계는 ____________이다.")
```

❶ {tot}　❷ {tot:d}　❸ {tot:,}　❹ {tot:d,}

Hint: 숫자 정수에 3자리마다 ,(콤마)를 주기 위해서는 {tot:,}나 자릿점을 지정하여 ,(콤마)를 주기 위해 {tot:5,d} 포맷 형식을 사용한다.

8. 다음 input() 함수와 print() 함수를 이용하여 [실행결과]와 같이 출력되도록 밑줄 친 부분에 들어갈 올바른 코드는?

실행결과

```
이름:홍길동
학교 이름:한국대학교
홍길동군의 학교는 한국대학교입니다.
```

```
name=input("이름:")
school=input("학교 이름:")
print("%s군의 학교는 %s입니다." ____________ )
```

❶ (name, school)　❷ ,%(name, school)

❸ %(name,school)　❹ format(name,school)

수행평가

1. 사용자로부터 국어, 영어, 수학 점수를 입력 받아서 총점과 평균을 출력하는 프로그램을 작성하시오.

실행결과

```
국어 : 100
영어 : 80
수학 : 75
총점 : 255
평균 : 85.00
```

2. 사용자로부터 미국 USD 환율로 환전하기 위해 원화 금액을 입력받아 미국 달러($)로 환전하는 프로그램을 작성하시오. 단, 오늘의 미화 환전 시세는 $1당 1,196.00원이다.

실행결과

```
원화:1000000
환전하고 싶은 원화 1,000,000원은 US 달러로 $ 836.12 이다.
```

3. 사용자로부터 윗변, 밑변, 높이를 입력받아 사다리꼴의 넓이를 출력하는 프로그램을 작성하시오.

실행결과

```
윗변(Cm) : 2
밑변(Cm) : 3
높이(Cm) : 3
사다리꼴의 넓이 : 7.5
```

Hint: 사다리꼴의 넓이는 ((윗변) + (밑변)) × (높이) ÷ 2

4. 사용자로부터 이름, 시, 구, 동을 입력받는다. 단, 시, 구, 동은 한 번에 입력받고 ,(콤마)로 구분하여 변수에 할당한 후, [실행결과]와 같이 출력하도록 프로그램을 작성하시오.

실행결과

```
이름을 입력하세요:홍길동
당신이 사는 주소를 시, 구, 동으로 구분하여 입력하세요:서울시,동작구,상도동
홍길동씨! 당신이 사는 곳은 서울시 동작구 상도동 입니다.
```

5. 사용자로부터 성인 인원, 어린이 인원 입장객 수를 ,(콤마)로 구분하여 변수에 할당한 후, [실행결과]와 같이 출력하는 프로그램을 작성하시오. 단, 성인 1인 입장 요금 12,000원, 어린이 1인 입장 요금은 3,000원이다.

실행결과

```
성인 인원, 어린이 인원 입력:4,2
성인 입장객: 성인 4인 입장 요금은 48,000원
어린이 입장객: 어린이 2인 입장 요금은 6,000원
지불요금 합계: 54,000원 입니다.
```

CHAPTER 03

기본 자료형과 기본 연산자

학습목표

이번 장은 파이썬 프로그램을 수행하는 데 가장 우선적으로 알아야 할 기본적인 자료형 처리에 대해서 알아본다. 또한 프로그램 연산 처리를 위해 본격적인 연산자 단원인 4장보다 한 단원 앞서 기본적으로 사칙 연산을 학습한다. 또한 소스 프로그램을 작성하면서 발생할 수 있는 기본적인 파이썬 에러에 대한 발생 원인과 이를 해결할 수 있는 간단한 처리 방법에 대해서도 함께 살펴본다.

학습목차

3.1 파이썬 기본 자료형

파이썬에서 처리하는 자료형은 자바의 8개 자료형 byte, short, int, long, float, double, char, boolean과는 매우 다르다. 자바는 숫자 데이터 형식이 다양하고 문자, 부울린형으로 처리한다. 반면에 우리가 이번 절에서 다루는 파이썬 자료형은 숫자는 간단하게 정수와 실수만을 다루며 자바에서 없는 문자열이 기본적인 자료형으로 제공된다. 또한 자바에서는 문자라는 하나의 글자가 지원되지만 파이썬에서는 문자를 지원하는 자료형은 딱히 없다. 하지만 다른 언어에서도 지원하지 않는 컨테이너 자료형 항목인 리스트, 튜플, 딕셔너리, 세트 자료형이 지원되는데 본 교재에서는 추후 8장, 9장에서 다루기로 한다.

Tip 파이썬에서 제공되는 자료형은 크게 기본형과 확장형으로 구분된다.

- 기본형: 정수형, 실수형, 부울린형, 문자열
- 확장형: 리스트, 튜플, 딕셔너리, 세트

숫자형 자료형

앞서 print() 함수와 input() 함수를 통해 정수형 숫자와 실수형 숫자에 대한 자료를 학습하였다. 연산을 수행하기 위해서 가장 기본적으로 숫자형에 대한 데이터를 다시 정리하며 알아보도록 한다.

숫자형 데이터: 정수

❶ 숫자형 정수 데이터는 양수(100), 제로(0), 음수(−5) 등을 정수형 데이터로 취급하며 파이썬에서는 자바 언어처럼 정수형 데이터 크기를 지정하여 처리하지 않으므로 크기에는 제한이 없이 사용할 수 있다는 것이 특징이다. 다음 실습을 통해 정수형 데이터를 할당한 후, type() 함수를 통해 할당된 클래스의 타입도 확인해 보자.

```
>> a=100
>>> type(a)
<class 'int'>
```

```
>>> b=0
>>> type(b)
<class 'int'>
>>> c=-5
>>> type(c)
<class 'int'>
```

Tip 변수에 할당된 자료형 타입을 확인하기 위해 `type()` 함수를 사용하면 쉽게 자료형을 확인할 수 있다.

여기서 잠깐

파이썬 프로그래밍에서 일반적으로 사용하는 정수형 상수는 10진수이다. 하지만 처리하는 목적에 따라 2진수, 10진수, 16진수 등으로 변환하여 사용할 수 있다.

그러나 컴퓨터가 처리하는 언어는 2진수인 0과 1로 표현되므로 일상에서는 2진수를 판독하여 사용하기에는 어려움이 있다.

숫자형 데이터: 실수

숫자형 실수 데이터는 -1.1, 5.5, 소수점이 있는 데이터와 1.234e5와 같은 지수 형태의 숫자도 실수형 데이터로 처리된다. 파이썬에서의 실수형 데이터 역시 크기를 지정하여 처리하지 않아도 된다.

```
>>> a=-1.1
>>> type(a)
<class 'float'>
>>> b=5.5
>>> type(b)
<class 'float'>
>>> c=1.234e5
>>> type(c)
<class 'float'>
```

숫자형 데이터: 16진, 8진, 2진 정수

그 외 정수형 데이터로 16진수, 8진수, 2진수도 컴퓨터에서 취급되는 정수형 숫자이다. 16진수를 나타낼 때는 앞에 `0x`를 붙이고 8진수를 나타낼 때는 `0o`, 2진수를 나타낼 때는 앞에 `0b`를 붙인 후, 해당 진수에 맞는 데이터를 사용하면 된다.

```
>>> a=0xF
>>> type(a)
<class 'int'>
>>> b=0o25
>>> type(b)
<class 'int'>
>>> c=0b0010
>>> type(c)
<class 'int'>
```

여기서 잠깐 진수 표현하기

2진수는 0 또는 1을 나타낸다. 8진수는 0~7까지를 나타낸다. 16진수는 0~15까지를 나타낼 수 있는데 0~9까지는 우리가 표현하는 10진수로 나타내지만, 10부터 15까지는 표현 방법이 다르다. 이유는 16진수를 2진수로 변환하는데 2진수 1010이라는 숫자 10과 혼동될 수 있으므로 16진수 10부터는 알파벳 대문자 A로, 11은 B, 12는 C, 13은 D, 14는 E, 15는 F로 바꾸어 표현하도록 약속되어 있다.

10진수	2진수	16진수
0	0000	0
1	0001	1
2	0010	2
3	0011	3
4	0100	4
5	0101	5
6	0110	6
7	0111	7
8	1000	8
9	1001	9
10	1010	A
11	1011	B
12	1100	C
13	1101	D
14	1110	E
15	1111	F

문자열 자료형

파이썬에서 문자열은 두 가지 형태로 저장되는데 첫 번째는 큰따옴표(" ")를 사용하고 두 번째는 작은따옴표(' ')를 사용한다. 앞서 설명도 했지만 파이썬에서는 자바처럼 문자와 문자열을 구분하지 않으며 따옴표도 모두 공통으로 사용된다.

> Tip 자바에서는 문자형인 경우 char로 1글자를 저장할 때 ' '를 사용하며, 문자열인 경우에만 " "를 사용한다.
>
> 하지만 파이썬에서는 작은따옴표(' ')와 큰따옴표(" ") 모두 문자열로 처리한다.
>
> ```
> >>> a="Python"
> >>> type(a)
> <class 'str'>
> >>> b='Programming'
> >>> type(b)
> <class 'str'>
> ```

> Tip 문자열 입력 시 따옴표의 짝이 서로 맞지 않을 때는 에러가 발생한다.
>
> ```
> >>> a="Hello Python'
> SyntaxError: EOL while scanning string literal
> ```

리스트 자료형

리스트 자료형은 매우 중요한 과정이다. 우선적으로 본 단원의 학습을 통해 리스트 자료형에 대한 기본적인 명령을 이해할 수 있으며, 조건 제어문과 반복문을 활용할 수 있다. 리스트 자료형에 대한 기본적인 부분을 이번 절에서 학습하고 나머지 리스트 자료형에 대해서는 8장, 9장을 통해 자세히 알아보도록 한다.

파이썬 리스트

리스트(list)란 여러 자료들을 목록 형태로 묶어서 관리하는 자료형으로 다른 언어의 배열(Array) 명령과 비슷한 구조를 가지고 있다. 리스트는 자료가 저장되는 순서를 인덱스로 지정하고 있으며, 지정된 항목은 언제든지 추가, 삽입, 삭제, 내용 변경 등이 가능하다. 또한 리스트 연산, 슬라이싱, 정렬, 확장, 튜플 전환 등 데이터를 활용하여 관리할 수 있는 자료형이다.

그렇다면 왜 리스트 자료형이 필요한 것일까? 데이터를 저장하기 위해서는 하나의 변수에 데이터 값을 저장하게 되는데, 만약 5명의 학생들에 대한 점수를 변수에 저장한다면 다음과 같이 일일이 변수를 지정해 주어야 하는 번거로움이 따르게 된다.

```
>>> grade0=90
>>> grade1=85
>>> grade2=70
>>> grade3=85
>>> grade4=90
>>> print(grade0, grade1, grade2, grade3, grade4)
90 85 70 85 90
```

그러나 만약 하나의 변수를 통해 여러 개의 데이터를 한꺼번에 묶어서 처리할 수 있다면 관리적인 측면에서 매우 편리하게 데이터를 다룰 수 있으므로 리스트 자료형이 나오게 된 것이다.

리스트 생성

파이썬에서 리스트를 생성하기 위한 방법은 3가지가 있으며 기본 구조는 다음과 같다.

```
리스트 변수명 = [항목1, 항목2, 항목3....]
```

초기화된 항목 요소들을 리스트 변수에 저장

위에서 개별적으로 생성된 성적 항목을 리스트 자료형을 통해 묶어서 저장해 보자.

```
>>> grade_list=[90,85,70,85,90]
>>> print(grade_list)
[90, 85, 70, 85, 90]
```

실습을 통해서도 살펴보았지만 리스트 자료들은 대괄호 [] 안에 항목들이 차례대로 저장되어 있는 것을 알 수 있었다.

여기서 우리는 차례로 저장되어 있는 항목의 순서를 지정할 때 사용하는 숫자를 전문적 용어로 인덱스(index)라고 칭하며 앞으로 특정한 순서 위치를 지정할 때도 인덱스 번호를 사용하여야 한다.

그러면 컴퓨터에서 인덱스는 어떻게 부여될까? 인덱스의 시작은 무조건 앞에서부터 0으로 시작된다.

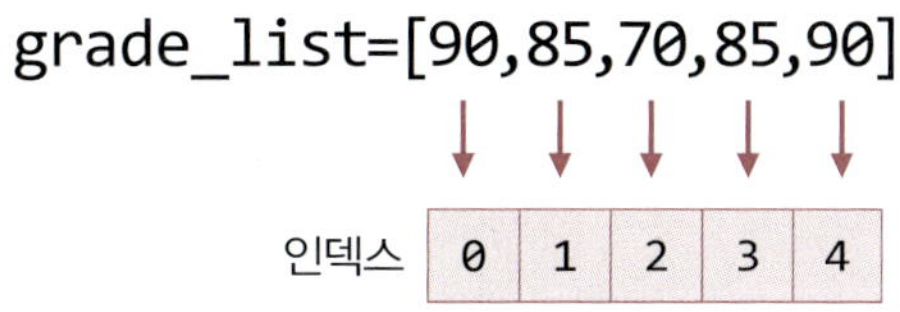

그림 3-1 인덱스 참조

그럼 특정한 위치인 0번째 항목 및 0번째, 3번째 항목 요소를 동시에 출력해 보자.

```
>>> print(grade_list[0])
90
>>> print(grade_list[0], grade_list[3])
90 85
```

이번에는 print() 함수를 활용하여 리스트 자료형을 인덱스 순서에 따라 세로로 구분하여 출력해 보자.

```
>>> grade_list=[90,85,70,85,90]
>>> print(grade_list[0])
90
>>> print(grade_list[1])
85
>>> print(grade_list[2])
70
>>> print(grade_list[3])
85
>>> print(grade_list[4])
90
```

Tip 리스트 자료형 유형을 확인해 보자. 리스트는 클래스 객체로 확인됨을 알 수 있다.

```
>>> type(grade_list)
<class 'list'>
```

특정 자료 구분 없이 숫자, 문자열 혼합하여 리스트 생성

파이썬의 리스트 자료형은 숫자, 문자열 등을 자료 구분 없이 저장할 수 있는 자료형이다.

```
>>> alpha_list=["a","b","c",1,2,3]
>>> alpha_list
['a', 'b', 'c', 1, 2, 3]
>>> type(alpha_list)
<class 'list'>
```

> Tip 리스트 내부에 있는 자료를 항목(item)이나 요소(element)라고 한다.

빈 리스트 생성하기

대괄호 []를 이용하여 빈 리스트를 생성해 보자.

```
>>> grade_list1=[]
```

리스트 추가하기

grade_list1 빈 영역에 append() 함수를 이용하여 다음과 같이 항목들을 차례로 추가해 보자. 항목 추가가 끝났다면 grade_list1나 print(grade_list1)를 통해서 출력해 보자.

```
리스트명.append(항목 값)
```

```
>>> grade_list1.append(100)
>>> grade_list1.append(90)
>>> grade_list1.append(80)
>>> grade_list1
[100, 90, 80]
```

> Tip 빈 리스트는 []로 만들고, 빈 리스트에 객체를 추가하고자 할 때는 append() 함수를 사용한다. append()로 추가된 항목은 맨 뒤에 추가된다.

리스트 항목 삭제하기

리스트 내에 불필요한 항목이 있다면 다음과 같은 다양한 명령을 이용하여 삭제할 수 있다.

remove() 함수 이용하기

remove() 함수를 이용하여 직접 항목 값을 입력하여 삭제할 수 있다.

```
리스트명.remove(항목 값)
```

remove() 함수에 의해 리스트 항목 값 50을 직접 삭제하게 되면 실제 남아있는 리스트 항목은 [10, 20, 30, 40]만 남아있다.

```
>>> num=[10,20,30,40,50]
>>> num.remove(50)
>>> print(num)
[10, 20, 30, 40]
```

인덱스로 삭제하기

파이썬에서 인덱스로 항목 요소를 직접 제거할 수 있는데 del 키워드를 사용하는 방법과 pop() 함수를 사용하는 방법이 있다.

❶ del 리스트명[]으로 삭제하기

삭제하고 싶은 값을 다음과 같이 지정하면 해당 인덱스가 삭제된다.

```
del 리스트명[인덱스]
```

저장된 항목에서 0번째 인덱스 값을 삭제해 보자. 삭제 후 리스트 항목은 [200, 300, 400, 500]만 남게 된다.

```
>>> num=[100,200,300,400,500]
>>> del num[0]
>>> print(num)
[200, 300, 400, 500]
>>> del num[-1]
>>> print(num)
[200, 300, 400]
```

> Tip del 명령을 이용하여 인덱스로 -1 값을 주었을 때는 마지막 값을 삭제하는 의미가 된다.

여기서 잠깐 del 명령으로 리스트 항목 및 리스트 변수까지도 한번에 삭제하기

'del 리스트명[인덱스]'는 특정 위치의 항목 값을 삭제할 수 있지만, 'del 리스트 변수명'만 입력했을 때는 모든 항목 값을 한 번에 삭제하고 항목을 담을 수 있는 리스트 변수까지도 삭제를 해버린다.

그럼, 아래 실습을 통해 다음과 같이 명령을 실행하여 항목도 삭제해 보고 리스트 변수도 삭제한 후, 리스트 변수의 존재 여부도 확인해 보자. 삭제가 되었기 때문에 에러가 발생한 것을 확인해 볼 수 있다.

```
>>> num=[100,200,300,400,500]
>>> del num[4]          # 4번째 인덱스 500을 삭제
>>> num                 # 확인해 보니 500이 삭제 되었음
[100, 200, 300, 400]
>>> del num             # 리스트 변수명 자체를 삭제
>>> num                 # 확인해 보니 num이라는 리스트 변수는 존재하지 않아서 에러 발생
Traceback (most recent call last):
  File "<pyshell#39>", line 1, in <module>
    num
NameError: name 'num' is not defined
```

❷ pop() 함수: 인덱스로 제거하기

특정 위치 항목 값을 삭제하기 위해서는 리스트명.pop() 함수를 사용한다.

```
리스트명.pop(인덱스)
```

이때, 인덱스 값을 주지 않고 리스트명.pop() 함수만 사용하게 되면, 맨 마지막 항목 값이 삭제가 된다. 그리고 다음 실습에서 0번째 위치 값을 삭제한 후, 출력을 통해 삭제된 항목이 제대로 삭제되었는지도 확인해 보자.

```
>>> num=[10,20,30,40,50]
>>> num.pop()       # 맨 마지막 항목 삭제
50
>>> print(num)
[10, 20, 30, 40]
>>> num.pop(0)      # 0번째 인덱스 삭제
10
>>> print(num)
[20, 30, 40]
```

❸ clear()로 모든 항목 값 삭제하기

clear() 함수를 이용하여 리스트에 저장된 모든 값을 한꺼번에 삭제할 수 있다.

```
리스트명.clear()
```

리스트에 저장된 문자열 항목을 alpha.clear() 함수 명령을 이용하여 모두 삭제시킨 후에 저장된 alpha를 출력해 본 결과, alpha 리스트 변수에 저장되어 있던 항목들이 모두 삭제되어 빈 리스트([])만 출력되는 것을 확인할 수 있다.

```
>>> alpha=['a','b','c','d','e']
>>> print(alpha)
['a', 'b', 'c', 'd', 'e']
>>> alpha.clear()        # 리스트 항목 전체 삭제
>>> print(alpha)
[]
```

여기서 잠깐 리스트 항목 삭제

종류	내용
clear()	리스트 내 모든 항목을 삭제
pop(인덱스)	지정한 위치 값을 삭제
remove(항목 값)	지정한 위치 값을 직접 입력하여 삭제
del 리스트명[인덱스]	인덱스를 이용하여 특정 항목 위치 값을 삭제
del 리스트명	del 리스트명을 이용하여 모든 리스트 항목과 리스트 이름까지 삭제

진단문제

다음과 같이 리스트에 데이터 항목 값을 할당한 후, 다음 실습을 진행하시오.

```
list_color=["red","blue","orange","green","purple"]
```

❶ pop() 함수를 이용하여 purple 항목을 삭제한 후, 삭제되었는지 확인해 보자.

❷ remove() 함수를 이용하여 orange 항목을 삭제한 후, 삭제되었는지 확인해 보자.

❸ del 키워드를 통해 남아있는 모든 항목 및 list_color 리스트 변수도 삭제하고 확인해 보자(삭제가 성공적으로 되었다면 list_color를 입력했을 때 에러가 표시되어야 한다).

3.2 파이썬 기본 연산자

우선적으로 우리는 2.3절에서 변수에 직접 데이터 값을 할당하는 방법을 배웠고, 두 번째로는 사용자로부터 직접 숫자와 문자열 데이터를 입력하는 방법을 배웠다. 이번 절에서는 할당된 데이터와 직접 입력받은 데이터를 활용하는 기본 연산자 활용에 대해서 학습하고, 다음 4장에서 본격적으로 다양한 연산자에 대해서 알아보기로 한다.

수식

파이썬에서 수식을 표기하고 계산하는 방법은 일반 수학 연산과 거의 비슷하며, 파이썬의 기본적인 연산자를 사용함으로써 계산기처럼 활용할 수 있다. 뿐만 아니라 연산에 필요한 다양한 수식을 통해 여러 가지 복잡한 문제들을 해결하는 기본적인 발판을 마련할 수 있다.

연산자와 피연산자

수식은 연산자와 피연산자로 구성된다.

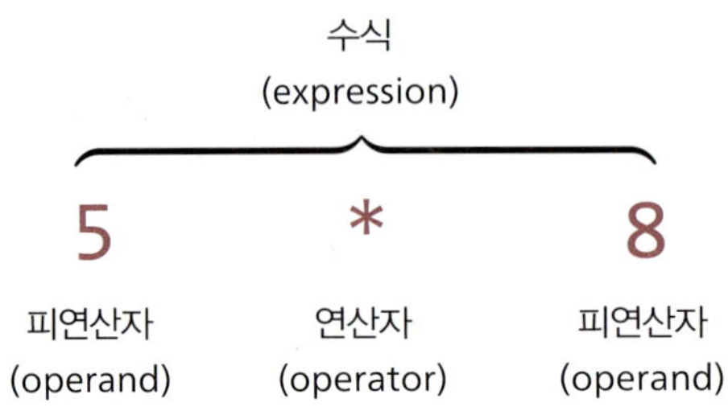

그림 3-2 수식

❶ 연산자(operator): 연산을 나타내는 기호로 산술연산자 +, -, *, / 기호와 같은 기본적인 연산을 수행하는 기호

❷ 피연산자(operand): 연산에 참여하는 변수(variable)나 값(value)

❸ 수식(expression): 피연산자1, 피연산자2, 연산자의 조합

산술 연산자

연산자는 기본적으로 사칙 연산을 수행하는 연산자 +(덧셈), -(뺄셈), *(곱셈), /(나눗셈) 기호를 필두로 %(나머지), //(몫), **(거듭제곱) 관련 연산자 등이 있다. 예제를 통해 산술 연산자 활용에 대해 알아보자.

연산자	기호	수식
덧셈	+	x + y
뺄셈	-	x - y
곱셈	*	x * y
나눗셈	/	x / y
나눗셈(몫)	//	x // y
나눗셈(나머지)	%	x % y
거듭제곱	**	x ** y

+, -, *, / 산술 기본 연산자

다음 실습을 통해 수식의 실행결과를 확인해 보자.

```
>>> 15 + 25
40
>>> 200-50
150
>>> 5 * 5
25
>>> 20/3
6.666666666666667
```

일상 생활에서 많이 사용되는 덧셈, 뺄셈, 곱셈, 나눗셈에 대해 연산을 쉽게 이용할 수 있었다.

이번에는 몫, 나머지, 거듭제곱 연산자도 실습해 보자.

//, %, ** 연산자

다음 실습을 통해 수식의 실행결과를 확인해 보자.

❶ //: 파이썬에서만 사용되는 연산자로 나눗셈에서 몫만 연산 결과로 산출하는 연산자이다.

```
>>> 25 // 2
12
>>> 30 // 7
4
```

❷ %: 나눗셈 연산 결과 나머지만 연산 결과로 산출하는 연산자이다.

```
>>> 5 % 2
1
>>> 14 % 2
0
```

❸ **: 일반 수식에서 2^3과 같이 거듭제곱 값을 산출하는 연산자이다.

```
>>> 2**3
8
>>> 3**3
27
```

대입(할당) 연산자

대입 연산자는 2장의 변수에서 살짝 다루어보았지만 이번 절에서 본격적으로 대입 연산자를 학습하며 대입 연산자의 활용을 이해해 보도록 하자. 변수에 값을 대입(할당)하는 연산자를 대입(할당) 연산자(Assignment Operator)라고 하며 '=' 기호를 사용한다.

즉, 대입 연산자는 연산자의 가장 기본이 되는 연산자이며 오른쪽 계산식 또는 값을 = 대입(할당) 연산자를 이용하여 왼쪽 변수에 저장하게 된다. 대입 연산자의 왼쪽 부분에는 반드시 변수만이 가능하며 대입 연산자 왼쪽에는 계산식을 사용할 수 없다.

```
>>> num1=30
>>> num2=25
>>> hap=(num1+num2) // 3
>>> hap
18
```

부호 바꾸기 연산

뺄셈 기호 '-'는 산술 연산자로 주로 활용되지만, 수의 부호를 바꿀 때도 사용된다. 즉, 뺄셈 기호 왼쪽에 피연산자 숫자가 없고 - 부호를 연속해서 사용했다면 해당 숫자에 대한 부호가 바뀌게 된다.

```
>>> -500             # 현재는 음수 숫자를 표현할 때 사용되었음
-500
>>> --500            # 부호를 두 번 연속해서 사용하게 되면 숫자의 부호가 바뀌게 됨
500
```

수식 우선순위와 결합 법칙

연산 순서에서 어떤 부분을 먼저 연산을 수행할지에 대한 순서는 일반적인 수학 계산식과 같다. 먼저 우선적으로 계산되어야 할 부분이 있다면 괄호를 둘러싼다. 괄호가 없다면 파이썬 우선순위와 결합 법칙에 따라 연산 순서를 정하게 된다.

`2.5 + 15 / 2`에 대한 수식을 입력하여 계산 결과를 알아보자.

파이썬의 연산 순서는 수학 연산할 때와 같이 왼쪽에서 오른쪽 순으로 계산하되, 곱셈과 나눗셈을 덧셈과 뺄셈보다 먼저 계산한다. 그러므로 `2.5 + 15 / 2` 식을 파이썬으로 계산하면 `10.0`이 된다.

```
>>> 2.5 + 15 / 2
10.0
```

또한, `tot1 = (5+5) * (12+3) / 3` 수식의 경우라면 먼저 `(5+5)`와 `(12+3)`을 계산하고, 그 결과 값 `10`과 `15`를 곱한 후 `3`으로 나누게 된다.

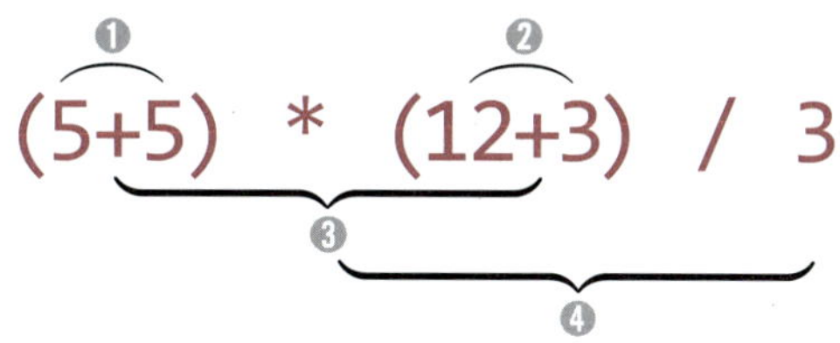


```
>>> tot1 = (5+5) * (12+3) / 3
>>> tot1
50.0
```

여기서 잠깐 **코드 입력 도중 중간에 빠져나가고 싶은 경우**

IDLE 대화창 쉘 모드에서 아래와 같이 입력했을 때 프롬프트 >>> 모양이 보이지 않고 계속 빈 행이 출력될 때에는 위에서 입력한 수식이 완성되지 않았다는 의미이다. 이때 중간에 멈추고 빠져나가고 싶을 때는 Ctrl + C를 누르게 되면 `KeyboardInterrupt` 메시지가 표시되면서 입력을 멈출 수 있다.

```
>>> print(10+20+
...
...
KeyboardInterrupt
>>>
```

여기서 잠깐 **코드 입력도중 엔터키를 눌렀을 경우**

IDLE 대화창 쉘 모드에서 아래와 같이 입력했을 때 엔터(⏎)를 누르게 되면 실행결과가 출력된다.

```
>>> 10 + 20 + 30  ⏎
60
```

그런데 만약 쉘 모드에서 엔터(⏎)를 누르기 전에 여러 행에 걸쳐 미완성된 수식이 있을 때에는 다음 행에 걸쳐서 수식을 기다리게 된다. 이때 당황하지 말고 나머지 수식을 입력하면 해결된다.

또한 괄호를 이용한 수식에서 괄호가 열린 채로 식을 입력하면, 중간에 행을 바꾸더라도 괄호를 닫기 전까지는 식이 끝나지 않게 되므로 괄호가 닫히면 수식이 완료되어 계산 결과를 출력한다.

```
>>> print(10+20+30
     +40)
100
```

진단문제

❶ 파이썬 프로그램을 이용하여 다음 수식이 어떤 계산 결과가 나오는지 작성하시오.

```
>>> (15+20)*2/2
```

❷ 일반 수식 (5*5 + 2((25-5)/5))^2를 파이썬 프로그램 연산식으로 바꾸어 표현한 후, 예상되는 결과를 프로그램을 입력하여 확인하시오.

Hint: ^의 의미는 거듭제곱이다.

```
>>> (5*5 + 2((25-5)/5))^2
>>>
```

요점정리

1. 리스트란 여러 자료들을 목록 형태로 묶어서 관리하는 자료형으로, 다른 언어의 배열(Array)과 비슷한 구조를 가지고 있다.

2. 리스트 자료들은 대괄호 []를 이용하여 `num_list=[1,2,3,4,5]` 형태로 차례대로 리스트 변수명에 리스트 항목을 할당할 수 있다.

3. 리스트 항목에는 인덱스 번호를 사용하는데 인덱스 시작은 무조건 앞에서부터 0으로 시작된다.

4. 리스트의 자료형 유형을 확인하기 위해서는 `type(리스트 변수명)`을 입력하여 확인할 수 있다.

5. 리스트를 추가할 때는 `리스트.append()` 함수를 이용할 수 있다.

6. 리스트 항목을 삭제하기 위해서는 `remove()` 함수를 이용하여 직접 항목 값을 입력하여 삭제할 수 있다.

7. 리스트 항목을 인덱스로 삭제할 수 있는데, `del 리스트명[]`으로 삭제하는 방법과, `pop()` 함수를 이용하여 삭제하는 방법이 있다.

8. 리스트 항목 삭제

종류	내용
clear()	리스트 내 모든 항목을 삭제
pop(인덱스)	지정한 위치 값을 삭제
remove(항목 값)	지정한 위치 값을 직접 입력하여 삭제
del	인덱스를 이용하여 특정 항목 위치 값을 삭제하거나 'del 리스트명'을 이용하여 리스트를 삭제

9. 기본 산술연산자는 +, -, *, / 기호와 같은 기본적인 연산을 수행하는 연산자이다.

10. 산술 연산자

연산자	기호	수식
덧셈	+	x + y
뺄셈	-	x - y
곱셈	*	x * y
나눗셈	/	x / y
나눗셈(몫)	//	x // y
나눗셈(나머지)	%	x % y
거듭제곱	**	x ** y

11. 수식(expression)은 피연산자1(operand1), 피연산자2(operand2), 연산자(operator)의 조합으로 구성된다.

12. IDLE 대화창 셸 모드에서 도중에 수행을 중단하거나 멈추고자 한다면 Ctrl + C를 눌러서 중단할 수 있다.

연습문제

1. 다음 중 파이썬 자료형이 아닌 것은? (　)

   ① 정수형　② 리스트　③ 튜플　④ 문자

2. 파이썬에 할당된 변수를 이용하여 어떤 자료형인지 알 수 있는 함수는? (　)

   ① type()　② class()　③ data()　④ str()

3. 다음 중 파이썬 정수형 데이터로 취급되는 것이 아닌 것은? (　)

   ① 16진수　② 8진수　③ 1.234e3　④ 2진수

4. 리스트 자료형에 대한 설명이다. 옳지 않은 것은? (　)

   ① 리스트 자료들은 대괄호 [] 안에 항목들이 차례대로 저장되어 있다.
   ② 리스트 자료는 추가할 수 없다.
   ③ 리스트 항목을 삭제하기 위해서는 리스트 변수명.remove()를 사용한다.
   ④ 리스트 항목을 인덱스로 삭제하기 위해서는 del 리스트명[인덱스]을 이용한다.

5. 빈 리스트를 생성하는 명령으로 옳은 것은? (　)

   ① list_num=< >　② list_num={}
   ③ list_num=()　④ list_num=[]

6. 리스트 내에 불필요한 항목을 직접 입력하여 항목 값을 입력하여 삭제할 수 있는 함수는? (　)

   ① pop()　② del 리스트명[]　③ clear()　④ remove()

7. 리스트명.pop() 함수만 사용했을 때 실행되는 명령은 무엇인가? (　)

① 맨 처음 항목 값이 삭제된다.
② 맨 마지막 항목 값이 삭제된다.
③ 빈 항목만 삭제된다.
④ 인덱스 번호가 생략되었으므로 에러가 발생한다.

8. 리스트 내의 모든 항목을 삭제하는 함수 사용은? ( )

① clear()　② pop()　③ remove()　④ del 리스트명[]

9. 다음 중 수식을 구성하는 부분이 아닌 것은? ( )

① 함수(function)　② 연산자(operator)
③ 피연산자(operand)　④ 수식(expression)

10. 다음 연산 부호 중 나머지 연산자는? ( )

① /　② //　③ **　④ %

11. 다음 연산 부호 중 거듭제곱 연산자는? ( )

① /　② //　③ **　④ %

12. 다음 연산을 수행했을 올바른 결과 값은? ( )

①
```
>>> 4 ** 3
64
```
②
```
>>> 4 ** 3
12
```
③
```
>>> 4 ** 3
444
```
④
```
>>> 4 ** 3
4 ** 3
```

13. 다음 연산을 수행했을 때 올바른 결과 값은? ( )

①
```
>>> 25 // 3
8.333333333333334
```

②
```
>>> 25 // 3
8
```

③
```
>>> 25 // 3
1
```

④
```
>>> 25 // 3
8.0
```

14. 다음과 같이 수식을 수행했을 때 출력되는 tot 변수의 값은? ( )

```
>>> tot=(3+3) * (5*2) / 2
>>> tot
```

① 30 ② 30.0 ③ 60 ④ 5

수행평가

1. 분자, 분모 값을 입력받아 몫 연산자 '//', 나머지 연산자 '%'를 이용하여 프로그램을 작성하시오.

실행결과

```
분자 값:19
분모 값:4
나눗셈 몫= 4
나눗셈 나머지= 3
```

2. 사용자로부터 화씨온도를 입력받아 섭씨온도로 변환하는 프로그램을 작성하시오.

Hint: 섭씨온도 구하는 공식 °C = (화씨온도 - 32.0) / 1.8

실행결과

```
화씨온도:72
입력한 화씨온도 72도는 섭씨온도로 22.22도 이다.
```

3. 사용자가 부모님으로부터 용돈을 입력받아 3550원짜리 쿠키 1개를 구입하려고 한다. 쿠키 구입 후, 거스름돈에 대한 동전 개수를 아래와 같이 500원짜리, 100원짜리, 50원짜리로 구분하여 출력하시오.

실행결과

```
부모님으로부터 받은 용돈:10000
용돈 : 10000 원
거스름돈 : 6450 원
500원짜리 거스름돈 : 12개
100원짜리 거스름돈 : 4개
50원짜리 거스름돈 : 1개
```

4. 사용자로부터 초를 입력받아 출력 형태와 같이 시, 분, 초를 계산하여 출력하도록 프로그램을 작성하시오.

실행결과

```
초를 입력하세요:4850
입력받은 4850초는 1시간 20분 50초 이다.
```

5. 사용자로부터 밸런타인데이에 선물을 사기 위해 "페페로로쉐" 초콜릿 수량과 금액을 각각 입력받아 구입 금액을 구하는 프로그램을 작성하시오.

실행결과

```
페페로로쉐 수량:4
금액:26500
페페로로쉐 초콜릿 수량: 4개
페페로로쉐 초콜릿 금액: 26,500원
구입 금액: 106,000원
```

6. 사용자로부터 문자열 데이터를 입력받아, `format()` 함수를 이용하여 [실행결과]와 같이 출력하는 프로그램을 작성하시오.

실행결과

```
당신의 이름:노상현
Best friend 배우 이름:이민우
출연 영화:파친코
노상현씨가 출연한 영화는 파친코로 배우 이민우와 함께 출연했습니다.
```

7. 사용자로부터 밑변과 높이를 입력받아 삼각형의 넓이를 구하는 프로그램을 작성하시오. 단, 삼각형 넓이는 소수점 2자리까지 표시되도록 한다.

Hint: 삼각형의 넓이 = 밑변 * 높이/2

실행결과

```
밑변 입력:4
높이 입력:8
삼각형의 넓이=16.00Cm
```

8. 사용자로부터 두 개의 숫자 정수를 입력받아 [실행결과]와 같이 산술연산자를 이용하여 출력하는 프로그램을 작성하시오.

실행결과

```
숫자 정수1 입력:7
숫자 정수2 입력:2
덧셈 =  9
뺄셈 =  5
곱셈 =  14
실수형 나눗셈 몫 =  3.5
정수형 나눗셈 몫=  3
나머지 = 1
거듭제곱 =  49
```

CHAPTER 04

연산자

학습목표

이번 장은 파이썬 연산자에 대해서 학습한다. 연산자는 앞장에서 학습한 산술 연산자를 포함하여, 이번 장에서는 복합 대입 연산자, 관계 연산자, 논리 연산자, 비트 연산자, 쉬프트 연산자, 삼항 연산자 등을 학습한다. 파이썬 연산자를 학습하게 되면 다양한 연산 사용이 가능하며 5장부터 다룰 조건 제어문, 반복 제어문에 대해서도 다양한 연산자를 활용하여 문제 해결이 가능할 것이다.

학습목차

4.1 파이썬 연산자

이번 장에서는 3장에서 학습한 기본 연산자인 산술 연산자에 이어 크다, 같다, 작다와 같이 크기를 비교하는 관계 연산자와 and, or, not과 같은 논리 연산자, 2진 디지털 처리를 수행하는 비트 연산자 등을 학습할 것이다. 초중고교 수업에서 다루는 연산자와는 다르게 생소한 연산자를 수행하는 과정에서 프로그래밍 언어를 처음 접하는 학습자에게는 다소 이해하기 어렵거나 복잡할 수 있지만 본 교재를 따라 실습을 절차대로 제대로 수행한다면 그리 어렵지 않게 이번 장을 마스터할 수 있을 것이다.

복합 대입 연산자

파이썬에서 연산자는 기본적인 산술 연산자, 대입 연산자 외에 기본 연산자와 대입 연산자를 합쳐놓은 복합 대입 연산자가 있다. 복합 대입 연산자는 예를 들어서 a=a+1 연산식을 a+=1로 축약해서 사용할 수 있으며 a 변수에 1을 더해서 다시 a 변수에 저장하라는 의미와 같다.

복합 대입 연산자	사용 예	수행 결과
+=	a += 5	a에 5를 더한 후, a 변수에 저장
-=	a -= 5	a에서 5를 뺀 후, a 변수에 저장
*=	a *= 5	a에 5를 곱한 후, a 변수에 저장
/=	a /= 5	a를 5로 나눈 후, a 변수에 저장
//=	a //= 5	a를 5로 나눈 후, 몫만 a 변수에 저장
%=	a %= 5	a를 5로 나눈 후, 나머지 값만 a 변수에 저장
**=	a **= 5	a를 5번 거듭제곱 계산 후, a 변수에 저장

복합 대입 연산자를 사용하면 간편하게 계산식을 표현할 수 있다. 다음 실습을 통해 결과도 확인해 보자.

```
>>> a=10
>>> a+=5;  print(f"a+5를 계산한 후 값={a}")
a+5를 계산한 후 값=15
>>> a-=5;  print(f"a-5를 계산한 후 값={a}")
a+5를 계산한 후 값=10
>>> a*=5;  print(f"a*5를 계산한 후 값={a}")
```

```
a*5를 계산한 후 값=50
>>> a/=5;  print(f"a/5를 계산한 후 값={a}")
a/5를 계산한 후 값=10.0
>>> a//=5;  print(f"a//5를 계산한 후 값={a}")
a//5를 계산한 후 값=2.0
>>> a%=5;  print(f"a%5를 계산한 후 값={a}")
a%5를 계산한 후 값=2.0
>>> a**=5;  print(f"a**5를 계산한 후 값={a}")
a**5를 계산한 후 값=32.0
```

여기서 잠깐 **파이썬에서 전위, 후위 연산자를 사용 가능한가?**

파이썬에서는 C, Java 언어에서 사용하고 있는 증가 연산자(++)와 감소 연산자(--)는 사용할 수 없다. 아래와 같이 후위 증가 연산자를 사용했더니 SyntaxError가 발생하여 수행이 불가능함을 확인할 수 있다.

```
>>> a=10
>>> a++
SyntaxError: invalid syntax
```

또한 아래 실습을 통해 전위 증가 연산자를 사용하여 1을 증가해 보았더니 증가되지 않은 다른 결과가 출력되었다. 그러므로 전위 증가 연산자 역시 증가되지 않음을 알 수 있다.

```
>>> a=10
>>> ++a
10
```

Tip **파이썬에서 ++a를 수행했을 때 수행이 안 되는 이유?**

파이썬에서 전위 증가 연산 ++a를 수행했을 때 1이 증가되지 않는 이유는 +(+a)로 처리되기 때문이다.

```
>>> a=10
>>> +(+a)
10
```

관계 연산자

관계 연산자는 크기를 비교하는 연산자로 비교 연산자라고도 한다. 관계 연산자는 주로 if 문이나 while 문에서 주로 사용되며 연산 결과는 True나 False 값을 반환한다.

파이썬 관계 연산자는 다음과 같다.

관계 연산자	의미	사용 예
>	크다(초과)	a > b
<	작다(미만)	a < b
>=	크거나 같다(이상)	a >= b
<=	작거나 같다(이하)	a <= b
==	같다(동등)	a == b
!=	같지 않다	a != b

다음 예제 실습을 통해 결과를 확인해 보자.

```
>>> a=10
>>> b=5
>>> print(a>b)
True
>>> print(a<b)
False
>>> print(a>=b)
True
>>> print(a<=b)
False
>>> print(a==b)
False
>>> print(a!=b)
True
```

Tip 객체 비교 연산자(is, is not)

앞서 학습한 관계연산에서 '=='는 값이 동일한지를 비교하는 연산자이고, '!='은 서로 값이 다른지를 비교하는 연산자이다.

하지만 객체를 비교할 때는 is와 is not을 사용하게 되며 is와 is not은 값을 비교하는 데 사용해서는 안 된다.

a is b	a와 b가 서로 동일한 객체를 참조한다면 True, 그렇지 않으면 False를 반환한다.
a is not b	a와 b가 서로 동일한 객체를 참조하지 않으면 True, 그 외는 False를 반환한다.

```
>>> a=10
>>> b=10
>>> print(a==b)
True
```

다음 예를 살펴보자.

리스트 변수 a=[1,2,3]와 리스트 변수 b=[1,2,3]는 모두 항목 값이 [1,2,3]으로 동일하지만, 객체의 메모리 주소를 비교하여 동일한 객체인지를 확인해 보면 다음과 같이 서로 다르게 표시되는 것을 확인할 수 있다.

```
>>> a=[1,2,3]
>>> b=[1,2,3]
>>> print(a is b)
False
```

즉, a와 b는 서로 다른 메모리를 참조하는 객체임을 확인할 수 있다.

논리 연산자

파이썬 논리 연산은 비교 대상에 대한 조건이 참인지 거짓인지를 판단하는 연산자이다.

논리 연산자는 and, or, not 3종류가 있으며, 논리 연산에 대한 결과로 True나 False 값을 반환한다. 파이썬 논리 연산자는 다음과 같다.

논리 연산자	설명	사용 예
and	논리곱으로 두 가지 조건이 모두 참이어야 참	a=15 (a>10) and (a<20)
or	논리합으로 두 가지 조건 중 하나만이라도 참이 되면 참	a=15 (a==10) or (a<20)
not	논리 부정으로 참이면 거짓, 거짓이면 참을 수행	a=15 not(a==10)

and 연산자: a and b

and 연산자는 조건 a와 조건 b가 모두 참이어야만 True를 반환한다. 만약 조건 a나 조건 b 둘 중 하나라도 거짓이면 False를 반환하고, 조건 a, b 모두 거짓이면 False를 반환한다.

a	b	z
0	0	0
0	1	0
1	0	0
1	1	1

```
>>> a=100
>>> b=200
>>> print(a<b and a==110)
False
>>> print(a==100 and a<b)
True
```

or 연산자: a or b

or 연산은 조건 a, b 둘 중에 하나만이라도 참이면 True를 반환한다. 만약 a, b 두 연산자 모두 False인 경우에는 False를 반환한다.

a	b	z
0	0	0
0	1	1
1	0	1
1	1	1

```
>>> a=100
>>> b=200
>>> print(a<b or a<10)
True
>>> print(a>b or b>300)
False
```

not 연산자: not a

not 연산자는 a가 거짓이면 True를 반환하고, a가 참이면 False를 반환한다.

a	z
0	1
1	0

```
>>> a=100
>>> print(not a)
False
>>> print(not False)
True
```

진단문제

kor=90, eng=80, math=80점에 대하여 논리연산자를 이용하여 세 과목이 모두 80점 이상인지에 대한 여부를 판별하여 [실행결과]와 같이 True/False 여부를 판별하시오.

실행결과

```
세과목 모두 80점 이상 : True
```

비트 연산자

비트 연산자는 0과 1로만 처리되는 연산자로, 비트 연산자 종류로는 &, |, ~, ^, <<, >> 등이 있다. 비트 연산을 수행하기 위해 2진수로 먼저 변환한 후, 각 비트와 비트끼리 연산을 수행한다.

파이썬 비트 연산자는 다음과 같다. 비트 연산자 수행에 관한 의미를 살펴보고, 다음 실습을 통해 비트 연산자를 이용한 수행 결과도 알아보도록 하자.

연산자	의미	설명
&	비트 논리곱(and)	두 비트 중 모두 1이어야만 1
|	비트 논리합(or)	두 비트 중 하나만이라도 1이면 1
~	비트 부정(not)	1은 0으로, 0은 1로 변환
^	비트 배타적 합(xor)	같은 비트는 0, 다른 비트는 1

비트 논리곱(&)

우리는 논리 연산에서 and 연산자에 대해서 배웠다. 비트 논리곱 연산자 and는 논리 연산의 and와 같이 두 비트가 1일 때만 1(True)을 반환한다. 우선 비트 연산을 수행하기 위해서는 10진수를 2진수로 변환한 후, 각 비트마다 비트 논리곱 연산을 수행하면 된다.

비트1	비트2	비트1 & 비트2
0	0	0
0	1	0
1	0	0
1	1	1

10진수 4 & 6의 비트 논리곱 연산을 수행해 보자.

우선 10진수 4를 2진수로 변환한다. 2진수로 변환하면 0100이 된다.
10진수 6을 2진수로 변환한다. 2진수로 변환하면 0110이 된다.

비트 논리곱(&) 연산으로 수행하면

$$\begin{array}{r} 0100 \\ \& \ 0110 \\ \hline 0100 \end{array}$$

이 된다. 이것을 10진수로 바꾸게 되면

$0*2^3 + 1*2^2 + 0*2^1 + 0*2^0$이 된다.

$= 0 + 4 + 0 + 0$

$= 4$가 된다.

```
>>> print(4&6)
4
>>> print(bin(4&6))
0b100
```

비트 논리합(|)

논리합 연산자도 앞에서 배웠다. or 연산 원리를 기억하면서 4 | 6에 대한 비트 논리합도 계산해 보자.

비트1	비트2	비트1 | 비트2
0	0	0
0	1	1
1	0	1
1	1	1

10진수 4 | 6의 비트 논리합 연산을 수행해 보자.

우선 10진수 4를 2진수로 변환한다. 2진수로 변환하면 0100이 된다.
10진수 6을 2진수로 변환한다. 2진수로 변환하면 0110이 된다.

비트 논리합(|) 연산으로 수행하면

```
  0100
| 0110
------
  0110
```

이 된다. 이것을 10진수로 바꾸게 되면

$0*2^3 + 1*2^2 + 1*2^1 + 0*2^0$이 된다.

$= 0 + 4 + 2 + 0$

= 6이 된다.

```
>>> print(4|6)
6
>>> print(bin(4|6))
0b110
```

비트 배타적 논리합(^)

비트 배타적 논리합이란 XOR(Exclusive OR)로 두 개의 피연산자 중 비트1과 비트2가 모두 같으면 False를 반환하고, 비트1과 비트2가 서로 다를 경우에는 True를 반환한다.

비트1	비트2	비트1 ^ 비트2
0	0	0
0	1	1
1	0	1
1	1	0

10진수 4 ^ 6의 비트 배타적 논리합 연산을 수행해 보자.

우선 10진수 4를 2진수로 변환한다. 2진수로 변환하면 0100이 된다.
10진수 6을 2진수로 변환한다. 2진수로 변환하면 0110이 된다.

비트 XOR 연산으로 수행하면

```
  0100
^ 0110
------
  0010
```

이 된다. 이것을 10진수로 바꾸게 되면

$0*2^3 + 0*2^2 + 1*2^1 + 0*2^0$이 된다.

$= 0 + 0 + 2 + 0$

$= 2$가 된다.

```
>>> print(4^6)
2
>>> print(bin(4^6))
0b10
```

비트 부정(~)

비트 부정(not) 연산자 ~은 피연산자가 두 수의 비트 값을 가지고 연산하는 게 아니라 단항 연산자로서 비트 값 하나로 not 연산을 수행한다. 즉, 주어진 비트 값이 0이면 1로 1이면 0으로 바꾸어 주면 된다. 이때 우리는 반전된 값을 1의 보수라 하며, 이때 부정 연산자는 비트 부정 연산을 수행한 후, 1을 더해주게 되면 이를 2의 보수라고 한다. 그리고 음수를 표현하기 위해 사용되고 맨 앞에 −를 표현하여 반전을 대체한다. 파이썬에서 비트 부정 연산(~)을 이해하기 위해서는 2의 보수를 이해하여야 한다. 다음은 비트 부정 연산자이다.

비트	~비트
0	1
1	0

10진수 −6에 대한 비트 부정 연산을 수행해 보자.

```
  1000 0110   (1111 1001) ➡ 1의 보수
+ 0000 0001   (1을 더해줌) ➡ 2의 보수
-----------
  1000 0111   이것을 10진수로 바꾸게 되면
```

$0*2^3 + 1*2^2 + 1*2^1 + 1*2^0$이 된다.

$= 0 + 4 + 2 + 1$

= 7이 되며, 2의 보수법을 사용하여 맨 앞에 1은 음수를 표현하기 위해 사용된다.
즉, −7이 결과 값이 된다.

```
>>> print(bin(~6))
-0b111
>>> print(~6)
-7
```

쉬프트 연산자

파이썬 비트 쉬프트 연산자는 다음과 같다.

연산자	의미	설명
<<	왼쪽 쉬프트 연산자	• 어떤 값을 왼쪽으로 지정된 비트 수만큼 이동 • 왼쪽으로 1비트 이동할 때마다 2배씩 늘어난다. • 왼쪽 쉬프트는 데이터 값에 2^n을 곱한 것과 동일한 결과이다. 즉, 값 << 2 ➡ 값 * 2^n
>>	오른쪽 쉬프트 연산자	• 어떤 값을 오른쪽으로 지정된 비트 수만큼 이동 • 오른쪽으로 1비트 이동할 때마다 1/2씩 줄어든다. • 오른쪽 쉬프트는 데이터 값에 2^n으로 나눈 것과 동일한 결과이다. 즉, 값 >> 2 ➡ 값 / 2^n

왼쪽 쉬프트(<<) 연산자

왼쪽 쉬프트 <<는 비트 수만큼 왼쪽으로 이동하게 되며 쉬프트 연산으로 비워진 나머지 비트 수만큼 우측에 0으로 채워진다. 왼쪽 쉬프트 연산은 데이터 값에 2^n을 곱한 결과와 수행이 같다.

그럼 10진수 12를 << 2 만큼 왼쪽 쉬프트 해보자.

[방법1]

우선 10진수 12를 2진수로 변환하면 1100이 된다.

0000 1100이 된다. 이때 << 2비트만큼 왼쪽 쉬프트를 이동하기 위해서 맨 좌측에 있는 2비트가 왼쪽으로 소멸되며, 소멸된 2비트만큼 오른쪽에 0으로 채워진다.

❶ 00 1100이 된다.

❷ 위 숫자를 재정비하면 0011 00이 된다.

❸ 그리고 2비트만큼은 오른쪽에 0으로 채워진다.

❹ 이를 재정비하면 0011 0000이 된다.

[방법2]

왼쪽 쉬프트는 2^n을 곱한 것과 같으므로

$$12 * 2^2 = 48$$

이 나오게 된다.

[방법3]

컴퓨터 실습을 통해 왼쪽 쉬프트 연산 결과가 동일하게 수행되는 것을 확인할 수 있다.

```
>>> print(12<<2)
48
>>> print(bin(12<<2))
0b110000
```

오른쪽 쉬프트(>>) 연산자

오른쪽 쉬프트 >>는 비트 수만큼 오른쪽으로 이동하게 되며 부호가 없는 숫자의 경우 비워진 비트 수만큼 0으로 채워진다. 이때 숫자가 양수이면 0, 숫자가 음수이면 1이 사용된다. 오른쪽 쉬프트 연산은 데이터 값에 2^n을 나눈 결과 값과 수행이 같다. 그럼 10진수 12를 >> 2비트만큼 오른쪽 쉬프트 해보자.

[방법1]

우선 10진수 12를 2진수로 변환하면 1100이 된다. 0000 1100이 된다. 이때 >> 2비트만큼 오른쪽 쉬프트를 이동하기 위해서 맨 우측에 있는 2비트가 오른쪽에서 소멸된다.

❶ 0000 11이 된다.

❷ 위 숫자를 재정비하면 00 0011이 된다.

❸ 이때 상위 비트가 양수일 때는 0, 음수일 때는 1로 오른쪽에 소멸된 비트 수만큼 왼쪽으로 채우게 되는데 상위 비트가 양수이므로 맨 앞 2비트만큼은 0으로 채워지게 된다.

❹ 이를 재정비하면 0000 0011이 된다.

[방법2]

오른쪽 쉬프트는 2^n을 나눈 것과 같으므로

$$12 / 2^2 = 3$$

이 나오게 된다.

[방법3]

컴퓨터 실습을 통해 오른쪽 쉬프트 연산 결과가 동일하게 수행되는 것을 확인할 수 있다.

```
>>> print(12>>2)
3
>>> print(bin(12>>2))
0b11
```

여기서 잠깐 파이썬 쉬프트 연산 이해하기

어떤 정수 1개를 입력받아 2배~5배 곱하여 출력해 보자. 정수를 2배로 곱하여 계산하기 위해서 왼쪽 쉬프트 연산자 <<를 이용할 수 있다. 또한, 쉬프트 연산을 수행하기 위해서는 비트 단위로 이동되어야 하는데 이때 10진 정수를 2진수 형태로 처리하기 위해서는 정수 값을 2진수로 바꾸어주는 bin() 함수를 사용하면 쉽게 이진 형태의 값을 얻을 수 있다. 2진수 형태로 변환된 값들을 왼쪽 쉬프트는 지정한 비트 수만큼 이동하여 2배씩 늘어남을 확인할 수 있고, 오른쪽 쉬프트는 지정한 비트 수만큼 이동하여 1/2로 줄어드는 것을 확인할 수 있다.

❶ 왼쪽 쉬프트

[예제 1]

```
num = int(input("어떤 수:"))
print(bin(num << 1))
print(bin(num << 2))
print(bin(num << 3))
print(bin(num << 4))
print(bin(num << 5))
```

실행결과

```
어떤 수:10
0b10100
0b101000
0b1010000
0b10100000
0b101000000
```

[예제 2]

```
num = int(input("어떤 수:"))
print(num << 1)
print(num << 2)
print(num << 3)
print(num << 4)
print(num << 5)
```

실행결과

```
어떤 수:10
20
40
80
160
320
```

❷ 오른쪽 쉬프트

[예제 3]

```
num = int(input("어떤 수:"))
print(num >> 1)
print(num >> 2)
print(num >> 3)
print(num >> 4)
print(num >> 5)
```

실행결과

```
어떤 수:8
4
2
1
0
0
```

[예제 4]

```
num = int(input("어떤 수:"))
print(bin(num >> 1))
print(bin(num >> 2))
print(bin(num >> 3))
print(bin(num >> 4))
print(bin(num >> 5))
```

실행결과

```
어떤 수:10
0b101
0b10
0b1
0b0
0b0
```

여기서 잠깐 파이썬에서 진법 처리

파이썬에서의 숫자 표현은 기본적으로 10진 정수 형태로 처리되지만 우리는 다양한 연산을 처리하기 위해서 10진수를 컴퓨터 처리 언어인 숫자로 표현하기 위해 진법(2진수, 8진수, 10진수, 16진수) 변환에 대해서 알아야 한다.

10진 정수를 각 진법으로 빠르게 처리하기 위해서는 아래와 같은 각 진법 변환 함수를 이용할 수 있다. 2진수의 bin()은 Binary의 약어, 8진수의 oct()는 Octal의 약어, 16진수 hex()는 Hexadecimal의 머리글자를 의미한다.

```
2진수 : bin()
8진수 : oct()
16진수 : hex()
```

다음은 각 진법에 대한 아스키 코드 값이다.

10진수	2진수	8진수	16진수
0	00000000	0	00
1	00000001	1	01
2	00000010	2	02
3	00000011	3	03
4	00000100	4	04
5	00000101	5	05
6	00000110	6	06
7	00000111	7	07
8	00001000	10	08
9	00001001	11	09
10	00001010	12	0A
11	00001011	13	0B
12	00001100	14	0C
13	00001101	15	0D
14	00001110	16	0E
15	00001111	17	0F
16	00010000	20	10
17	00010001	21	11
18	00010010	22	12
19	00010011	23	13
20	00010100	24	14
21	00010101	25	15

❶ 2진수

```
>>> print(bin(12))
0b1100
```

❷ 8진수

```
>>> print(oct(12))
0o14
```

❸ 16진수

```
>>> print(hex(12))
0xc
```

```
>>> print(hex(16))      # 16진법은 16부터 다시 10으로 표시한다.
0x10
```

```
>>> print(hex(10))      # 16진법은 10진수와 구분하기 위해 10은 'a', 15는 'f'로 표시한다.
0xa
```

위 실습에서는 10진 정수를 각 진법으로 변환하는 방법에 대해 알아보았다. 이번에는 각 진법을 10진 형태의 원래 정수로 다시 변환해 보고, 그 값이 맞는지도 함께 확인해 보자. 각 진법에는 아래와 같이 2진(0b), 8진(0o), 16진(0x)의 접두어를 붙여서 각 진법을 구분하여 실습해 보고, .format() 함수를 통해서도 변환이 가능함을 동시에 확인해 보도록 한다.

```
2진수 : 0b
8진수 : 0o
16진수 : 0x
```

❹ 2진수, 8진수, 16진수를 각각 10진수로 변환

```
>>> print(int('0b1100',2))    # print(0b1100)와 동일
12
```

```
>>> print(int('0o14',8))      # print(0o14)와 동일
12
```

```
>>> print(int('0xc',16))      # print(0xc)와 동일
12
```

❺ format() 함수를 이용하여 진법 변환

```
변수 = format(값, '#진법 머리글자')
```

format() 함수를 이용하여 진법을 변환할 수 있는데 문자열을 만들어 '#진법'을 표시하면 쉽게 변환할 수 있다.

▶ 2진법

```
>>> print(format(12,'#b'))
0b1100
```

2진법에서 변수를 대입한 후 print("%b" %num) 명령을 사용하면 다음과 같이 에러가 발생하게 된다. 그 이유는 %d, %o, %x는 빈번하게 출력 형식자로 사용되고 있지만 2진수에 관한 %b는 형식자가 지원되지 않기 때문이다.

```
>>> num=12
>>> print("%b" %num)
Traceback (most recent call last):
   File "<pyshell#33>", line 1, in <module>
     print(format("%b" %num))
ValueError: unsupported format character 'b' (0x62) at index 1'
```

하지만 2진법만큼은 또 다른 출력을 위해 print("%b" %num)를 사용하는 대신 아래와 같이 포맷 명령을 조금 변경하여 출력하게 되면 무난히 2진 값으로 변환하여 출력할 수 있다.

```
>>> num=12
>>> print(format("{:#b}".format(num)))
0b1100
```

▶ 8진법

```
>>> print(format(12,"#o"))
0o14
```

```
>>> num=12
>>> print("%o" %num)
14
```

▶ 16진법

```
>>> print(format(12,"#x"))
0xc
```

```
>>> num=12
>>> print("%x" %num)
c
```

Tip 만약 16진법에서 대문자로만 출력하고 싶다면 간단히 진법 표시자를 대문자 'X'로 사용하면 된다.

```
>>> print(format(13,'X'))
D
```

또한 '#X'로 포맷 형식을 그대로 유지하면 진법 표시가 출력되면서 16진법에 대한 값을 동시에 표시하게 된다.

```
>>> print(format(13,'#X'))
0XD
```

진단문제

어떤 두 수를 입력받아 16진법, 2진법으로 각각 변환하여 출력하시오.

실행결과

```
어떤 수[16진법]: 256
어떤 수[2진법]: 25
256은 16진법으로 변환하면 ___________이고,
25는 2진법으로 변환하면 ___________이다.
```

연산자 우선순위 정리

연산 우선순위는 연산자 계산에 대한 우선순위가 높을수록 최우선적으로 처리되며 위쪽이 가장 높고 아래쪽으로 내려갈수록 순위가 낮다.

우선순위	연산자	설명
1	( ), [ ], { }	괄호, 리스트, 딕셔너리, 세트 등
2	**	지수 연산자
3	-, +, ~	단항 연산자, 비트 반전 연산자 (ex. -10, ~18)
4	*, /, //, %	산술 연산(곱하기, 나누기, 몫, 나머지)
5	+ , -	산술 연산(더하기, 빼기)
6	<<, >>	비트 쉬프트 연산자
7	&	비트 논리곱
8	^	비트 배타적 논리합
9	|	비트 논리합
10	in, not in, is, is not, <, >, <=, >=, ==, !=	관계(비교) 연산자
11	not	논리 연산 not
12	and	논리 연산 and
13	or	논리 연산 or
14	if~else	조건 비교문
15	lambda	람다식

진단문제

어떤 두 수를 입력받아 비트 배타적 논리합을 계산하시오.

실행결과

```
어떤 수? 13
어떤 수? 8
13과 8의 비트 배타적 논리합은 ________이다.
```

삼항 연산자

삼항 연산자는 다음 5장에서 학습하게 될 if 문 수행에서 조건 절을 아주 간단하게 비교 판단하여 결과 값을 리턴하는 연산자이다. 복잡한 if~else 조건에 대한 조건문을 삼항 연산자로 사용하게 되면 간단하고 빠르게 결과 값을 처리할 수 있는 장점이 있다. 삼항 연산자 문법은 조건 절을 기준으로 비교 판단한 후, [True]에는 조건이 참인 경우의 값 또는 수식을 입력, [False]에는 조건이 거짓인 경우의 값 또는 수식을 입력하여 간단하게 조건 처리를 수행할 수 있다.

```
변수 = [True 값] if [조건 절] else [False 값]
```

삼항 연산자를 이용하여 다음 3개의 변수 중 가장 큰 값을 출력해 보자.

```
>>> num1=125
>>> num2=100
>>> num3=120
```

❶ num1과 num2를 비교하여 큰 수를 max 변수에 대입한다.

```
>>> max=num1 if num1 > num2 else num2
```

❷ num3과 max를 비교하여 큰 수를 max 변수에 대입한다.

```
>>> max=num3 if num3 > max else max
```

❸ 저장된 가장 큰 수인 max를 출력한다.

```
>>> print("가장 큰 값",max)
가장 큰 값 125
```

진단문제

사용자로부터 어떤 숫자를 입력받아, 삼항연산자를 이용하여 입력한 숫자가 5의 배수인지를 판별하는 프로그램을 작성하시오.

실행결과

```
어떤 숫자? 13
5의 배수 아님
```

```
어떤 숫자? 25
5의 배수
```

요점정리

1. 어떤 값을 연산한 후 다시 변수에 할당하는 복합 대입 연산자는 +=, -=, *=, /=, //=, %=, **=을 사용할 수 있다.

2. 크기를 비교하는 관계 연산자는 >, <, >=, <=, ==, !=를 사용할 수 있다.

3. 두 객체를 비교할 경우, 'is'와 'is not'을 사용할 수 있으며 결과 반환 값으로는 True나 False를 리턴한다.

4. 논리 연산자는 and, or, not 3가지가 있으며 결과 값으로는 True나 False를 리턴한다.

5. 비트 연산자는 &, |, ~, ^, <<, >> 등이 있으며, 10진 정수를 2진 형태로 변환한 후, 각 비트와 비트끼리 연산을 수행한다.

6. 10진수 12&7을 비트 논리곱으로 변경하면 1100 & 0111에 대한 결과로 0100을 얻을 수 있으며 10진 형태의 값으로는 4가 된다.

$$\begin{array}{r} 1100 \\ \&\ 0111 \\ \hline 0100_{(2)} \end{array} \Rightarrow 4$$

컴퓨터로 수행한 결과로 확인해 보면 10진수 4가 된다.

```
>>> print(12&7)
4
```

7. 10진수 12|7을 비트 논리합으로 변경하면 1100 | 0111에 대한 결과로 1111을 얻을 수 있으며 10진 형태의 값으로는 15가 된다.

$$\begin{array}{r} 1100 \\ \mid\ 0111 \\ \hline 1111_{(2)} \end{array} \Rightarrow 15$$

컴퓨터로 수행한 결과로 확인해 보면 10진수 15가 된다.

```
>>> print(12|7)
15
```

8. 10진수 12^7을 비트 배타적 논리합으로 변경하면 1100 ^ 0111에 대한 결과로 1011을 얻을 수 있으며 10진 형태의 값으로는 11이 된다.

$$\begin{array}{r} 1100 \\ \wedge\ 0111 \\ \hline 1011_{(2)} \end{array} \Rightarrow 11$$

컴퓨터로 수행한 결과로 확인해 보면 10진수 11이 된다.

```
>>> print(12^7)
11
```

9. 왼쪽 쉬프트 <<는 비트 수만큼 왼쪽으로 이동하게 되며 쉬프트 연산으로 비워진 나머지 비트 수만큼 우측에 0으로 채워진다.

10. 왼쪽 쉬프트 연산은 기본 값에 2^n을 곱한 결과 값과 같다.

11. 오른쪽 쉬프트 >>는 비트 수만큼 오른쪽으로 이동하게 된다. 부호 없는 숫자의 경우, 비워진 비트 수만큼 0으로 채워지고 이때 숫자가 양수이면 0, 숫자가 음수이면 1이 사용된다.

12. 오른쪽 쉬프트 연산은 기본 값에 2^n을 나눈 결과 값과 같다.

13. 10진 정수를 각 진법으로 빠르게 처리하기 위해서는 아래와 같은 각 진법 변환 함수를 이용할 수 있는데, 2진수는 `bin()`, 8진수는 `oct()`, 16진수는 `hex()`를 사용한다.

14. 연산 우선순위는 연산자 계산에 대한 우선순위가 높을수록 최우선적으로 처리되며 위쪽이 가장 높고 아래쪽으로 내려갈수록 순위가 낮다.

15. 삼항 연산자는 복잡한 `if~else` 조건에 대한 조건문을 간단하게 비교 판단하여 결과 값을 리턴 받을 수 있다.

```
변수 = [True 값] if [조건 절] else [False 값]
```

연습문제

1. 다음 중 산술 연산자가 아닌 것은? (　)

❶ +　　❷ ^　　❸ //　　❹ %

2. 다음 중 관계 연산자가 아닌 것은? (　)

❶ >　　❷ <　　❸ ==　　❹ <>

3. 다음 중 논리 연산자가 아닌 것은? (　)

❶ xor　　❷ and　　❸ or　　❹ not

4. 다음 중 비트 논리 연산자가 아닌 것은? (　)

❶ &　　❷ |　　❸ ~　　❹ **

5. 다음 중 연산자 우선순위가 가장 높은 연산자는? (　)

❶ <<　　❷ ==　　❸ ~　　❹ **

6. 다음 중 쉬프트 연산자에 대한 설명으로 옳지 않은 것은? (　)

❶ 왼쪽 쉬프트는 어떤 수에 2^n을 곱한 결과 값과 같다.

❷ 오른쪽 쉬프트는 어떤 수에 2^n을 나눈 결과 값과 같다.

❸ 왼쪽 쉬프트는 왼쪽에서 이동한 비트 수만큼 오른쪽에 1로 채워진다.

❹ 오른쪽 쉬프트는 오른쪽에서 비트 수만큼 소멸되며, 왼쪽에 비트 수만큼 양수일 때는 0으로 채워지고, 음수일 때는 1로 채워진다.

7. 다음 중 삼항 연산자에서 처리할 수 없는 데이터 처리는? (　)

❶ 숫자　❷ 문자　❸ 리스트　❹ 배열

8. 10진수 23^4에 대한 비트 배타적 논리합을 계산하시오. (　　　　)

9. 다음 왼쪽 쉬프트 연산 수행결과를 작성하시오.

10진 정수: (　　　　)

```
num=34
num << 2
```

10. 다음 오른쪽 쉬프트 연산 수행결과를 작성하시오.

10진 정수: (　　　　)

```
num=16
num >> 2
```

11. 다음 16진수에 대한 비트 논리곱, 비트 논리합, 비트 배타적 논리합을 10진수로 각각 계산하시오.

```
0x19 & 0x20 : ___________
0xf2 | 0x164 : ___________
0x7e ^ 0x2c : ___________
```

12. 다음 변수에 대입한 값을 토대로 아래와 같은 계산식의 예상 결과 값을 쓰시오.

```
>>> num1, num2, num3=10, 20, 30
>>> num1 * num2 / 2
_________________
>>> num1+num2-num3
_________________
>>> num3/num1*num2
_________________
>>> (num1+num2)-num3
_________________
```

13. 다음 삼항 연산자 코드를 수행했을 때 print(result)에 대한 출력 값을 쓰시오.

```
>>> num1=125
>>> num2=150
>>> result="big" if num1 > num2 else "small"
>>> print(result)
____________________
```

수행평가

1. 사용자로부터 10진수 정수를 입력받아 아래와 같이 format() 함수를 사용하여 2진수, 8진수, 10진수, 16진수로 출력하는 프로그램을 작성하시오.

실행결과

```
어떤 수:35
2진수:0b100011, 8진수:0o43, 10진수:35, 16진수:0x23
```

2. 위 문제에서 진법 표시를 제거한 후, 결과 값만 출력하도록 프로그램을 수정하시오.

실행결과

```
어떤 수:35
2진수:100011, 8진수:43, 10진수:35, 16진수:23
```

3. 사용자로부터 어떤 수를 각각 입력받아 앞의 수는 데이터 값으로 사용하고, 뒤의 숫자는 지수 값으로 사용하여 왼쪽 쉬프트 값을 출력하는 프로그램을 작성하시오.

실행결과

```
어떤 값 : 1
왼쪽 쉬프트 : 3
왼쪽 쉬프트 1 << 3 = 8
```

4. 사용자로부터 알파벳 문자 하나를 입력받아, 입력한 문자가 대문자인지 소문자인지를 판별하는 프로그램을 삼항 연산자를 이용하여 작성하시오.

실행결과

```
알파벳을 입력하세요 : A
당신이 입력한 문자 A는 대문자입니다.
```

Hint: 아스키 코드(ASCII code) 숫자 65~90까지는 알파벳 대문자이다.

5. 사용자로부터 어떤 숫자 하나를 입력받아, 입력한 숫자가 홀수인지 짝수인지를 판별하는 프로그램을 삼항 연산자를 이용하여 작성하시오.

실행결과

```
어떤 숫자 : 25
당신이 입력한 숫자는 홀수입니다.
```

6. 사용자로부터 정수형 숫자 2개를 각각 입력받아 비트 논리합으로 변경하여 [실행결과]와 같이 출력하는 프로그램을 작성하시오.

실행결과

```
어떤 수1:2
어떤 수2:4
10진 논리합= 6
2진수 논리합= 0b110
```

7. 사용자로부터 정수형 숫자 2개를 각각 입력받아 비트 논리곱으로 변경하여 [실행결과]와 같이 출력하는 프로그램을 작성하시오.

실행결과

```
어떤 수1:3
어떤 수2:7
10진 논리곱= 3
2진수 논리곱= 0b11
```

8. 사용자로부터 아스키 코드를 입력받아, 입력받은 아스키 문자가 알파벳 대문자/소문자 인지를 판별하는 프로그램을 삼항연산자를 이용하여 작성하시오.

Hint: 영문자 대문자 아스키 코드 65~90, 영문자 소문자 아스키 코드 97~122

실행결과

```
아스키 코드를 입력하세요: 68
당신이 입력한 아스키 코드 68는(은) 영문자 대문자 D 입니다.
```

```
아스키 코드를 입력하세요: 122
당신이 입력한 아스키 코드 122는(은) 영문자 소문자 z 입니다.
```

CHAPTER 05

조건문

학습목표

이번 장은 파이썬 if 문에 대해서 학습한다. 우선 조건문에 대한 기본적인 조건 처리에 대해 이해한 후, 다양한 조건을 처리하는 중첩 if 조건에 대해서도 학습한다. 또한 if 문을 응용하고 활용하는 예제에 대해서도 알아보자.

학습목차

5.1 if 문

파이썬 프로그램은 어떤 문제를 해결해야 할 때 조건 제시가 아주 중요하게 처리되어야 할 때가 있는데 파이썬 프로그램에서는 이것을 제어문이라고 한다. 제어문 종류에는 2가지가 있는데 조건문과 반복문이다. 이번 장에서는 조건문을 학습하고 6장에서는 반복문을 학습하기로 한다.

조건문이란 어떤 조건을 제시하여 해당 조건이 참이면 조건에 맞는 처리문을 수행하고 거짓이면 거짓에 맞는 처리문을 수행하게 된다. 파이썬 프로그램에서는 조건문을 처리하는 데 if 문을 사용한다. if 문을 어떻게 사용하는지 알아보도록 하자.

if 문

if 조건은 가장 기본적으로 사용하는 조건문으로 주어진 조건이 참일 때만 참에 해당하는 조건을 처리하고, 거짓이면 아무것도 실행하지 않는 조건문이다. 파이썬에서는 제어문(조건문, 반복문), 함수(def), 예외 처리(try, except, finally), 클래스(class)에는 반드시 뒤에 콜론(:)을 표시해야 하며 if 조건은 처리할 문장에는 보통 4칸 정도의 공백으로 들여쓰기를 해주어야 한다.

```
if 조건식 :
    처리할 문장
```

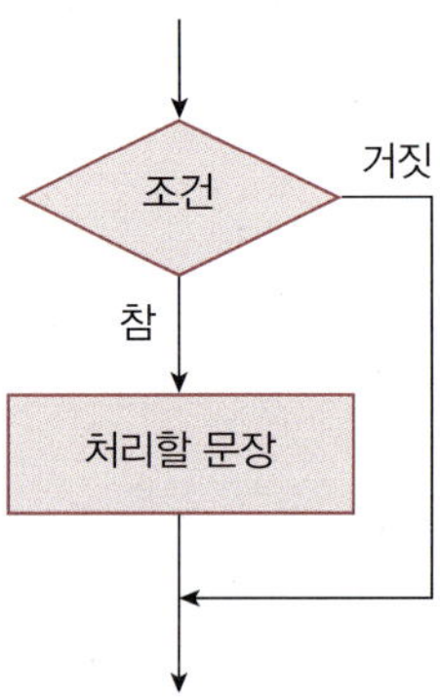

그림 5-1 if 문

Tip 들여쓰기

파이썬에서 들여쓰기를 할 때는 스페이스바(Space Bar)를 눌러서 4칸 정도의 사이띄우기로 들여쓰기를 해도 되고, 키보드의 탭(⭾) 키를 눌러서 사용해도 된다.

if 조건이 참인 경우 단문 수행

[예제 1]

```
num=int(input("숫자 입력:"))
if num < 10 :
    print("10보다 작은 숫자입니다.")
```

실행결과

```
숫자 입력:5
10보다 작은 숫자입니다.
```

만약 15를 입력한다면 어떤 수행이 실행될까? 들여쓰기가 일어난 부분을 참 수행으로 보고 들여쓰기가 해제된 부분을 거짓 수행으로 보게 된다. 다음 소스를 보고 확인해 보도록 한다.

if 조건이 참인 경우 복문 수행

들여쓰기가 있는 2행이 참 값으로 수행된다.

[예제 2]

```
num=int(input("숫자 입력:"))
if num < 10 :
    print("10보다 작은 숫자입니다.")   } 참 값 수행
    print("프로그램을 종료합니다~")     }
```

실행결과

```
숫자 입력:5
10보다 작은 숫자입니다.
프로그램을 종료합니다~
```

if 조건이 참인 경우 복문 수행 및 거짓인 경우 복문 수행

들여쓰기가 있는 2행이 참 값으로 수행되고, 들여쓰기가 해제된 `if` 문과 같은 위치에 코딩된 2행은 거짓 수행 처리문이 된다.

[예제 3]

```
num=int(input("숫자 입력:"))
if num < 10 :
    print("10보다 작은 숫자입니다.")     } 참 값 수행
    print("프로그램을 종료합니다~")      }

print("10보다 큰 숫자입니다.")         } 오류가 수행됨
print("프로그램을 종료합니다~")        }
```

실행결과

```
숫자 입력:15
10보다 큰 숫자입니다.
프로그램을 종료합니다~
```

위 [예제 3]의 실행결과를 살펴보면 큰 숫자를 입력하면 정상적으로 출력된다.

하지만 아래와 같이 작은 숫자를 입력하게 되면 참 값을 수행하고 거짓에 해당하는 값도 함께 수행되므로 거짓 값을 입력하는 경우에는 올바른 출력을 가져올 수 없으므로 다음 절에 나오는 `if~else` 문을 사용해야 한다.

실행결과

```
숫자 입력:5
10보다 작은 숫자 입니다.
프로그램을 종료합니다~
10보다 큰 숫자입니다.
프로그램을 종료합니다~
```

Tip 들여쓰기 오류

만약 제어문(조건문, 반복문) 처리에 있어서 블록 코드에 있는 들여쓰기가 서로 일치하지 않으면 오류가 발생하므로 주의한다.

```
num=int(input("숫자 입력:"))
if num < 10 :
    print("10보다 작은 숫자입니다.")
        print("프로그램을 종료합니다~")
```

if~else 문

앞서 if인 경우 별도로 거짓 수행에 관한 else 명령이 생략된 경우에는 수행에 따라 오류가 수행되는 경우도 살펴보았다. 즉, if 문 기본 수행을 처리할 때 거짓인 경우, 해제된 들여쓰기 처리문이 거짓으로 처리되어 수행됨을 알아보았다. 이번 if~else 문에서는 확실하게 if 조건이 참인 경우 처리할 문장_1을 수행하고, 거짓인 경우에는 처리할 문장_2를 수행하게 된다.

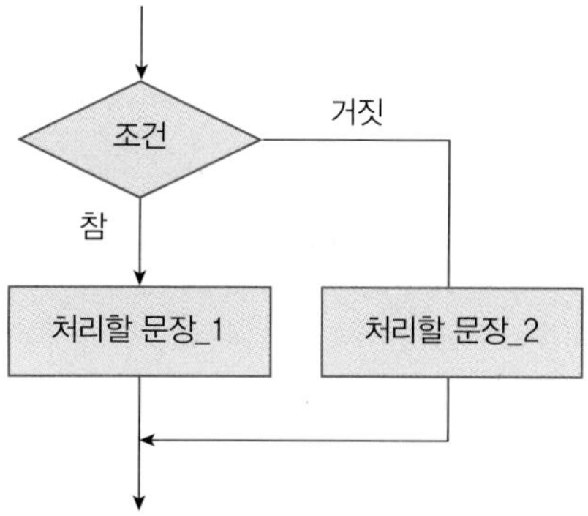

그림 5-2 if~else 조건문

if 문과 if~else 문은 로직 처리 부분이 다소 다르지만 오히려 if~else 문을 잘 활용하면 참과 거짓 수행에 있어서 명확하게 조건을 처리할 수 있으므로 깔끔한 코드를 만들 수 있다.

```
if 조건식 :
    처리할 문장_1
else :
    처리할 문장_2
```

아래 예제를 통해 확인해 보자.

[예제 4]

```
num=int(input("숫자 입력:"))
if num < 10 :
   print("10보다 작은 숫자입니다.")
else :
   print("10보다 큰 숫자입니다.")
```

실행결과

```
숫자 입력:5
10보다 작은 숫자입니다.

숫자 입력:15
10보다 큰 숫자입니다.
```

처리할 문장_3은 조건문 참/거짓 실행 여부와 상관없이 무조건 실행되는 처리문이다.

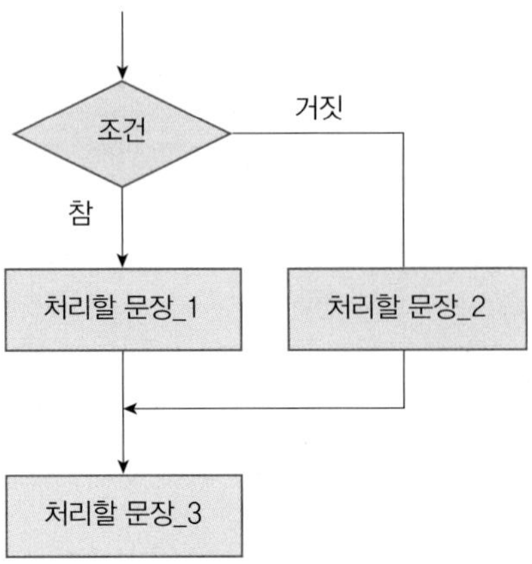

그림 5-3 if~else 문

print("프로그램을 종료~")하는 7행의 의미는 if 조건에 따른 참/거짓 수행과 상관없이 무조건 실행되므로 참 값 수행 후에도 출력되고, 거짓 값 수행인 경우에도 출력된다. 또한 처리할 문장_3을 입력할 때 else 문이 끝난 후, 바로 코드를 입력하면 작은 숫자를 입력한 경우 올바른 결과를 출력할 수 없다. 그러므로 반드시 공백 행을 만든 후, 들여쓰기를 해제한 뒤 처리할 문장_3을 입력하여 사용하도록 주의한다.

[예제 5]

```
num=int(input("숫자 입력:"))
if num < 10 :
    print("10보다 작은 숫자입니다.")  } 처리할 문장_1
else :
    print("10보다 큰 숫자입니다.")  } 처리할 문장_2

print("프로그램을 종료~")  } 처리할 문장_3
```

실행결과

```
숫자 입력:5
10보다 작은 숫자입니다.
프로그램을 종료~

숫자 입력:15
10보다 큰 숫자입니다.
프로그램을 종료~
```

Tip 참/거짓 수행 문장이 여러 행인 경우

만약 수행할 참 값이 여러 행일 경우는 수행에 따른 처리문을 들여쓰기로 구분하여 맞추어 주고, 거짓 값도 여러 행인 경우는 거짓 수행에 따른 처리문도 들여쓰기로 맞추어 준다.

진단문제

사용자로부터 어떤 정수 하나를 입력받아 홀수인지 짝수인지를 판별하는 프로그램을 작성하시오.

실행결과

```
어떤 수? 15
입력한 수 15는 홀수이다.
```

5.2 중첩 if 문

중첩 if 문

중첩 if 문은 if 문 안에 또 다른 if 문이 포함된 조건문으로 복잡한 상황의 여러 조건 값에 대한 문제를 해결하기 위해 주로 중첩 if 문을 사용하게 된다. 즉, 중첩 if 문은 if 조건1이 참이면 if 조건2를 다시 수행하고, if 조건2가 참이면 처리할 문장_1을 수행하는 구조이다.

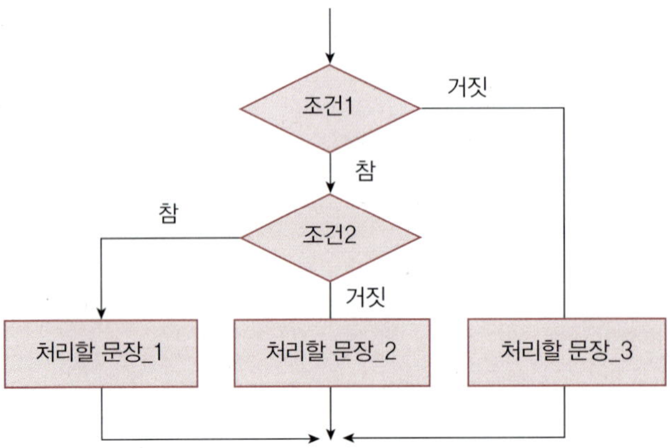

그림 5-4 중첩 if 문

```
if 조건식_1 :
    if 조건식_2 :
        처리할 문장_1
    else :
        처리할 문장_2
else :
    처리할 문장_3
```

그럼, 사용자로부터 나이를 입력받아 나이가 14세 미만인 경우 "초등학생", 14세 이상 20세 미만인 경우 "중고등학생", 나이가 20세 이상인 경우 "대학생"으로 출력하는 중첩 if 문 예제를 실습해 보자.

[예제 6]

```
age = int(input("나이:"))

if age>=14 :
   if age < 20 :
      print("중고등학생")
   else :
      print("대학생")
else :
   print("초등학생")
```

실행결과

```
나이:19
중고등학생

나이:23
대학생

나이:11
초등학생
```

[예제 7]

```
score=int(input("점수 입력:"))

if score>=90 :
   print("A")
else :
   if score>=80 :
      print("B")
   else :
      if score>=70 :
         print("C")
      else :
        if score>=60:
           print("D")
        else :
           print("F")
```

실행결과

```
점수 입력:80
B
```

입력된 소스코드를 살펴보면 입력받은 점수가

90점 이상이면 "A"를 출력하고
90점 미만, 80점 이상이면 "B"를 출력하고
80점 미만, 70점 이상이면 "C"를 출력하고
70점 미만, 60점 이상이면 "D"를 출력하고
60점 미만이면 "F"를 출력한다.

진단문제

사용자로부터 어떤 정수 하나를 입력받아 50보다 크고 100보다 작은 경우, 100보다 큰 경우, 50보다 작은 경우의 조건을 중첩 if 문을 이용하여 출력 결과와 같이 출력되도록 프로그램을 작성하시오.

실행결과

```
어떤 수?85
입력한 수 85는 50보다 크고 100보다 작습니다.

어떤 수?140
입력한 수 140은 100보다 큽니다.

어떤 수?15
입력한 수 15는 50보다 작습니다.
```

if~elif~else 문

if~elif~else 문은 가독성을 높이면서 문제를 해결하기 위한 조건문으로 if 조건식에서 조건 수행이 거짓인 경우, 만족하는 조건을 수행하기 위해 두 개 이상 조건문을 수행하는 조건문이다. 이때 elif는 else if를 합쳐서 줄인 것이다.

```
❶ if 조건식_1 :
       처리할 문장_1
  ⎧ elif 조건식_2 :
❸⎨     처리할 문장_2
  ⎩ elif 조건식_3 :
       처리할 문장_3
❷ else :
       처리할 문장_4
```

만약, if~elif~else 문이 앞과 같이 기본적으로 구성되어 있다면 3가지 형태로 분류하여 의미적 역할을 설명할 수 있다.

❶ 가장 먼저 if 조건을 수행하게 되며 참인 경우 바로 밑에 있는 처리할 문장_1을 수행한다.

❷ 제일 마지막에 실행되는 else 조건이다.

❸ if~else 사이 body에 속한 elif 조건으로 ❶에서 만족하지 않으면 body에 속한 elif 조건이 수행된다.

이때 if 조건 뒤에 오는 elif는 여러 번 나올 수 있으며 마지막에 나오는 else는 마지막 elif에 대한 조건이다.

그럼, 사용자로부터 숫자 정수 하나를 입력받아 양수인지, 제로(0)인지, 음수인지를 판별하는 중첩 if문을 알아보자.

[예제 8]

```
num = int(input("숫자 정수:"))

if num > 0:                     # 입력받은 숫자가 0보다 큰 경우
    print("양수")
elif num == 0:                  # 제로(0)인 경우
    print("제로(0)")
else:                           # 입력받은 숫자가 음수인 경우
    print("음수")
```

실행결과

```
숫자 정수:10
양수

숫자 정수:0
제로(0)

숫자 정수:-10
음수
```

이번에는 사용자로부터 점수 하나를 입력받아 점수가 90점 이상이면 'A', 80점 이상이면 'B', 70점 이상이면 'C', 60점 이상이면 'D', 그 외 점수이면 'F'를 처리하는 다양한 조건에서의 중첩 if 문 사용에 대해서도 알아보자.

[예제 9]

```
score = int(input("점수를 입력하세요 : "))
if score >= 90:
    print("A")
elif score >= 80:
    print("B")
elif score >= 70:
    print("C")
elif score >= 60:
    print("D")
else:
    print("F")
```

실행결과

```
점수를 입력하세요 : 94
A

점수를 입력하세요 : 81
B
```

위 예제 코드를 살펴보면, `score` 변수에 94점을 입력하여 'A' 학점, `score` 변수에 81점을 입력하여 'B'학점이 출력되는 것을 확인할 수 있다.

즉, `if` 조건에 의한 점수 처리는 `score` 변수에 의해 점수가 입력되는 90점 이상, 80~89점 사이, 70~79점 사이, 60~69점 사이, 60점 미만 점수 형태로 구성이 되어 있다. 첫 번째 `score`가 90점 이상을 만족하지 못할 경우, 중첩 `elif` 조건이 80점 이상인가를 물어보고 만족하면 80~89점 사이를 처리하게 된다. `if` 조건은 조건을 처리함에 있어서 위에서부터 순서대로 아래로 실행이 되기 때문에 첫 번째 `if` 조건이 90점 이상일 때 조건을 만족되면 실행되고, 만족되지 않으면 중첩 `if` 문인 `elif`에 의해 90점 미만의 점수가 차례대로 수행된다.

> **Tip** 상위 `if` 문 조건이 참일 때, 수행할 문장은 4칸의 들여쓰기를 해야 하고, 동일한 블록 내에서 더 이상 조건 비교는 이루어지지 않는다.
>
> 또한 조건이 참일 경우, 조건에 대한 처리를 수행한 후, 다음 조건은 실행되지 않고 종료된다.

지금까지 학습한 조건 연산자를 살펴보면, 조건을 판단하기 위해 관계 연산자를 주로 사용하여 크기에 대한 대소 관계를 비교할 수 있었다. 또 다른 조건 값을 포함하여 다양하게 조건식을 사용하기 위해서는 앞서 학습한 논리 연산자를 조건 연산자와 함께 사용할 수 있다. 아래 예제를 통해 `if` 문과 논리 연산자를 사용하여 알아보자.

사용자에게 수학점수와 국어점수를 입력받아 두 점수가 모두 90점 이상인 경우 "A학점", 두 점수가 모두 80~89점 사이인 경우 "B학점", 두 점수가 모두 70~79점 사이인 경우 "C학점", 두 점수 중 한 과목이라도 80점 이상인 경우 "D학점", 60점 미만인 경우 "F학점"으로 처리하는 실습을 진행해 보자.

[예제 10]

```
math=int(input("수학점수를 입력하세요 :"))
kor=int(input("국어점수를 입력하세요 :"))
if math >= 90 and kor >= 90:
   print ("A등급입니다.")
elif math >= 80 and kor >= 80:
   print ("B등급입니다.")
elif math >= 70 and kor >= 70:
   print ("C등급입니다.")
elif math >= 80 or kor >= 80:   # 한 과목이라도 80점 이상이면 D등급 출력
   print ("D등급입니다.")
else:
   print ("F등급입니다.")
```

실행결과

```
수학점수를 입력하세요 :40
국어점수를 입력하세요 :90
D등급입니다.
```

`math`와 `kor`의 점수 중 한 과목이라도 80점이 넘기 위한 논리 연산자는 `or`를 사용하였다. 즉, 가장 마지막 `elif`의 조건이 참이 되어 'D등급입니다.'라는 문자열이 출력된 것을 확인할 수 있다.

Tip if와 논리 연산자를 사용하는 적절한 경우

입력한 어떤 점수가 80점 이상 90점 미만인 경우처럼 두 조건을 모두 만족해야하는 상황이라면, `if` 조건과 논리 연산자 and를 결합한 조건식 사용이 적절한 경우라 할 수 있다.

진단문제

사용자로부터 어떤 정수 하나를 입력받아 50보다 크고 100보다 작은 경우, 100보다 큰 경우, 50보다 작은 경우의 조건을 if~elif~else 문과 논리 연산자를 이용하여 [실행결과]와 같이 출력되도록 프로그램을 작성하시오.

실행결과

```
어떤 수?85
입력한 수 85는 50보다 크고 100보다 작습니다.

어떤 수?140
입력한 수 140은 100보다 큽니다.

어떤 수?15
입력한 수 15는 50보다 작습니다.
```

if 조건과 리스트

파이썬은 다른 언어와 다르게 리스트를 조건문에 넣어서 처리할 수 있는데 if 조건을 이용하여 리스트 값에 in을 넣어 찾고자 하는 해당 항목 값이 포함되어 있는지를 확인할 수 있다. 만약, 리스트 항목에 해당 값이 있으면 True를 리턴하고 없으면 False를 리턴한다.

```
if 항목 값 in 리스트명 :
    처리할 문장
```

[예제 11]

```python
num = [1,2,3,4,5]
if 3 in num :
    print("항목 3이 존재")
else :
    print("항목 3이 존재하지 않음")
```

실행결과

```
항목 3이 존재
```

[예제 11]의 조건문에서 in 연산을 통해 리스트 항목 값의 존재 여부에 대한 True나 False 리턴 값만 확인하고 싶다면 다음과 같이 이용할 수 있다.

```
>>> print(3 in num)
True
```

반대로 항목 값이 없는지를 확인하고 싶을 경우 not in 연산자를 사용하면 되며, 리스트 항목에 해당 값이 없으면 True를 리턴하고 값이 있으면 False를 리턴한다.

```
>>> alpha=['a','b','c','d','e']
>>> print('m' not in alpha)
True
```

진단문제

사용자로부터 교수 교과목 코드를 입력받아 과목명을 출력하도록 in 연산자를 사용하시오.

1203	1250	1275	1290
파이썬 프로그래밍	컴퓨팅 사고	빅데이터	IoT

실행결과

```
교수 교과목 코드 : 1290
과목명 : IoT

교수 교과목 코드 : 1295
해당 강좌 없음
```

요점정리

1. if 조건은 가장 기본적으로 사용하는 조건문으로 주어진 조건이 참일 때만 참에 해당하는 조건을 처리하고, 거짓이면 아무것도 실행하지 않는 조건문이다.

```
if 조건식 :
    처리할 문장
```

2. 파이썬에서 들여쓰기를 할 때는 스페이스바(Space Bar)를 눌러서 4칸 정도의 사이 띄우기로 들여쓰기를 해도 되고, 키보드의 탭(⭾) 키를 눌러서 사용해도 된다.

3. 제어문(조건문, 반복문) 처리에 있어서 블록 코드에 있는 들여쓰기가 서로 일치하지 않으면 오류가 발생한다.

4. if~else 문에서는 if 조건식이 참인 경우 처리할 문장_1을 수행하고, 거짓인 경우에는 else의 처리할 문장_2를 수행하게 된다.

```
if 조건식 :
    처리할 문장_1
else :
    처리할 문장_2
```

5. 참 값에 대해 수행할 문장이 여러 개일 경우, 수행에 따른 처리문을 들여쓰기로 구분하여 맞추어 주고, 거짓 값에 대한 문장도 여러 개일 경우, 거짓 수행에 따른 처리문도 들여쓰기로 맞추어 준다.

6. 중첩 if 문은 if 문 안에 또 다른 if 문이 포함된 조건문으로 복잡한 상황의 여러 조건 값에 대한 문제를 해결하기 위해 주로 중첩 if 문을 사용하게 된다. 즉, 중첩 if 문은 if 조건1이 참이면 if 조건2를 다시 수행하고, if 조건2가 참이면 처리할 문장_1을 수행하는 구조이다.

```
if 조건식_1 :
    if 조건식_2 :
        처리할 문장_1
    else :
        처리할 문장_2
else :
    처리할 문장_3
```

7. if~elif~else 문은 가독성을 높이면서 문제를 해결하기 위한 조건문으로 if 조건식에서 조건 수행이 거짓인 경우, 만족하는 조건을 수행하기 위해 두 개 이상 조건문을 수행하는 조건문이다.

```
if 조건식_1 :
    처리할 문장_1
elif 조건식_2 :
    처리할 문장_2
elif 조건식_3 :
    처리할 문장_3
else :
    처리할 문장_4
```

8. 조건을 판단하기 위해서는 관계 연산자를 사용하여 크기에 대한 대소 관계를 비교할 수 있다. 다양한 조건식을 사용하기 위해 논리 연산자를 조건 연산자와 함께 사용할 수 있다.

9. 파이썬은 다른 언어와 다르게 리스트를 조건문에 넣어서 처리할 수 있는데 if 조건을 이용하여 리스트 값에 in을 넣어 찾고자 하는 해당 항목 값이 포함되는지를 확인할 수 있다. 만약, 리스트 항목에 해당 값이 있으면 True를 리턴하고 없으면 False를 리턴한다.

10. if 조건으로 리스트 내 항목 값의 존재 여부를 확인하기 위해서는 if 항목 값 in 리스트명 : 문을 사용한다.

```
if 항목 값 in 리스트명 :
    처리할 문장
```

11. if 조건으로 항목 값이 없는지를 확인하고 싶은 경우 if 항목 값 not in 리스트명 : 문을 사용한다.

```
if 항목 값 not in 리스트명 :
    처리할 문장
```

연습문제

1. 다음 중 제어문에 해당되지 않는 것은? (　)

① `if~else`　② `for`
③ `list`　④ `while`

2. 다음 중 파이썬 명령문 뒤에 반드시 콜론(:) 표시가 필요 없는 것은? (　)

① 조건문　② 반복문
③ 함수　④ 리스트

3. 들여쓰기(indent)에 대한 설명으로 옳지 않은 것은? (　)

① 조건문에서 참 값이 여러 개일 경우는 수행에 따른 처리문을 들여쓰기로 구분한다.
② 조건문에서 들여쓰기가 해제된 부분을 거짓 수행으로 본다.
③ 들여쓰기는 명령을 구분하기 위해 사용자가 임의로 표시하는 영역 구역이다.
④ 만약 제어문(조건문, 반복문) 처리에 있어서 블록 코드에 있는 들여쓰기가 서로 일치하지 않으면 오류가 발생한다.

4. 다음 순서도가 나타내는 조건문은? (　)

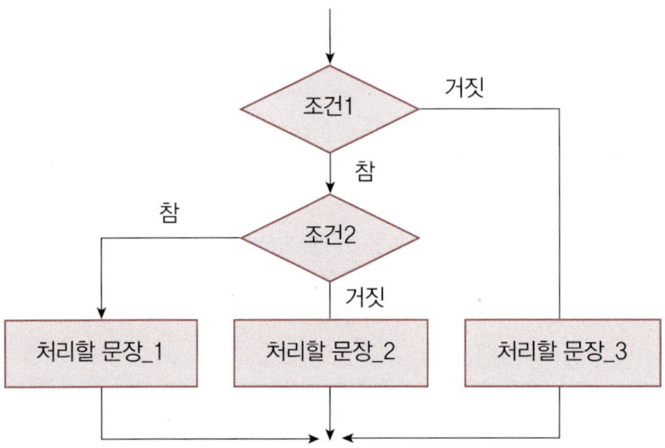

① `if` 문　② `if~else` 문
③ 중첩 `if` 문　④ `if~elif~else` 문

5. if 조건을 이용하여 리스트 값에 in을 넣어 찾고자 하는 해당 항목 값이 있는지를 확인하여 해당 값이 있으면 어떻게 처리되는가? (   )

① 1을 리턴
② 0을 리턴
③ True를 리턴
④ False를 리턴

6. 다음 코드를 실행했을 때 올바른 출력 결과는? (   )

```
>>> alpha=['a','b','c','d','e']
>>> print('m' not in alpha)
```

① 1을 리턴
② 0을 리턴
③ True를 리턴
④ False를 리턴

7. 다음 중첩 if 문의 코드를 실행했을 때 [실행결과]에 맞게 출력하기 위해 밑줄 친 부분에 들어갈 올바른 코드는? (   )

```
num=int(input("숫자:"))

________________________________
    if num > 200 :
        print("200보다 큰 수입니다.")
    else :
        print("100보다 크고 200보다 작은 수입니다.")
else :
    print("100보다 작은 수입니다.")
```

실행결과

```
숫자:250
200보다 큰 수입니다.
```

① it num < 100 :
② if 100 > num < 200 :
③ if num > 100 :
④ if num > 200 :

8. 사용자가 입력한 숫자 정수가 홀수인지 짝수인지를 판별하는 if 문의 올바른 코드는? (   )

```
num=int(input("숫자:"))
________________ :

   print("짝수 입니다.")
else :
   print("홀수 입니다.")
```

실행결과

```
숫자:185
홀수입니다.
```

① if num/2 == 0
② if num/2 == 1
③ if num % 2 == 1
④ if num % 2 == 0

9. 다음 소스 코드에 대한 결과가 False를 출력하는 것은? (   )

①
```
a=20
b=20
print(a==b)
```

②
```
str1="korea"
str2="korea"
print(str1 is str2)
```

③
```
num1=[10,20,30]
num2=[10,20,30]
print(num1 is num2)
```

④
```
str1=['a','b','c']
str2=['k','b','s']
print(str1 is not str2)
```

1. 사용자로부터 학점을 입력받아 4.0 이상인 경우는 장학금 신청 대상으로 선정하고, 4.0 미만인 경우는 장학금 신청 학점 미달을 판단하는 if 조건 프로그램을 작성하시오.

실행결과

```
이번 학기 학점? 4.3
장학금 신청 가능

이번 학기 학점? 3.8
장학금 학점 미달
```

2. 사용자로부터 컴퓨터 활용 자격증 유무를 묻고 자격증을 보유하고 4학년이면 자격조건에 응시 지원 대상을 표시하고 두 조건 중 하나라도 만족하지 않으면 자격 미충족을 표시하도록 if 조건 프로그램을 작성하시오.

실행결과

```
컴퓨터 활용 자격증 유무(Y/N)?Y
몇 학년?4
응시 지원 대상자 임
컴퓨터 활용 자격증 유무(Y/N)?N
몇 학년?4
응시 지원 자격 미충족
```

3. 사용자로부터 이름, 키(cm), 체중(kg)을 입력받아 BMI 비만도를 계산하여 판정하는 if 조건 프로그램을 작성하시오. 단, 키, 체중은 소수 첫째 자리, BMI 지수는 소수 둘째 자리까지 표시한다.

체질량지수(Body Mass Index, BMI)에 의한 비만도 계산법

```
체질량지수(BMI) = 체중(kg)/[신장(m)]²
```

판정 기준 (BMI)	저체중	20 미만
	정상	20 ~ 24
	과체중	25 ~ 29
	비만	30 이상

실행결과

```
이름:김상수
키(cm):182
체중(kg):85
김상수님의 BMI 결과는 키:182.0 cm, 체중:85.0 kg, BMI 지수:25.66이며, 판정은 과체
중이다.
```

4. 사용자로부터 전력용도, 사용량을 입력하여 전기요금을 산출하는 중첩 if 문 프로그램을 작성하시오. 단, 용도별 전기료 산출에 필요한 기본요금 및 kwh 전력량 요금은 다음과 같다.

요금 \ 용도	주택용	공업용	산업용
기본요금	190	1600	7300
kwh 전력량 요금	88	182	275

실행결과

```
용도 : 1:주택용, 2:공업용, 3:산업용?1
사용량(kwh)?57
용도:1, 사용량:57.00, 전기요금:5,206.00원
```

5. 사용자로부터 전국 지역별 전화번호를 입력받아 해당 지역번호에 맞는 지역을 [실행결과]와 같이 출력하는 조건문을 작성하시오. 단, 지역별 전화번호는 아래 표를 참고하여 작성하고, 해당 지역번호가 없으면 '잘못된 지역번호'를 표시한다.

NO	지역번호	지역
1	02	서울특별시
2	031	경기도
3	041	충청남도
4	043	충청북도
5	054	경상북도
6	055	경상남도
7	061	전라남도
8	063	전라북도
9	064	제주도

실행결과

```
지역번호를 입력하세요:02
서울
```

```
지역번호를 입력하세요:077
잘못된 지역번호
```

6. 사용자로부터 나이를 입력받아 10대인지, 20대인지, 10대 미만인지를 판별하는 조건문을 작성하시오. 단, 나이 제한은 29세까지만 입력받도록 하며, 1세 미만이나 30세 이상 데이터를 입력받게 되면 '나이 데이터 제한 입력 에러!'를 [실행결과]와 같이 출력한다.

실행결과

```
나이를 입력하세요:15
15세는 10대
```

```
나이를 입력하세요:25
25세는 20대
```

```
나이를 입력하세요:31
31세는 나이 데이터 제한 입력 에러!
```

7. 사용자로부터 나이를 입력받아 나이가 5세부터 7세까지는 "유치원생", 8세 이상 14세 미만인 경우는 "초등학생", "14세 미만인 경우는 "초등학생", 14세 이상 20세 미만인 경우는 "중고등학생", 20세 이상인 경우는 "대학생"으로 출력하는 중첩 if 문 프로그램을 작성하시오.

실행결과

```
나이 :12
초등학생
```

```
나이 :6
유치원생
```

```
나이 :18
중고등학생
```

```
나이 :21
대학생
```

CHAPTER 06

반복문

학습목표

이번 장은 파이썬 반복문에 대해서 학습한다. 반복문은 앞서 학습한 조건문과 함께 제어문으로 분류된다. 반복문은 원하는 반복 횟수에 따라 특정한 작업을 수행할 때 사용하는 아주 유용하고 편리한 명령이다. 반복문은 for 문과 while 문으로 구분되는데 이번 장에서는 반복문 구조를 이해하고 기초적인 반복문 예제 실습을 통해 for 문과 while 문에 대해 학습하기로 한다.

학습목차

6.1 for 문

파이썬 프로그램에서 반복문은 어떤 과정을 반복 수행하는 구조로 반복문을 사용하면 동일한 작업을 일일이 처리하는 번거로움을 피할 수 있고 프로그램 기법을 통해 처리되므로 정확하고 빠르게 처리할 수 있다. 특히 for 문은 지정한 횟수만큼 코드를 반복하여 수행할 수 있으므로 많은 양의 반복 작업도 간결한 코드로 충분히 활용 가능한 것이 특징이며, if 조건 및 다양한 자료형(리스트, 튜플, 딕셔너리, 세트 등)을 연결하여 복합 사용이 가능하다.

for 문 구조

for 문의 특징은 반복할 횟수를 알고 있다면 횟수를 지정하여 횟수만큼 또는 특정한 범위만큼 반복 수행할 수 있다.

```
for 변수 in range() :
    처리할 반복 문장
```

만약, Hello Python을 5회 반복할 경우 반복문에 대한 수행 흐름은 다음과 같다.

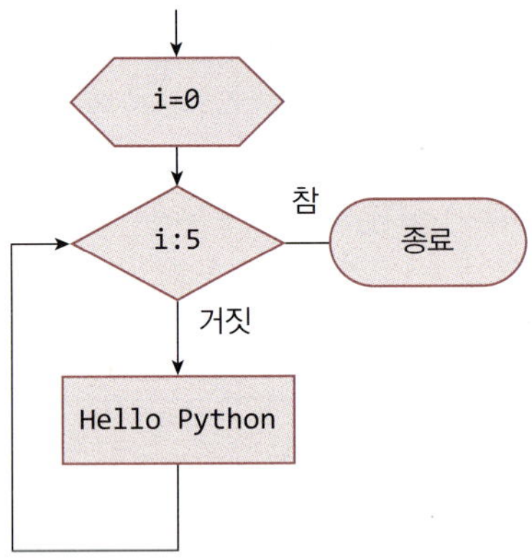

Tip 반복문 들여쓰기

for 문의 블록은 반복문 뒤 :(콜론)과 함께 시작하여 다음 행에 이어진 처리할 반복문장을 들여쓰기로 구분하여 수행하고, 들여쓰기가 해제되면 반복문 블록도 해제된다.

range() 함수: 기본

파이썬에서 변수를 증가하고 싶을 때는 range() 함수를 다음과 같이 사용하여 출력할 수 있다.

```
for 변수 in range(시작값, 종료값+1, 증가/감소값):
    처리할 반복 문장
```

우선 5번 반복을 위해 range() 함수를 사용하여 5개의 정수를 생성할 수 있다. 이때 range 함수 사용 형식은 range(시작값, 종료값+1, 증가/감소값)으로 구성되며 시작값은 일반 인덱스와 같이 0부터 시작한다.

그럼 range(5)를 지정하여 출력하는 예제를 살펴보자. 시작값과 증가값을 생략하면 시작값은 0, 증가값은 1로 간주하여 0, 1, 2, 3, 4를 출력하게 된다.

[예제 1]

```
for i in range(5) :
    print(i)
```

실행결과

```
0
1
2
3
4
```

Tip range(5)는 range(0,5,1)의 명령을 사용한 것과 같은 수행으로 0, 1, 2, 3, 4를 출력한다.

range() 함수: 시작값, 종료값, 증가값 지정

이번에는 range(1,5,1)로 지정하여 출력하는 예제를 살펴보자.

이때 시작값을 1, 종료값을 5, 증가값을 1로 지정했으므로 1, 2, 3, 4가 차례로 출력된다. 종료값은 5가 아닌 1을 뺀 4가 종료값으로 간주되기 때문이다.

[예제 2]

```
for i in range(1,5,1) :
    print(i)
```

실행결과

```
1
2
3
4
```

Tip 증가값이 1일 때는 생략이 가능하다. 또한, 출력을 줄바꿈 없이 한 줄로 출력하고 싶다면 우리가 앞서 학습한 end=" "을 활용하여 print(i, end=" ")처럼 사용하면 print() 함수가 가지고 있는 자동 개행 특성을 무시하고 가로로 이어서 한 줄에 출력할 수 있다.

[예제 3]

```
for i in range(1,5,1) :
    print(i, end=" ")
```

실행결과

```
1 2 3 4
```

range() 함수: 시작값, 종료값, 감소값 지정

이번에는 range() 함수를 이용하여 5, 4, 3, 2, 1로 거꾸로 출력하는 예제를 살펴보자. 거꾸로 출력하기 위해서는 증가값 위치를 감소값 -1로 바꾸어 주면 된다. 시작값으로 5, 종료값으로 0, 감소값으로 -1을 설정하면 된다.

[예제 4]

```
for i in range(5, 0, -1):
    print(i)
```

실행결과

```
5
4
3
2
1
```

1~10까지 합계 구하기

반복문을 활용하여 1~10까지 합을 구하는 프로그램을 예제를 통해 알아보도록 하자.

[예제 5]

```
01  i=0
02  sum=0
03  for i in range(1, 11, 1):
04      sum=sum+i
05  print("1에서 10까지 자연수의 합=%d" % sum)
```

실행결과

```
1에서 10까지 자연수의 합=55
```

Tip 반복문 로직 이해하기

1행과 2행에서는 i와 sum을 0으로 정했다. 그리고 4행이 반복된다. 처음에는 i 값 1을 현재 sum의 값인 0과 더해 다시 sum에 대입한다. 두 번째 반복될 때에는 i 값 2를 현재 sum 값인 1과 더해 다시 sum에 대입한다. 0+1=1, 1+2=3, 3+3=6, 6+4=10과 같은 과정이 10번 반복되면 1에서 10까지 더한 값 55가 sum에 누적되게 된다. 1부터 10까지 수의 합은 단순히 덧셈을 통해 계산하더라도 많은 시간이 걸리지는 않는다. 하지만 만약 1부터 10,000까지 수의 합을 구한다고 할 때, 이것을 일일이 계산하기에는 너무 많은 시간이 소요된다. 이것이 반복문을 사용하는 가장 큰 이유이다.

진단문제

사용자로부터 정수 한 개를 입력받아, 그 숫자까지 홀수 합을 구하는 프로그램을 작성하시오.

실행결과

```
어떤 정수? 10
1-10까지 홀수 합=25
```

for 문과 리스트

for 문에서는 리스트를 활용할 수 있는데 반복구간에 range() 함수를 사용하지 않고 리스트이름을 사용하여 배열 형태의 리스트 개체 항목이 차례로 변수에 할당되어 처리되도록 한다.

```
for 변수 in 리스트명 :
    처리할 명령
```

num=[1,2,3,4,5]와 같이 num 변수에 항목을 기억시킨 후, 반복문을 이용하여 차례대로 항목 값이 출력되도록 for 문과 리스트를 활용하는 예제를 살펴보자.

[예제 6]

```
num=[1,2,3,4,5]
for i in num:
    print(i)
```

실행결과

```
1
2
3
4
5
```

for 루프 완료 후 실행 처리하기: for~else 문

파이썬 프로그래밍 언어에서는 다른 언어와는 다르게 for 문과 while 문에 추가적으로 else 문을 사용하여 반복문을 중간에 break 명령으로 멈춤 없이 실행 완료했을 경우에 else 문을 수행한다. 다시 말해 else 문은 for 문이 마지막 요소까지 반복문을 성공적으로 수행되었을 경우에 한 번만 수행된다.

```
for 변수 in 리스트 :
    처리할 명령
else :
    처리할 명령
```

for 문 루프가 정상적으로 반복 수행한 후 else 문을 추가적으로 사용하여 실행 완료에 대한 문장을 출력하는 예제를 실습해 보자.

[예제 7]

```
num=[1,2,3,4,5]
for i in num:
    print(i)
else :
    print("프로그램을 종료~")
```

실행결과

```
1
2
3
4
5
프로그램을 종료~
```

Tip 반복문 for~else 문 사용에 있어서 else 문에 대한 이해는 다음과 같다. for 문을 사용하여 종료된 시점에서 반복문을 수행을 제대로 수행하여 종료한 부분인지, 아니면 중간에 break 명령 등에 의해 강제 종료되어 멈추어 수행된 종료인지를 구분할 필요가 있을 경우에 편리하게 사용할 수 있다. 즉, else는 반복문을 중간에 멈추지 않고 끝까지 수행되었을 때 실행된다.

list 항목을 역순으로 출력하기

리스트 구조 항목을 역순으로 출력하기 위해서는 reversed() 함수를 사용한다.

[예제 8]

```
alpha=["a","b","c","d","e"]
for i in reversed(alpha) :
    print(i)
```

실행결과

```
e
d
c
b
a
```

여기서 잠깐 reversed() 함수를 사용하지 않고 동일한 결과 출력하기

reversed() 함수를 사용하지 않고도 역순으로 출력하는 방법 두 가지에 대해 알아보자.

첫 번째는 리스트의 슬라이싱(slicing) 연산자([::-1])를 사용하여 리스트명[::-1]을 지정하게 되면 reversed()를 사용하지 않고도 동일한 결과를 얻을 수 있다.

[예제 9]

```
alpha=["a","b","c","d","e"]
for i in alpha[::-1] :
    print(i)
```

실행결과

```
e
d
c
b
a
```

두 번째는 reversed()와 비슷한 reverse()함수를 사용하는데 먼저 리스트명.reverse()를 사용하여 리스트 전체 항목을 역순으로 변경한 후에, 다시 리스트 변수에 저장한다. 이때 재저장된 리스트 변수를 불러와서 반복문을 이용하여 출력하면 역시 동일한 결과를 얻을 수 있다.

[예제 10]

```
alpha=["a","b","c","d","e"]
alpha.reverse()
for i in alpha:
    print(i)
```

실행결과

```
e
d
c
b
a
```

for~else 문 활용

for~else 문을 이용하여 basket 리스트 변수에서 사고 싶은 과일이 있는지 사용자로부터 과일을 입력받아 for 문과 else 문을 활용하는 예제에 대해 알아보자.

[예제 11]

```
basket=["딸기","참외","수박","포도","복숭아"]
fruit=input("사고 싶은 과일:")

for i in basket:
   if fruit==i:
      print(f"맛있는 {fruit}이(가) 있습니다.")
      break
else:
   print(f"아쉽지만 {fruit}이(가) 없습니다.")
```

실행결과

```
사고 싶은 과일:수박
맛있는 수박이(가) 있습니다.

사고 싶은 과일:바나나
아쉽지만 바나나이(가) 없습니다.
```

Tip 참/거짓 수행 문장이 여러 행인 경우

만약 수행할 참 값이 여러 행일 경우는 수행에 따른 처리문을 들여쓰기로 구분하여 맞추어 주고, 거짓 값도 여러 행인 경우는 거짓 수행에 따른 처리문도 들여쓰기로 맞추어 준다.

진단문제

❶ 사용자로부터 어떤 정수를 3개를 입력받아 홀수인지 짝수인지 출력하는 프로그램을 작성하시오.

실행결과

```
어떤 수?12
입력한 수 12은(는) 짝수이다
어떤 수?3
입력한 수 3은(는) 홀수이다
어떤 수?1
입력한 수 1은(는) 홀수이다
```

❷ 사용자로부터 어떤 정수를 3개를 입력받아 홀수인지 짝수인지 출력하고, 홀수의 개수와 짝수의 개수를 카운트하여 개수도 출력하는 프로그램을 작성하시오.

실행결과

```
어떤 수?12
입력한 수 12은(는) 짝수이다
어떤 수?3
입력한 수 3은(는) 홀수이다
어떤 수?1
입력한 수 1은(는) 홀수이다
홀수 개수 : 2
짝수 개수 : 1
```

❸ zoo=["rabbit", "goat", "tiger", "lion", "giraffe", "zebra"]가 리스트에 기억되어 있다. 내가 좋아하는 동물을 입력하여 동물원에 있는지 알아보는 프로그램을 작성하시오.

실행결과

```
내가 좋아하는 동물? deer
deer은(는) 동물원에 없습니다.
내가 좋아하는 동물? lion
lion은(는) 동물원에 있습니다.
```

❹ 위 진단문제의 리스트 변수에 기억되어 있는 항목을 역순으로 한 줄로 출력하는 프로그램을 작성하시오.

실행결과

```
zebra giraffe lion tiger goat rabbit
```

6.2 while 문

while 문 구조

for 문은 반복할 횟수를 range()에서 정한 다음 그 횟수만큼 반복했지만, while 문은 조건식이 만족하는(참인 경우) 동안 명령을 반복 수행한다. 참인 경우 실행하는 명령이 끝나는 곳에서 다시 조건식으로 돌아와 실행을 반복하는 형식을 취한다.

따라서 for 문이 range() 안의 범위가 지정된 만큼 반복이 이루어지는 반면 while 문에서는 시작값과 끝값이 없으므로 같은 역할을 하는 문장을 다른 위치에 넣어 사용한다. 또한 for 문은 주로 반복 횟수만큼 반복하고 종료되어 무한 반복 사용이 어렵지만, while 문으로는 무한 반복 사용이 가능하다.

while 문의 기본적인 구조는 다음과 같다.

```
while 조건식 :
    반복 처리할 문장
```

while 문을 이용하여 1에서 5까지 수를 출력하는 수행 흐름은 다음과 같다.

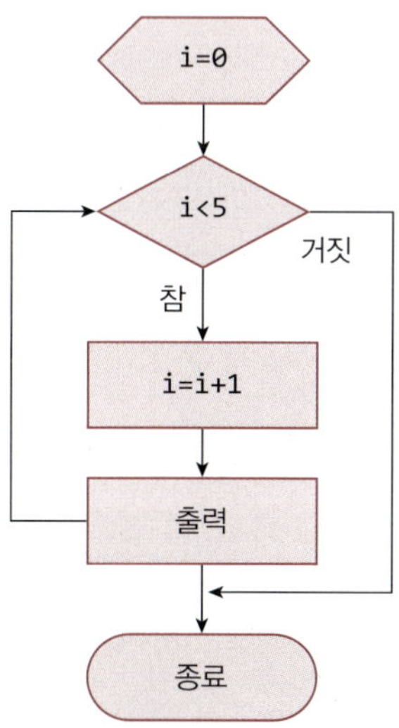

while 문을 통한 수행 처리도 예제를 통해 살펴보자.

[예제 12]

```
i=0
while i<5:
    i=i+1
    print(i)
```

실행결과

```
1
2
3
4
5
```

여기서 잠깐

while 문을 잘 사용하기 위해서는 아래와 같이 기본적인 조건식 외에 변수 설정과, 카운트 증가 처리에 대한 로직을 추가하여 코딩 감각을 익히는 것이 좋다.

```
변수 = 시작값
while 변수 < 종료값 :
    변수 = 변수 + 증가값
    반복 처리할 문장
```

예를 들어 숫자 1~5까지 출력하는 while 문 수행에 대한 예제가 있다.

초기 변수 값을 어떻게 설정하는가에 따라 아래 두 로직은 각각 다르다.

❶ 먼저 변수의 시작값을 cnt=0으로 시작한 경우이다.

```
cnt=0
while cnt<5 :
    cnt=cnt+1
    print(cnt)
```

시작값을 0으로 주었을 경우에는 while 조건식 바로 밑에 1을 증가시킨 후, 변수 1,2,3,4,5를 출력하게 된다.

❷ 변수의 시작값을 cnt=1로 시작할 때는 while 조건식 바로 아래 변수를 출력한 후, 나중에 변수를 증가하도록 한다. 로직에 대한 차이는 있지만 두 결과는 같다.

```
cnt=1
while cnt<=5 :
   print(cnt)
   cnt=cnt+1
```

이번에는 숫자 5~1까지 거꾸로 출력해 보는 while 문을 예제를 통해 알아보도록 하자.

[예제 13]

```
i=5
while i>0 :
    print(i)
    i-=1        # i=i-1과 같음
```

실행결과

```
5
4
3
2
1
```

이번에는 while 문을 조금 더 응용하여 1~10까지 합계를 구하는 프로그램을 작성해 보자.

[예제 14]

```
01  i=0
02  sum=0
03  while i<10:
04     i=i+1
05     sum=sum+i
06
07  print("1-10까지 합계=",sum)
```

실행결과

```
1-10까지 합계=55
```

우선적으로 1~10까지 카운트를 위한 변수와, 합을 누적하기 위한 변수를 설정하기 위해 1행과 2행에서 변수 i와 sum의 시작값을 0으로 정한다. 4행에서 i를 i+1로 1씩 변수를 증가한다. 3행에서 i가 10보다 작으면 참이므로, i가 10일 때까지 4,5행을 반복한다. 결국 sum은 1+2+3+…+10의 값이 계산되어 55라는 결과 값을 출력하게 된다.

진단문제

❶ while 문을 이용하여 "Python Program"을 5번 출력하고 그 옆에 출력 횟수도 함께 출력되도록 프로그램을 작성하시오.

Hint: 문자열과 숫자를 연결하여 출력하기 위해 str() 함수를 사용한다.

실행결과

```
Python Program 1번 출력
Python Program 2번 출력
Python Program 3번 출력
Python Program 4번 출력
Python Program 5번 출력
```

❷ 사용자로부터 구구단 1개를 입력받아 while 문을 이용하여 구구단을 출력하는 프로그램을 작성하시오.

실행결과

```
원하는 구구단:5
5*1=5
5*2=10
5*3=15
5*4=20
5*5=25
5*6=30
5*7=35
5*8=40
5*9=45
```

while~else 문

파이썬 프로그램에서는 다른 프로그래밍 언어와는 다르게 for 문에서 살펴본 바와 같이 while 문에서도 else 문을 사용할 수 있다. while에서 else 문은 조건식이 거짓으로 판정되어 처리할 문장_1이 수행되지 않을 때 else 문의 처리할 문장_2를 수행하게 된다.

이때 for 문과 마찬가지로 실행 도중 break에 의해 반복문이 끝나 버리면 else 문은 수행되지 않고 루틴은 밖으로 빠져나가게 된다.

```
while 조건식 :
    처리할 문장_1
else :
    처리할 문장_2
```

while 문을 이용하여 5부터 1까지 중간에 break 되지 않고 끝까지 반복 실행한 후, 마지막으로 else 문을 수행하는 예제를 살펴보자.

[예제 15]

```
n=6
while n>1 :
    n-=1
    print(n)
else :
    print("반복문 종료~~")
```

실행결과

```
5
4
3
2
1
반복문 종료~~
```

위 예제에서 while 문 사용 시 반복문을 성공적으로 수행한 후, 조건식을 주어 조건식에 대한 조건이 거짓일 때 else 문이 1회 실행되는 예제를 살펴보았다.

이번에는 조건을 만족하는 동안 5, 4, 3, 2, 1을 출력하고 else 문에서 마지막으로 n에 저장되어 있는 0을 출력한 후 수행을 종료하는 예제를 살펴보자.

[예제 16]

```
n = 5
while n:
    print(n)
    n -= 1
else :
    print(n)
```

실행결과

```
5
4
3
2
1
0
```

while 무한 반복문

while의 조건식을 True로 하면 무한 반복을 실행할 수 있다. 즉 while 문에서 조건식이 참인 동안 무한 반복을 실행한다는 의미이다.

```
while True:
    반복 처리할 문장
```

아래 실습은 while 문 조건식을 True로 주어 무한 반복을 수행하는 예제이다. 이 while 반복문 예제는 수행 완료를 위한 제어가 특별히 없으므로 무한 반복 수행하고 있음을 확인할 수 있을 것이다. 숫자가 연속해서 무한 반복 증가함에 따라 당황하지 말고 무한 반복을 멈추기 위해 Python IDLE이나 Visual Studio Code 터미널 창을 사용할 시에는 키보드 단축키 ctrl + C를 누르면 무한 반복을 강제 종료시킬 수 있다.

아래 실습을 통해 정수 1부터 1씩 증가하며 무한 출력되는 반복문을 작성해 보자. 종료하는 루틴이 존재하지 않으므로 무한으로 출력되다 보니 테스트 차원에서 키보드 단축키 ctrl + C를 눌러 무한 반복을 강제 종료시키도록 한다.

[예제 17]

```
i = 0
while True:
    i = i+1
    print(i)
```

실행결과

```
1
2
3
4
5
..
강제 종료 : ctrl + C
```

Tip 파이썬에서 무한 반복을 할 때 while True: 대신 C처럼 항상 참인 경우인, while 1:을 사용하여 무한 반복을 만들 수도 있다.

이번 실습은 두 개의 정수형 숫자를 입력받아 덧셈 연산을 무한적으로 수행하는 `while` 문이다. 마찬가지로 수행을 중지하기 위해 키보드 단축키 ctrl + C를 눌러 무한 반복을 강제 종료시키도록 한다.

[예제 18]

```
01 sum=0
02 while True:
03     num1=int(input("첫 번째 수:"))
04     num2=int(input("두 번째 수:"))
05 
06     sum=num1+num2
07     print("%d+%d=%d" %(num1,num2, sum))
```

실행결과

```
첫 번째 수:35
두 번째 수:45
35+45=80
첫 번째 수:25
두 번째 수:33
25+33=58
...
강제 종료 : ctrl + C
```

위 프로그램을 실행하면 2행의 `while True` 조건식 때문에 3~7행이 무한 반복하여 실행되는 것을 확인할 수 있다.

Tip `while True`는 무한 반복하여 실행되므로 특별히 빠져나갈 조건 제어에 대한 지시가 없으면 말 그대로 무한 반복 실행된다. 이때 무한 반복을 빠져 나가고자 한다면 키보드 ctrl + C를 누르면 아래와 같은 메시지가 표시되면서 Keyboard Interrupt에 의해 강제 종료됨을 전달받을 수 있다.

```
Traceback (most recent call last):
  File "C:/python_work/ch06_24.py", line 3, in <module>
    num1=int(input("첫 번째 수:"))
KeyboardInterrupt
```

진단문제

❶ while 문을 사용하여 아래와 같이 번호와 문자열 "Python Programming"을 출력하는 프로그램을 작성하시오.

실행결과

```
0번 Python Programming
1번 Python Programming
2번 Python Programming
3번 Python Programming
4번 Python Programming
```

❷ 사용자로부터 계산하고 싶은 팩토리얼 값을 입력받아 while 문을 사용하여 아래와 같이 팩토리얼 값을 계산하여 출력하는 프로그램을 작성하시오.

실행결과

```
계산하고 싶은 팩토리얼 값:5
5!=120
```

요점정리

1. 파이썬 반복문에는 for 문과 while 문이 있다.

2. for 문은 횟수를 지정하여 횟수만큼 반복 수행하는 반복문이다.

3. range(5)의 범위 기준은 0을 시작으로 0, 1, 2, 3, 4까지이다. range() 함수를 사용할 때는 항상 마지막 범위보다 -1을 종료값으로 수행한다.

4. for 문의 기본적 구문은 for 변수 in range(시작값, 종료값+1, 증가/감소값):으로 수행한다.

5. for 문에서 range()를 사용하지 않고 리스트 변수에 기억된 항목을 아래와 같이 읽어서 가져올 수 있다.

```
for 변수 in 리스트명 :
    처리할 명령
```

6. for 문에서 else 문을 사용할 수 있는데 else 문은 for 문이 마지막 요소까지 반복을 성공적으로 수행되었을 경우 한 번만 수행된다.

7. reversed() 함수는 기억된 리스트를 역순으로 출력할 때 사용한다.

8. 리스트명.reverse() 함수는 기억된 리스트 변수에 항목을 역순으로 기억하여 재저장하는 함수이다.

9. while 문은 조건식이 만족하는(참인 경우) 동안 처리문을 반복 수행한다.

10. while의 조건식을 True로 하면 무한 반복을 실행할 수 있다.

```
while True:
    반복 처리할 문장
```

이때 무한 반복을 강제로 종료하려면 ctrl + C를 누른다.

11. while~else 문에서 else 문은 조건식이 거짓으로 판정되어서 '처리할 문장_1'이 수행되지 않을 때 else 문의 '처리할 문장_2'가 수행된다.

```
while 조건식 :
    처리할 문장_1
else :
    처리할 문장_2
```

1. 다음 for 문 ❶, ❷, ❸에 들어갈 올바른 명령은? (   )

```
for 변수 in range( ❶,   ❷,   ❸ ) :
```

❶ 시작값, 증가값, 종료값　　❷ 시작값, 증가값, 종료값+1
❸ 시작값, 종료값+1, 증가값　　❹ 시작값, 종료값, 종료값+1

2. 파이썬 반복문 중에서 무한 반복이 가능한 조건식을 모두 고르시오. (   )

❶ `while True :`　　❷ `While 1 :`
❸ `for(;;;)`　　❹ `for loop :`

3. 다음 반복문 range에 대한 설명으로 옳은 것은? (   )

```
for i in range(5):
```

❶ 반복문 수행은 1부터 5까지이다.
❷ 반복문 수행은 0부터 5까지이다.
❸ 반복문 수행은 0부터 4까지이다.
❹ range에서 증가값 1은 생략될 수 없다.

4. 다음 중 while 문 무한 반복을 종료하기 위한 단축키는? (   )

❶ ctrl + C　　❷ ctrl + Z　　❸ ctrl + B　　❹ ctrl + Y

5. 다음 중 조건인 참인 동안 처리할 문장을 반복 수행하는 반복문은? (   )

❶ for　　❷ do~while　　❸ for~else　　❹ while

6. 다음 코드를 실행했을 때 올바른 출력 결과는? (   )

```
>>> alpha=['a','b','c','d','e']
>>> for i in alpha:
   print(i, end="")
```

❶ abcde　　❷ a b c d e
❸ 1 2 3 4 5　　❹ ['a','b','c','d','e']

7. 다음 while 문 코드를 실행했을 때 올바른 출력 결과는? ( )

```
i=0
while i<3:
    i=i+1
    print("{}".format(i))
```

실행결과

```
[                                    ]
```

① 0 1 2

② 1 2 3

③ 0
   2
   3

④ 1
   2
   3

8. 다음 중 [실행결과]와 다르게 출력되는 반복문은? ( )

실행결과

```
1번 Hello World
2번 Hello World
```

①
```
cnt=1
while cnt<3 :
    print("{}번 Hello World".format(cnt))
    cnt=cnt+1
```

②
```
for i in range(2):
    print("%d번  Hello World" %(i))
```

③
```
for i in range(1,2+1,1):
     print("{}번 Hello World".format(i))
```

④
```
cnt=0
while cnt<2 :
    cnt+=1
    print(f"{cnt}번 Hello World")
```

9. 다음 중 [실행결과]와 다르게 출력되는 반목문은? ( )

실행결과

```
three two one
```

①
```
num=["one","two","three"]
num.reverse()
for i in num :
    print(i,end=" ")
```

②
```
num=["one","two","three"]
for i in reversed(num):
    print(i,end=" ")
```

③
```
num=["one","two","three"]
for i in num[::-1] :
    print(i,end=" ")
```

④
```
num=["one","two","three"]
for i in num[-1::] :
    print(i,end=" ")
```

Hint: 반복문을 활용한 리스트에서 [::-1] 슬라이싱을 주면 항목 전체를 역순으로 출력한다.

10. 다음 반복문을 사용하여 30보다 작은 5의 배수를 출력하기 위해 밑줄 친 부분에 들어갈 올바른 수식은? ( )

```
num=[14, 15, 32, 25, 51]
for i in num:
    ____________________:
        print(i)
```

실행결과

```
15
25
```

① `if i<30 and i%5==0 :`

② `if i<=30 and i%5==0 :`

③ `if i<30,  i%5==0 :`

④ `if i<=30 or i%5==0 :`

수행평가

1. 사용자로부터 어떤 정수 5개를 입력받아 짝수를 판별하여 짝수의 개수를 출력하는 반복문 프로그램을 작성하시오.

실행결과

```
숫자:1
숫자:12
숫자:5
숫자:14
숫자:3
짝수 개수 : 2
```

2. grade=[90,85,70,60,95]에 점수가 기억되어 있다. 학생 점수가 90점 이상이면 장학금 대상 메시지를 출력하는 반복문 프로그램을 작성하시오.

실행결과

```
0번 학생 90점 : 장학금 대상
4번 학생 95점 : 장학금 대상
```

3. while True: 무한 반복 조건식을 적용하여 "파이썬 프로그래밍!!"을 3회 출력하도록 프로그램을 작성하시오.

Hint: break 문은 특정한 조건을 만족할 경우 반복문을 벗어날 때 사용한다.

실행결과

```
파이썬 프로그래밍!!
파이썬 프로그래밍!!
파이썬 프로그래밍!!
```

4. name=["홍길동","강감찬","이순신"]에 이름 항목이 기억되어 있다. 문자열 리스트 항목을 실행결과와 같이 출력되도록 반복문 프로그램을 작성하시오.

실행결과

```
홍길동 씨 반갑습니다.
강감찬 씨 반갑습니다.
이순신 씨 반갑습니다.
```

5. animal=["dog","duck","pony","donkey","giraffe","elephant","cat"]가 리스트에 기억되어 있다. 문자열이 5글자 이내인 동물만 출력하는 프로그램을 작성하시오.

Hint: len() 함수는 글자의 길이를 구하는 함수이다.

실행결과

```
dog
duck
pony
cat
```

6. "KOREA"에 대한 문자열을 기억한 후, 반복문을 활용하여 실행결과와 같이 출력되도록 프로그램을 작성하시오.

실행결과

```
K
O
R
E
A
```

7. 1~100까지 for 문을 이용하여 홀수의 합과 짝수의 합을 [실행결과]와 같이 출력하는 프로그램을 작성하시오.

실행결과

```
1~100까지 홀수합=2500
1~100까지 짝수합=2550
```

8. 사용자로부터 좋아하는 과일을 입력받아 출력하는 프로그램을 작성하시오. 단, 입력 데이터가 'Q'나 'q'가 입력되면 [실행결과]와 같이 입력을 멈추고 프로그램을 종료한다.

실행결과

```
좋아하는 과일 입력:사과
당신은 사과를(을) 좋아하는 군요!
좋아하는 과일 입력:수박
당신은 수박를(을) 좋아하는 군요!
좋아하는 과일 입력:Q
프로그램을 종료합니다. Bye~
```

9. 사용자로부터 숫자 정수를 입력받아 [실행결과]와 같이 별 삼각형을 출력하는 반복문 프로그램을 작성하시오.

실행결과

```
숫자 입력:5
    *
   ***
  *****
 *******
*********
```

10. 사용자로부터 숫자 정수 1개를 입력받아 for 문을 이용하여 [실행결과]와 같이 1-n 숫자까지 합을 출력하는 프로그램을 작성하시오.

실행결과

```
어떤 수?5
1
2
3
4
5
1-5까지 합=15
```

CHAPTER 07

중첩 반복문

학습목표

이번 장은 파이썬 반복문을 활용하는 중첩 반복문에 대해서 학습한다. 중첩 반복문은 반복문 안에 또 다른 반복문을 포함하고 있는 반복문으로 다른 프로그램 언어뿐만 아니라 파이썬 프로그램에서도 활용하는 것이 매우 중요하다. 또한 제어문(반복문, 조건문)에서 많이 활용되는 break, continue, pass 문과 같은 기타 제어문에 대해서도 함께 알아볼 것이다.

학습목차

7.1 중첩 반복문

우리는 앞장에서 반복문에 대해서 학습하며 반복문을 이용하여 프로그램 코드를 작성했을 때의 편리성과 반복문에 대한 역할이 중요한지 알게 되었다.

이번 장에서는 for 문 안에 또 다른 for 문을 포함하는 중첩 반복문 활용에 대해 학습한다. 즉, 하나의 for 문이 다른 for 문을 내포하여 문제를 해결하고 활용하는 부분에 대해서 학습한다. 프로그램 로직이 복잡하여 이해하는 데 어려움을 느끼는 경우가 있다. 이번 장에서 다양한 예제를 통해 중첩 반복문의 로직을 제대로 이해하고 충분히 활용해 보았으면 한다.

중첩 반복문 구조

중첩 반복문은 외부 for 문 내에 또 다른 내부 for 문을 내포하고 있는 구조로 수행에 있어서는 외부 for 1회 수행에 내부 for 문 전체를 수행하게 된다.

```
for 변수 in range() :              # 외부(outer) for
    처리할 반복 문장_1
    for 변수 in range() :          # 내부(inner) for
        처리할 반복 문장_2
```

중첩 반복문 수행: 외부 반복문 1회 수행에 내부 반복문 3회 수행

파이썬 중첩 반복문을 이해하기 위해서 외부 변수 1회 수행에 내부 변수 3회를 수행하는 중첩 반복문을 예제 실습을 통해 이해해 보도록 하자.

[예제 1] 중첩 반복문 수행하기 1

```
for i in range(2) :
    print("i=",i)
    for j in range(3) :
        print("\tj=",j)
```

실행결과

```
i= 0
   j= 0
   j= 1
   j= 2
i= 1
   j= 0
   j= 1
   j= 2
```

외부 for 문의 i 변수 출력을 1회 수행할 때 내부 for 문의 j 변수 0,1,2 출력까지 3번을 수행한 후, 반복 루프를 빠져 나간다. 그리고 나서 외부 for 문의 i 변수를 2회 수행할 때에 내부 for 문의 j 변수 0,1,2 출력까지 3번을 수행하는 구조이다.

즉, 외부 i 변수를 1회 수행할 때 내부 j 변수는 3회를 출력하는 구조를 갖는다.

이번에는 외부 1회 수행에, 내부 5회를 수행하는 중첩 반복문에 대해서도 이해해 보도록 하자.

[예제 2] 중첩 반복문 수행하기 2

```
for i in range(3) :
   for j in range(5) :
      print(j, end=" ")
   print()
```

실행결과

```
0 1 2 3 4
0 1 2 3 4
0 1 2 3 4
```

Tip 마지막 줄 print()는 필요할까? 이 print() 문을 생략할 경우에는 0 1 2 3 4 0 1 2 3 4 0 1 2 3 4와 같이 한 줄로 붙어서 출력하게 된다. 즉 마지막에 print() 문을 사용함으로써 내부 for 문의 반복이 끝나는 시점에서 줄 바꿈을 주어 외부 for 문의 i 변수가 시작하라는 의미로 해석해도 좋다. 더 쉽게 설명하자면, 내부 for 문의 수행이 끝나면 줄을 바꾸라는 의미로 이해하면 좋다.

중첩 반복문 활용

계속해서 중첩 반복문을 이용하여 구구단, 삼각형 모양 출력 등의 예제에 대해서 알아보도록 하자.

중첩 반복문을 활용하여 구구단 출력하기

[예제 3] **중첩 반복문 수행하기 3**

```
for i in range(1,10,1) :
    for j in range(2,10,1) :
        print(f"{j}*{i}={j*i}", end="\t")
    print()
```

실행결과

```
2*1=2   3*1=3   4*1=4   5*1=5   6*1=6   7*1=7   8*1=8   9*1=9
2*2=4   3*2=6   4*2=8   5*2=10  6*2=12  7*2=14  8*2=16  9*2=18
2*3=6   3*3=9   4*3=12  5*3=15  6*3=18  7*3=21  8*3=24  9*3=27
2*4=8   3*4=12  4*4=16  5*4=20  6*4=24  7*4=28  8*4=32  9*4=36
2*5=10  3*5=15  4*5=20  5*5=25  6*5=30  7*5=35  8*5=40  9*5=45
2*6=12  3*6=18  4*6=24  5*6=30  6*6=36  7*6=42  8*6=48  9*6=54
2*7=14  3*7=21  4*7=28  5*7=35  6*7=42  7*7=49  8*7=56  9*7=63
2*8=16  3*8=24  4*8=32  5*8=40  6*8=48  7*8=56  8*8=64  9*8=72
2*9=18  3*9=27  4*9=36  5*9=45  6*9=54  7*9=63  8*9=72  9*9=81
```

예제에서 살펴본 구구단은 2단부터 9단까지 중첩 반복문을 이용하여 출력하는 구구단으로, 외부 `for i`는 구구단 내부의 1~9까지 숫자에 해당하는 역할을 수행하며, 내부 `for j`는 구구단의 2~9단까지의 단 출력 역할을 수행한다. 출력에 대한 코드 `print(f"{j}*{i}={j*i}", end="\t")`를 통해 구구단을 출력하게 된다. 이때, `end="\t"`는 탭 제어문자로, 가로로 일정한 간격을 띄워 칸을 맞춰 출력하는 역할을 수행하였다.

여기서 잠깐 **str() 함수를 이용하여 구구단 출력하기**

f-string 포맷을 사용하지 않고 숫자 변수를 `str()` 함수를 이용하여 문자로 변환한 후 이를 연결해서 구구단을 출력해도 아래와 같이 동일한 실행결과를 얻을 수 있다.

[예제 4]

```
for i in range(1,10,1) :
    for j in range(2,10,1) :
        print(str(j)+"*"+str(i)+"="+str(j*i),end="\t")
    print()
```

실행결과

```
2*1=2   3*1=3   4*1=4   5*1=5   6*1=6   7*1=7   8*1=8   9*1=9
2*2=4   3*2=6   4*2=8   5*2=10  6*2=12  7*2=14  8*2=16  9*2=18
2*3=6   3*3=9   4*3=12  5*3=15  6*3=18  7*3=21  8*3=24  9*3=27
2*4=8   3*4=12  4*4=16  5*4=20  6*4=24  7*4=28  8*4=32  9*4=36
2*5=10  3*5=15  4*5=20  5*5=25  6*5=30  7*5=35  8*5=40  9*5=45
2*6=12  3*6=18  4*6=24  5*6=30  6*6=36  7*6=42  8*6=48  9*6=54
2*7=14  3*7=21  4*7=28  5*7=35  6*7=42  7*7=49  8*7=56  9*7=63
2*8=16  3*8=24  4*8=32  5*8=40  6*8=48  7*8=56  8*8=64  9*8=72
2*9=18  3*9=27  4*9=36  5*9=45  6*9=54  7*9=63  8*9=72  9*9=81
```

중첩 반복문을 활용한 삼각형 출력하기

이번에는 중첩 반복문을 활용하여 다양한 삼각형 모양으로 숫자를 출력하는 예제를 살펴보자.

만약 아래와 같은 형태의 숫자 삼각형을 출력하기 위해서는 어떻게 중첩 반복문을 활용해야 아래와 같은 모양이 나올지 다음과 같이 로직을 구상해 보자.

- 5행 구조 형태로 구성: 외부 for 문이 담당
- 삼각형 모양 구조는 i가 변함에 따라 삼각형 형태를 갖춤: 내부 for 문이 담당
- 동일한 숫자 출력은 외부변수 i를 출력하면 동일한 값을 얻을 수 있음
- 가로로 붙여서 출력하는 형태는 end=""를 활용
- 출력을 마치고 새로운 줄로 시작하기 위해서는 print()로 줄을 바꾸어 줌

```
1
22
333
4444
55555
```

[예제 5] 중첩 반복문 수행하기 4

```
for i in range(1,6,1) :
    for j in range(1,i+1,1) :
        print(i, end="")
    print()
```

실행결과

```
1
22
333
4444
55555
```

이번에는 한 단계 더 나아가 동일한 숫자가 아닌 숫자가 변하여 출력되는 삼각형 모양을 출력해 보자.

[예제 6] 중첩 반복문 수행하기 5

```
for i in range(1, 6, 1) :
    for j in range(1, i+1, 1) :
        print(j, end="")
    print()
```

실행결과

```
1
12
123
1234
12345
```

내부 for j가 외부 for 문 수행 횟수에 따라 print(j, end="")를 수행하여 쉽게 모양을 갖출 수 있다.

진단문제

중첩 for 문을 이용하여 아래와 같이 삼각형 형태로 출력하는 프로그램을 작성하시오.

실행결과

```
54321
4321
321
21
1
```

7.2 기타 제어문

기타 제어문은 제어문(for 문, while 문, if~else 문 등)과 함께 다양하게 활용되는 보조 제어문으로 break, continue, pass 문 등이 사용된다.

break 문

break 문은 for 문 또는 while 문을 사용하다가 특정한 조건을 수행하여 break를 만나면 중간에 루프 구간을 벗어나 프로세스를 종료할 때 사용한다.

```
while 조건식 :
    반복 처리할 문장
    if 조건식 :
        break ····················· 프로그램 반복 구간을 벗어나 완전히 종료됨
```

break 문을 활용하여 출력하기

while 문을 이용하여 1~10까지 숫자를 출력하려고 하는데, 만약 숫자가 5가 되면 중간에 프로그램을 종료하고 탈출하는 break 문을 사용하는 예제를 통해 알아보자.

[예제 7]

```
i=0
while i<10:
    i=i+1
    print(i)
    if i==5:
        break
```

실행결과

```
1
2
3
4
5
```

> **Tip** break는 무한 반복을 탈출하거나 특정 조건을 만족하여 루프 구간을 벗어날 때 사용된다. 반복문에서 많이 사용되는 continue와 pass는 반복 구간 내에서 흐름을 유지하여 지속되지만 break는 반복 구간을 벗어나 loop 제어권 밖으로 빠져나가도록 루틴이 수행된다.

if 조건에서 i==5와 일치되는 경우 break가 실행된다. 즉, break에 의해 while 문 루프 구간을 빠져 나가 반복문 실행을 종료하게 된다.

이번 예제는 for 문을 이용하여 숫자 0~10까지 출력하고 해당 숫자에 대한 제곱을 출력한다. 이때 숫자가 3보다 크면 해당 숫자에 대한 제곱을 출력하지 않고 바로 종료되도록 실습을 통해 알아보자.

[예제 8]

```
for i in range(11) :
   print(f"숫자:{i}")
   if i > 3 :  # 숫자가 3보다 크면 break로 강제 종료
      break
   else :
      print(f"\t제곱:{i*i}")
```

실행결과

```
숫자:0
   제곱 :0
숫자:1
   제곱 :1
숫자:2
   제곱 :4
숫자:3
   제곱 :9
숫자:4          # 숫자 3보다 크므로 강제 종료됨
```

진단문제

사용자로부터 어떤 숫자를 입력 받아 합계를 계산한다. 단, 숫자 0이 입력되면 입력을 중단하고 계산된 합계를 출력하는 프로그램을 작성하시오.

실행결과

```
숫자:5
숫자:4
숫자:1
숫자:6
숫자:0
합계=16
```

continue 문

continue 문은 반복문 사용 내에서 특정 요소에 대한 처리를 생략하고 싶을 때 사용된다.

break 문은 루프 수행을 벗어나 종료되지만, continue 문은 해당 요소에 대해서만 처리가 생략되고 다음 루프 구간을 계속해서 진행하며 처리되므로 반복 루프 실행에 대해서는 끝까지 실행된다. 즉, 반복문에서 continue 문을 만나게 되면 반복문 루프 구간의 흐름을 유지한 상태에서 코드의 실행 부분만 건너뛰는 역할을 수행한다.

```
while 조건식 :
   반복 처리할 문장
   if 조건식:
       continue ····················· 이곳 해당 요소만 생략된 후,
                                       반복 루틴이 while 반복문 처음으로 되돌아감
```

continue 문을 이용하여 출력하기

1부터 10까지 while 문을 이용하여 홀수만 출력하는 프로그램을 예제를 통해 알아보자.

[예제 9]

```
i=0
while i < 10 :
   i=i+1
   if i % 2 == 0 :      # 짝수이면 아래 해당 코드를 건너뜀
      continue
   print(i)
```

실행결과

```
1
3
5
7
9
```

이때 1~10까지 반복문을 수행하다가 `if i%2==0` 즉, i를 2로 나누었을 때 나머지가 0이면 짝수이므로 `continue` 문에 의해 실행되지 않고 다음 반복 루틴으로 실행되는 것을 볼 수 있다. 즉, 홀수만 출력된다.

`str = "Python_Programming"` 문자열을 기억시킨 후, 문자열이 '_'인 경우 실행을 하지 않고 해당 코드만 건너뛰도록 다음 실습을 통해 알아보자.

[예제 10]

```
str = "Python_Programming"
for i in str:
    if(i == '_'):
        continue
    print(i, end="")
```

실행결과

```
PythonProgramming
```

진단문제

반복문을 이용하여 1~10까지 출력하되 숫자 5는 출력에서 제외되도록 프로그램을 작성하시오.

실행결과

```
1
2
3
4
6
7
8
9
10
```

pass 문

pass 문은 break와 continue 문과는 달리 실행적인 부분에 대해서는 아무것도 수행하지 않는다. 문법적으로 실행에 대한 동작 코드가 없으므로, 특별히 동작이 필요 없을 때 사용한다.

```
while 조건식 :
   반복 처리할 문장
   if 조건식 :
      pass ................. pass 문을 수행(이때 pass 수행은 큰 의미가 없음)
```

pass 문을 활용하여 출력하기

반복문을 사용하여 1~5까지 출력하되 짝수이면 특정 수행 없이 pass 문 수행 후, 바로 짝수에 대한 숫자도 출력되도록 다음 실습을 통해 알아보자. 즉, pass 문은 수행 여부와 상관없이 결과가 똑같은 것을 확인할 수 있다.

[예제 11]

```
i=0
while i < 5 :
   i=i+1
   if i % 2 == 0 :
      pass
      print(i)
   else :
      print(i)
print("프로그램 종료!")
```

실행결과

```
1
2
3
4
5
프로그램 종료!
```

즉, if 조건을 통해 i%2==0 짝수이면 pass가 수행된 후, 바로 밑에 있는 print 문에 의해 i가 출력되어 1 2 3 4 5를 출력하게 된다. pass 명령으로 while 문에 실제적으로 미치는 영향은 없음을 알 수 있다.

쉽게 말해 조건문 수행이 지정되어 있지 않거나 없을 경우에 가볍게 사용되는 명령으로 pass를 사용한다.

리스트 변수 num에서 짝수이면 pass 명령으로 그냥 넘기고, 거짓인 경우 리스트 항목을 출력하는 예제를 살펴보자.

[예제 12]

```
num=[20, 11, 9, 66, 4, 89, 44]
for i in num:
    if i % 2 == 0:
        pass
    else:
        print(i)
```

실행결과

```
11
9
89
```

여기서 잠깐 pass를 만나면 그냥 skip될까?

if i % 2==0으로 짝수로 판별된 경우, pass를 만나면 수행할 코드는 없지만 아래 소스처럼 바로 뒤에 이어진 프로세스가 있다면 프로세스는 생략하지 않는다. 즉, pass 다음 코드는 계속 진행되어 출력됨에 주의하도록 한다.

[예제 13]

```
num=[20, 11, 9, 66, 4, 89, 44]
for i in num:
    if i % 2 == 0:
        pass
        print("짝수 숫자는 출력하지 않습니다!")
    else:
        print(i)
```

실행결과

```
짝수 숫자는 출력하지 않습니다!
11
9
짝수 숫자는 출력하지 않습니다!
짝수 숫자는 출력하지 않습니다!
89
짝수 숫자는 출력하지 않습니다!
```

진단문제

num=[1,2,3,4,5]의 숫자 항목을 리스트 변수에 기억시킨 후, 항목 숫자가 4가 되면 "해당 항목 블록: 4" 를 출력하는 프로그램을 작성하시오.

실행결과

```
1
2
3
해당 항목 블록: 4
4
5
```

요점정리

1. 중첩 반복문은 외부 for 문 내에 또 다른 내부 for 문을 내포하고 있는 구조이다.

```
for 변수 in range() :        # 외부 for
        처리할 문장_1
    for 변수 in range() :    # 내부 for
            처리할 문장_2
```

2. 중첩 반복문은 외부 반복문 1회 수행에 내부 반복문 전체가 수행되는 구조이다.

3. 중첩 반복문에서 print()의 의미는 붙여서 출력되는 변수에 대해서 수행이 끝나면 줄을 바꾸라는 의미이다.

4. break 문은 for 문 또는 while 문을 사용하다가 break를 만나면 중간에 루프 수행을 벗어나 프로세스를 종료할 때 사용한다.

5. 반복문에서 continue 문을 만나게 되면 반복문 루프 구간의 흐름을 유지한 상태에서 코드의 실행 부분만 건너뛰는 역할을 수행한다.

6. pass 문은 문법적으로 수행에 대한 동작 코드는 필요하지만, 특별히 수행에 대한 동작이 필요 없을 때 사용한다. 즉, pass를 만나면 수행할 코드는 없지만 바로 뒤에 이어진 프로세스는 생략하지 않고 계속해서 진행한다.

연습문제

1. 다음 중첩 반복문을 수행했을 때 "Python"은 몇 번 출력되는가? (　)

```
for 변수 in range(3) :
    for 변수 in range(5) :
        print("Python")
```

① 3회　② 5회　③ 15회　④ 24회

2. for 문 내에 또 다른 for 문을 내포하고 있는 구조는? (　)

① 중첩 반복문　② 외부 반복문
③ 내부 반복문　④ 순환 반복문

3. 다음 반복문 수행에서 예상되는 출력 결과로 옳은 것은? (　)

```
for i in range(5):
    if i==3 :
        break
    print(i, end=" ")
```

① 0 1 2 3 4　② 0 1 2 3 4 5　③ 0 1 2 3　④ 0 1 2

4. 다음 중 기타 제어문에 속하는 명령이 아닌 것은? (　)

① break　② continue　③ pass　④ goto

5. 반복문 루프 구간의 흐름을 유지한 상태에서 코드의 실행 부분만 건너뛰는 역할을 수행하는 명령은? (　)

① break　② continue　③ pass　④ jump

6. 반복문을 사용하다가 특정 조건이 맞으면 중간에 루프 수행을 벗어나 프로세스를 종료하는 명령은? (　)

① break　② continue　③ pass　④ exit

7. 다음 [실행결과]와 같이 출력되려면 [ ]에 들어갈 올바른 코드는? ( )

```
for i in range(1,10) :
    if i==5 :
        [              ]
    print(i)
```

실행결과

```
1
2
3
4
```

① break ② continue ③ pass ④ print()

8. 다음 [실행결과]와 같이 출력되려면 [ ]에 들어갈 올바른 코드는? ( )

```
for i in range(1,6) :
    if i==3 :
        [              ]
    print(i)
```

실행결과

```
1
2
4
5
```

① break ② continue ③ pass ④ print()

9. 다음 [실행결과]와 같이 출력되려면 [ ]에 들어갈 올바른 코드는? ( )

```
for i in range(1,6) :
    if i==3 :
        [              ]
    print(i)
```

실행결과

```
1
2
3
4
5
```

① break ② continue ③ pass ④ 정답 없음

10. 사용자로부터 팩토리얼을 입력받아 결과 값이 50을 넘을 때의 숫자를 출력하는 프로그램으로 밑줄 친 ㉠, ㉡에 들어갈 올바른 코드는? (   )

```
num=int(input("팩토리얼 입력: "))
fact=1
for i in range(1,num+1) :
    fact*=i
    ㉠ ________________
        ㉡ ______________

print(f"{i}번째에서 50을 초과했습니다.")
```

실행결과

```
팩토리얼 입력 : 10
5번째에서 50을 초과했습니다.
```

① ㉠ if fact >=50:   ㉡ continue

② ㉠ if fact >=50:   ㉡ break

③ ㉠ if fact >50:   ㉡ break

④ ㉠ if fact >50:   ㉡ continue

수행평가

1. 사용자로부터 정수 5개를 입력받아 입력한 숫자의 합계를 출력하는 프로그램을 작성하시오. 단, 숫자가 3인 경우는 출력되지 않고 합계에서도 제외되도록 한다.

실행결과

```
숫자:4
4
숫자:2
2
숫자:3
숫자:6
6
숫자:3
합계:12
```

2. continue 문을 사용하여 [실행결과]와 같이 출력되도록 프로그램을 작성하시오.

Hint: continue 문을 만나면 반복 흐름을 유지하지만 해당 명령 수행은 처리하지 않고 해당 명령을 점프하여 다음 루프 실행을 진행한다.

실행결과

```
0 0
0 1
0 3
1 0
1 1
1 3
2 0
2 1
2 3
3 0
3 1
3 3
```

3. 사용자로부터 어떤 숫자를 입력받아 입력받은 숫자가 소수(prime)인지를 판별하는 반복문 프로그램을 작성하시오.

실행결과

```
숫자 입력:11
11은(는) 소수 입니다.
숫자 입력:36
36은(는) 소수가 아닙니다.
```

4. `while True:` 무한 반복 조건식을 적용하여 "파이썬 프로그래밍!!"을 3회 출력하도록 프로그램을 작성하시오.

Hint: break 문은 특정한 조건을 만족할 경우 반복문을 벗어날 때 사용한다.

실행결과

```
파이썬 프로그래밍!!
파이썬 프로그래밍!!
파이썬 프로그래밍!!
```

5. `str="corona"` 문자열을 입력한 후, 반복문을 이용하여 `str`에 기억된 문자열이 [실행결과]와 같이 출력되도록 프로그램을 작성하시오. 단, "o" 문자열을 체크하여 "o" 문자열 위치에서 pass 실행에 대한 문구를 출력하시오.

실행결과

```
c
pass 실행
o
r
pass 실행
o
n
a
```

6. 중첩 반복문을 활용하여 별 삼각형 모양이 [실행결과]와 같이 출력되도록 프로그램을 작성하시오.

실행결과

```
*
**
***
****
*****
```

7. 중첩 반복문을 활용하여 별 삼각형 모양이 [실행결과]와 같이 출력되도록 프로그램을 작성하시오.

실행결과

```
*****
 ****
  ***
   **
    *
```

8. 중첩 반복문을 활용하여 별 삼각형 모양이 [실행결과]와 같이 출력되도록 프로그램을 작성하시오.

실행결과

```
    *
   **
  ***
 ****
*****
```

9. 중첩 반복문을 활용하여 별 삼각형 모양이 [실행결과]와 같이 출력되도록 프로그램을 작성하시오.

실행결과

```
*****
****
***
**
*
```

10. 중첩 반복문을 활용하여 숫자 삼각형 모양이 [실행결과]와 같이 출력되도록 프로그램을 작성하시오.

실행결과

```
12345
 2345
  345
   45
    5
```

11. 중첩 반복문을 활용하여 숫자 삼각형 모양이 [실행결과]와 같이 출력되도록 프로그램을 작성하시오.

실행결과

```
    1
   12
  123
 1234
12345
```

12. 사용자로부터 숫자 정수 1개를 입력받아 중첩 반복문을 이용하여 입력받은 숫자 행까지 [실행결과]와 같이 피라미드 정삼각형을 출력하는 프로그램을 작성하시오.

실행결과

```
삼각형의 높이 입력 : 3
  1
 1 2
1 2 3

삼각형의 높이 입력 : 5
    1
   1 2
  1 2 3
 1 2 3 4
1 2 3 4 5
```

CHAPTER 08

자료형 1(리스트)

학습목표

이번 장은 파이썬 프로그램에서 데이터들의 자료를 다루는 학습 단원이다. 앞서 리스트 자료형을 통해 조건문, 반복문에서 데이터 자료가 어떻게 구성되는지와 자료를 구성하여 데이터를 처리하는 기초적인 내용을 학습하였다.

8장에서는 더욱 상세하게 리스트 구조에 대해서 살펴본다. 또한 이를 잘 활용할 수 있는 리스트 편집 과정을 통해 리스트 구조를 잘 활용할 수 있도록 학습한다. 이번 장에서 리스트를 학습한 후 튜플, 딕셔너리, 세트와 같은 다양한 자료형을 통해 리스트와 함께 응용하여 활용하는 내용은 다음 장에서 학습해 볼 것이다.

학습목차

8.1 리스트 살펴보기

리스트(list)라는 용어는 앞에서 학습한 조건문과 반복문에서 항목에 대한 자료를 가져와 데이터를 처리할 때 살짝 살펴보았다.

리스트는 여러 개의 자료를 하나의 변수로 관리할 때 사용되는 집합이다. C나 자바에서 다루는 배열(array)과 비슷한 역할을 수행하지만 파이썬의 리스트는 명령의 흐름적인 처리 부분에서 리스트 데이터 항목 값을 삽입, 삭제, 수정, 정렬, 데이터 추출과 같은 데이터 처리 및 데이터 항목 변경이 가능하다는 점이 배열과 매우 다르다.

파이썬의 리스트는 `num=[1,2,3,4,5]`와 같은 형태로 단순하게 숫자 데이터를 구성하지만, C나 자바와 같은 다른 언어에서는 `int num={1,2,3,4,5}`와 같은 형태로 초기화되는 부분이 다르게 구성되어 있다. 뿐만 아니라 다른 언어에서는 동일한 자료형의 데이터를 저장하여 관리하지만, 파이썬에서는 동일한 데이터뿐만 아니라 숫자와 문자열 데이터처럼 서로 다른 여러 가지 자료형 처리도 가능하다는 점이 특징이다.

리스트 구조

리스트는 여러 항목의 데이터 값을 기억할 수 있으며, 데이터 항목을 구분하기 위해서는 ,(콤마)를 사용하여 구분한다. 또한 리스트 변수를 사용하기 위해 아래와 같은 리스트 구조를 갖는다.

```
리스트 변수=[항목1, 항목2, 항목3...]
```

예를 들어 숫자 1,2,3,4,5를 저장하기 위해 `num1~num5` 각 변수에 데이터를 할당하려면 5개의 변수가 필요할 것이다.

```
num1=1
num2=2
num3=3
num4=4
num5=5
```

이와 같은 번거로움을 해소하고 편리하게 데이터 항목을 관리하고 저장하기 위해 리스트 변수가 필요하며 다음과 같이 5개의 숫자 항목을 리스트 변수 num에 기억시킬 수 있다.

```
num=[1,2,3,4,5]
```

리스트 변수

파이썬에서 리스트는 항목에 대한 데이터 값을 하나의 자료형으로 저장하여 사용할 수도 있지만, 저장 형태에 따라 숫자형 데이터 항목, 문자열 데이터 항목, 숫자와 문자열 혼합형 데이터 항목과 같은 여러 형태의 다양한 자료 항목도 저장할 수 있다.

```
❶ numList = []                                    # 빈 리스트
❷ numList = [10, 20, 30, 40, 50]                  # 숫자 리스트 변수
❸ strList = ["SBS", "KBS", "MBC", "TVN", "ICON"]  # 문자열 데이터 리스트 변수
❹ mixList = [10, "KBS", 120.15, True, False]      # 혼합형 데이터 리스트 변수
```

데이터 유형 알아보기

type() 함수를 사용하면 저장된 변수의 데이터 유형을 알 수 있다.

```
>>> numList = [10, 20, 30, 40, 50]
>>> type(numList)
<class 'list'>
```

데이터 유형이 <class 'list'>로 리스트라는 것을 확인할 수 있다.

여기서 잠깐

데이터 자료형은 단일 데이터 유형과 여러 항목의 값을 저장하는 데이터 유형으로 구분할 수 있으며 type() 함수를 통해 데이터 유형을 쉽게 알아볼 수 있다.

단일 데이터 유형

❶ integer: 정수형
❷ float: 실수형
❸ string: 문자형
❹ boolean: 부울

여러 항목의 값을 저장하는 데이터 유형

❶ list : [ ]
❷ tuple : ( )
❸ dictionary : { }
❹ set : { }

다양한 리스트 자료

이번 학습 단원에서는 앞에서 학습했던 조건문과 반복문을 이용하여 숫자 리스트 변수, 문자 리스트 변수를 활용하는 예제를 통해 좀 더 리스트와 친숙해지도록 하고, 숫자와 문자를 함께 다루는 혼합형에 대해서도 알아보도록 하자.

숫자 리스트 활용하기

리스트는 리스트 변수를 직접 반복문 range() 위치에 범위 값 대신 활용할 수 있으며, 리스트 항목만을 직접 나열하여 사용할 수도 있다.

숫자 리스트 num=[10,15,20,25,30]이 기억되어 있다. 홀수 번째에 기억된 숫자 항목의 데이터 값과 합계, 평균을 구하는 예제를 살펴보자.

[예제 1] 반복문과 숫자 리스트 변수 활용하기

```
num=[10,15,20,25,30]
sum=0
for i in num :
    if i%2==0 :
        pass
    else :
        sum+=i
print("리스트 항목 홀수 번째 합계:{}".format(sum))
```

실행결과

```
리스트 항목 홀수 번째 합계:40
```

여기서 i 변수는 리스트 항목 요소를 가리키는 변수로 인덱스라고 하며, 리스트 변수 num에 저장된 인덱스는 num[0],num[1],num[2],num[3],num[4]와 같이 0부터 4까지 차례로 인덱스 값을 부여받아 항목의 위치 값을 가져올 수 있다.

> **Tip** 반복문 위치에서 리스트 변수 대신 직접 리스트 항목 값을 가져와서 사용할 수도 있다.
>
> ```
> for i in [10,15,20,25,30] :
>     :
>     :
> ```

이번에는 리스트에 기억된 숫자 항목 값을 반복문을 이용해 출력해 보자.

[예제 2] 반복문을 이용한 숫자 리스트 항목 값 출력하기

```
num=[10,15,20,25,30]
for i in num:
    print(i)
```

실행결과

```
10
15
20
25
30
```

저장된 항목의 인덱스 위치는 차례로 num[0]~num[4]와 같이 표현되지만 파이썬에서 인덱스 표시는 [] 대괄호를 통해 인덱스 값을 가리키기도 한다.

많은 실수를 하는 것 중의 하나가 print() 명령으로 저장된 리스트 값을 출력하기 위해 print(num[i])로 명령을 사용하게 되는데 이렇게 되면 에러가 발생한다. 기억된 리스트 항목 값을 출력하기 위해서는 print(i)만 사용하여도 리스트 변수에 기억된 항목을 가져와서 출력할 수 있다.

즉, 반복문 i 변수가 0~4까지 1씩 증가하면서 기억된 항목의 값을 가져오는 역할을 동시에 수행하게 되므로 리스트 항목을 올바르게 출력할 수 있다.

진단문제

숫자형 리스트 변수 num=[15,23,18,47,23]이 저장되어 있다. 각 항목 데이터에 따른 홀수 개수, 짝수 개수를 판별하여 출력하시오.

실행결과

```
홀수 개수 : 4개
짝수 개수 : 1개
```

문자 리스트 활용하기

이번에는 문자열 항목이 저장된 리스트를 다루어 보자. 문자열 항목이 str 리스트 변수에 아래와 같이 기억되어 있다. 글자의 개수가 5글자인 문자열 항목만 출력하는 예제를 실습해 보자. 참고로 문자열의 길이를 구하는 함수는 len()을 사용하도록 한다.

```
str=["Korea","Seoul","Incheon","Pusan","Jeju"]
```

[예제 3] 문자의 길이가 5인 문자열 출력하기

```
str=["Korea","Seoul","Incheon","Pusan","Jeju"]
for i in str:
    if len(i)==5 :    # 문자의 길이가 5면 출력
        print(i)
```

실행결과

```
Korea
Seoul
Pusan
```

진단문제

문자열 리스트 변수 strNum=["35","20","40","80","41"]에 각 문자열 숫자 항목이 기억되어 있다. 짝수 숫자에 대한 합계를 구하여 [실행결과]와 같이 출력하시오.

Hint: 문자열 숫자를 정수형 숫자로 변환하기 위한 함수는 int()이다.

실행결과

```
문자 숫자 합계:140
```

리스트 혼합 자료형 알아보기

리스트 혼합 자료형에 데이터 항목을 기억시키면 숫자 1과 True만 True로 기억된다.

```
숫자 1, True
```

또한, 다음과 같은 데이터는 모두 False로 기억된다.

0: 숫자 0(zero)
"korea": 문자열
"": 비어있는 문자열
" ": 공백만 있는 문자열
[]: 빈 리스트(list)
(): 빈 튜플(tuple)
{}: 빈 딕셔너리(dictionary)

자, 그럼 예제를 통해 혼합형 리스트에 다양하게 저장된 항목을 True와 False로 구분하여 출력해 보자.

[예제 4] 혼합형 리스트에 저장된 항목의 True와 False 구분하기

```
mixList=["korea",True,10,False,1,"20",[],"",["sbs",3]]
for i in mixList :
    if i==True :
        print(f"{i} is True")
    else :
        print(f"{i} is False")
```

실행결과

```
korea is False             # 문자열은 False
True is True
10 is False                # 10은 숫자이지만 1이 아니면 무조건 False
False is False
1 is True
20 is False                # 문자열 숫자 "20"도 False
[] is False
 is False
['sbs', 3] is False        # 리스트 자체 항목도 False
```

혼합 자료형으로 기억된 변수에는 숫자 1과 부울(bool) 연산자 True를 제외하고는 대부분 리스트에 기억된 데이터 자료형이 False로 출력된 것을 확인할 수 있다.

또한, 혼합 자료형의 자료형도 리스트가 맞는지 궁금하여 다음과 같이 type() 함수를 사용하여 확인해 보면 당연히 리스트 자료형임을 확인할 수 있다.

```
>>> type(mixList)
<class 'list'>
```

여기서 잠깐 **조건식으로 기억된 변수가 참(True)인지를 확인하고자 할 때**

만약 조건식에서 기억된 변수의 데이터 값이 True인지를 확인하고자 할 때 아래와 같이 두 가지 방식을 사용할 수 있다.

❶ if 변수 :
❷ if 변수 == True:

[예제 5]

```
a=10
b=20
result=a<b
if result :      # 기억된 result 변수가 True인지를 물음
  print(f"{b}이 {a}보다 크다")
```

실행결과

```
20이 10보다 크다
```

또한 조건식에 대해 `if result==True:`로 조건식을 작성하여도 동일한 결과를 얻을 수 있다.

진단문제

혼합형 리스트 항목을 mixList 변수에 기억시킨 후, 혼합형 리스트 항목이 True 데이터로 인식하는 항목만 출력하는 프로그램을 작성하시오.

```
mixList=["20", True, 1, 20, [],"seoul",""]
```

실행결과

```
True
1
```

8.2 리스트 데이터 활용하기

리스트는 배열과 비슷하게 여러 개의 항목을 한 곳에 모아서 리스트 변수에 저장하여 관리한다. 이번 절에서는 리스트 변수를 더욱더 편리하고 효율적으로 잘 다루기 위해 리스트 데이터 활용과 관련된 사용법을 살펴볼 것이다.

빈 리스트 만들기

가장 먼저 빈 리스트를 만들기 위해서는 항목이 없는 [] 빈 대괄호 기호를 사용하여 생성할 수 있다.

```
>>> numList = []
>>> numList              # 빈 리스트 확인
[]
```

Tip 또 다른 방법으로 빈 리스트 생성하기

빈 리스트를 다른 방법으로도 생성할 수 있는데 [] 대괄호를 사용하는 것이 아니라 내장함수인 list() 함수를 이용해도 생성이 가능하다.

```
>>> strList=list() # 내장함수 list() 함수를 이용하여 strList라는 이름으로 생성
>>> strList        # 빈 리스트 확인
[]
```

리스트 추가하기

방금 위에서 빈 리스트를 생성해 보았다.

생성된 리스트 변수에 항목을 추가하기 위해서는 append() 함수를 사용한다. append() 함수를 사용하게 되면 리스트 맨 끝에 새로운 항목을 추가할 수 있다. 항목을 추가하기 위해서는 객체로 추가하게 되는데 사용 방법은 .append() 함수를 이용하면 된다.

[예제 6]

빈 numList 리스트 변수에 숫자 5와 3을 추가해 보자.

```
>>> numList = []          # 빈 리스트
>>> numList.append(5)     # 항목 5 추가
>>> numList.append(3)     # 항목 3 추가
>>> numList               # 리스트 변수 확인
[5, 3]                    # 2개의 항목이 추가된 것을 확인할 수 있음
```

Tip 리스트에 항목 추가하기

빈 리스트에 항목을 추가하기 위해서는 객체이름.append(x) 함수를 사용하는데 append() 함수를 사용하게 되면 리스트 맨 끝에 항목이 새롭게 추가된다.

여기서 잠깐 .(점)의 의미는 무엇인가?

파이썬에서 리스트는 객체(object)에 속한다. 파이썬에서 사용하는 대부분은 객체로 볼 수 있으며 객체를 가지고 무엇인가를 입력하기 위해서는 객체이름. 함수이름을 연결하여 사용할 수 있다.

- 객체이름.함수명()

  ex) numList.append()

진단문제

현재 numList 리스트 변수에 숫자 항목 20을 추가해 보시오.

```
>>> numList=[5, 3]
>>> ______________________________
>>> numList
[5, 3, 20]
```

원하는 위치에 리스트 항목 삽입하기: insert()

앞에서 리스트 항목을 추가하는 방법을 배웠다. 이번에는 좀 더 다양하게 원하는 위치에 삽입하는 방법에 대해 알아보자. insert() 함수를 이용하여 항목의 위치 값을 주어 삽입이 가능한데 이때 항목의 위치 값을 인덱스라고 한다. 인덱스(index)는 0을 시작으로 저장된 순서대로 차례로 부여된 번호이다.

- 객체이름.insert(인덱스, 항목)

  ex) numList.insert(0, 30)　　　# 숫자 항목 30을 인덱스 0번째 위치에 삽입

[예제 7]

numList 리스트 변수 인덱스 0번째 위치에 숫자 항목 30을 삽입해 보자.

```
>>> numList.insert(0,30)
>>> numList
[30, 5, 3, 20]
```

[예제 8]

numList 리스트 변수 인덱스 2번째 위치에 숫자 항목 11을 삽입해 보자.

```
>>> numList.insert(2,11)
>>> numList
[30, 5, 11, 3, 20]
```

진단문제

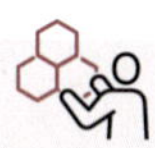

numList 리스트 변수 맨 뒤에 insert() 함수를 사용하여 숫자 항목 50을 삽입하시오.

```
>>> numList
[30, 5, 11, 3, 20]
>>> ____________________
>>> numList
[30, 5, 11, 3, 20, 50]
```

저장된 리스트 변수 가져와서 합치기: extend()

파이썬에서 extend() 함수는 기존 리스트 변수에 다른 리스트 변수 항목의 데이터 값을 가져와서 연결하고자 할 때 사용한다.

이때 저장된 리스트 변수 항목을 합치는 방법을 두 가지 예제를 통해 살펴보자.

❶ numA 리스트 변수에 [1,2,3], numB 리스트 변수에 [10,20,30]을 각각 저장한 후, 더하기 연산자(+)를 이용하여 두 개의 리스트를 하나로 합쳐서 새로운 리스트를 만들 수 있다.

[예제 9] numA 리스트 변수와 numB 리스트 변수를 새로운 리스트 변수 numC에 생성하기

```
>>> numA=[1,2,3]
>>> numB=[10,20,30]
>>> numC=numA+numB
>>> numA
[1, 2, 3]
>>> numB
[10, 20, 30]
>>> numC
[1, 2, 3, 10, 20, 30]
```

❷ 이번에는 numC와 같은 새로운 변수를 생성하지 않고 기존 numA 리스트 변수에 다른 리스트 변수 numB를 연결하여 가져올 수 있는데 파이썬 내장함수 extend() 함수를 이용하면 된다.

- 객체이름.extend(리스트 변수)

ex) numA.extend(numB)   # numA 리스트 변수에 numB를 가져와서 numA 리스트 변수를 확장

[예제 10] numA 리스트 변수에 numB 리스트 변수를 가져와서 numA 리스트 변수 확장하기

```
>>> numA.extend(numB)
>>> numA
[1, 2, 3, 10, 20, 30]
```

진단문제

num1 리스트 변수와 num2 리스트 변수에 각 숫자 항목이 저장되어 있다. num1에 num2 항목을 가져와서 num1 리스트 변수 항목을 확장하시오.

```
>>> num1 = [5,10,15]
>>> num2 = [20,25,30]
>>> ____________________
>>> num1
[5, 10, 15, 20, 25, 30]
```

리스트 삭제하기

파이썬에서는 저장된 리스트 항목을 언제든지 인덱스를 통해서 원하는 위치의 항목을 삭제 가능하며, 직접 항목 값을 입력해서 삭제도 가능하다. 뿐만 아니라 특정한 범위를 슬라이싱으로 삭제할 수도 있고 리스트 변수 자체를 삭제할 수도 있다.

리스트 삭제하기: pop()

pop() 함수는 리스트 변수의 마지막 항목 값을 삭제할 수 있으며, del 함수처럼 인덱스를 통해 특정 위치 값을 삭제할 수도 있다.

- 객체이름.pop()

  ex) cityList.pop() # cityList 리스트 변수 마지막 항목 값을 취득한 후 삭제

- 객체이름.pop(인덱스)

  ex) cityList.pop(2) # cityList 리스트 변수 인덱스 2번째 위치에 해당하는 항목 값을 삭제

[예제 11]

cityList=["서울","부산","제주","대구","대전"] 문자열 리스트 변수에서 마지막 항목인 "대전"을 삭제해 보자.

```
>>> cityList=["서울","부산","제주","대구","대전"]
>>> cityList
['서울', '부산', '제주', '대구', '대전']
>>> cityList.pop()          # 마지막 항목 값 대전을 취득한 후 삭제
'대전'
>>> cityList                # 마지막 항목 값이 삭제된 것을 확인할 수 있음
['서울', '부산', '제주', '대구']
```

[예제 12]

cityList 문자열 변수에서 1번 인덱스 위치 값 항목을 삭제해 보자.

```
>>> cityList
['서울', '부산', '제주', '대구']
>>> cityList.pop(1)         # cityList 1번 인덱스 위치 값 "부산" 항목을 취득한 후 삭제
'부산'
>>> cityList                # "부산"이 삭제된 것을 확인할 수 있음
['서울', '제주', '대구']
```

진단문제

cityList 리스트 변수에 남아있는 항목 ['서울', '제주', '대구']에서 인덱스 0번 항목을 삭제하시오.

```
>>> cityList
['서울', '제주', '대구']
>>> ________________
'서울'
>>> cityList
['제주', '대구']            # "서울"이 삭제된 것을 확인할 수 있음
```

리스트 삭제하기: del

del 키워드는 저장된 리스트에서 인덱스를 사용하여 원하는 위치의 항목을 삭제할 수 있다. 저장된 항목 값을 동시에 여러 개 지우고 싶다면, 슬라이싱 범위를 지정하여 삭제가 가능하다. 또한 리스트 변수명을 입력하여 리스트 변수 및 항목을 동시에 삭제할 수도 있다.

- del 객체[인덱스]

  ex) del movieList[2]   # movieList 리스트 변수 2번째 항목 값을 삭제

- del 리스트 변수명

  ex) del movieList   # movieList 리스트 변수 항목 및 리스트 변수를 동시에 삭제

- del 리스트 변수명[슬라이싱]

  ex) del movieList[슬라이싱]   # movieList 리스트 변수 항목에서 범위를 지정하여 동시에 여러 항목 값을 삭제

[예제 13]

movieList 문자열 변수에서 인덱스 2번째 값을 삭제해 보자.

```
>>> movieList=["스파이더맨","원더우먼","아이언맨","아쿠아맨","블랙팬서"]
>>> movieList
['스파이더맨', '원더우먼', '아이언맨', '아쿠아맨', '블랙팬서']
>>> del movieList[2]                         # 2번째 인덱스 값을 삭제
>>> movieList
['스파이더맨', '원더우먼', '아쿠아맨', '블랙팬서'] # 2번째 인덱스 값이 삭제됨을 확인할 수 있음
```

Tip del과 pop 함수 차이

- del은 'del 객체[인덱스]'로 접근하여 삭제하지만, pop() 함수는 '객체.pop(인덱스)'로 접근하여 삭제한다.
- 이때 주의할 점은 del은 인덱스 사용 시 [] 대괄호를 사용하지만 pop은 () 소괄호를 사용하여 삭제하는 사용법 차이가 있다.

[예제 14]

movieList 항목 및 리스트 변수 movieList를 동시에 삭제해 보자.

```
>>> movieList
['스파이더맨', '원더우먼', '아쿠아맨', '블랙팬서']
>>> del movieList          # movieList 변수 자체를 삭제함으로 항목도 동시에 삭제됨
>>> movieList              # 삭제가 이미 되었으므로 movieList를 사용하면 에러가 발생함
Traceable (most recent call last):
  File "<paschall#52>", line 1, in <module>
    movieList
NameError: name 'movieList' is not defined
```

[예제 15]

numList=[1,2,3,4,5,6,7,8,9,10] 리스트 변수에서 del 명령을 이용하여 범위를 지정해서 항목을 삭제해 보자.

```
>>> numList=[1,2,3,4,5,6,7,8,9,10]
>>> del numList[8:]              # 8번째 항목 이후 모두 삭제
>>> numList
[1, 2, 3, 4, 5, 6, 7, 8]         # 8번째 이후 항목이 모두 삭제되었음
>>> del numList[:4]              # 처음부터 4번째 항목까지 모두 삭제
>>> numList
[5, 6, 7, 8]                     # 처음부터 4번째까지 1, 2, 3, 4 항목이 모두 삭제되었음
>>> del numList[1:2]             # 1번째 인덱스부터 2번째 위치 값을 삭제
>>> numList
[5, 7, 8]                        # 1번째 인덱스에서 2번째 위치 값이 삭제되었음
>>> del numList[-1]              # -1을 주게 되면 맨 뒤에서 첫 번째 항목을 삭제
>>> numList
[5, 7]                           # 맨 뒤에서 한 개의 항목이 잘 삭제되었음
```

여기서 잠깐 **슬라이싱(slicing)이란?**

- 파이썬에서 슬라이싱(slicing)이란 저장된 문자열, 리스트, 튜플과 같은 객체에서 범위를 지정하여 해당 항목 값을 추출하여 가져오는 표기법을 말한다.
- 즉, 범위를 지정하게 되면 지정된 범위의 항목 값을 추출하여 값을 가져올 수 있다. 리스트 슬라이싱은 다음 절에서 자세히 다룰 것이다.

모든 항목을 한꺼번에 삭제하기: clear()

clear() 함수는 리스트 내의 모든 항목을 한꺼번에 삭제할 수 있다. 이때 항목 값만 삭제되고 리스트 변수는 빈 리스트로 남아있다.

- 객체.clear()

  ex) colorList.clear()　　　　# colorList 리스트 변수의 모든 항목 값을 한꺼번에 삭제

```
>>> colorList=["빨강","주황","노랑","초록","파랑"]
>>> colorList
['빨강', '주황', '노랑', '초록', '파랑']
>>> colorList.clear()
>>> colorList
[]                  # 모든 항목 값이 삭제되었으므로 빈 리스트만 보여짐
```

진단문제

리스트 변수 carList=["소나타","그랜저","아반떼","제네시스","엘란트라"] 항목에서 5번째 항목 값, 맨 뒤에서 2번째 항목 값을 삭제한 후, carList 변수도 삭제하시오.

```
>>> carList=["소나타","그랜저","아반떼","제네시스","엘란트라"]
>>> ________________________________________
>>> carList
['소나타', '그랜저', '아반떼', '제네시스']
>>> ________________________________________
>>> carList
['소나타', '그랜저', '제네시스']
>>> ________________________________________
>>> carList
Traceback (most recent call last):
  File "<pyshell#57>", line 1, in <module>
    carList
NameError: name 'carList' is not defined
```

어떤 위치에 있든지 항목 값으로 직접 삭제하기: remove()

파이썬에서 remove() 함수는 리스트 변수 내의 항목의 값이 어느 위치에 있든지 해당 항목 값을 검색하여 항목 값이 존재하면 삭제하는 함수이다. 이때 동일한 항목 값이 여러 개 있을 경우에는 항목 값 중 앞에 있는 데이터 하나만 삭제된다.

- 객체이름.remove("항목")

  ex) fruitList.remove("수박") # fruitList 리스트 변수에서 "수박" 항목만 삭제

[예제 16]

fruitList 리스트 변수에서 "수박" 항목을 삭제해 보자.

```
>>> fruitList=["딸기","참외","수박","복숭아","바나나","수박"]
>>> fruitList.remove("수박")
>>> fruitList
['딸기', '참외', '복숭아', '바나나', '수박']
```

진단문제

fruitsList 리스트 변수에서 "딸기" 항목을 검색하여 삭제하시오.

```
>>> fruitList
['딸기', '참외', '복숭아', '바나나', '수박']
>>> ______________________________
>>> fruitList
['참외', '복숭아', '바나나', '수박']            # 딸기 항목이 삭제되었음
```

리스트 슬라이싱(slicing)

파이썬에서 슬라이싱(slicing)은 리스트에서 한 번에 여러 개의 항목을 범위를 지정하여 추출하는 기법으로 문자열, 리스트, 튜플과 같은 객체로부터 데이터 값을 가져올 수 있다. 리스트를 추출하기 위해서는 [] 대괄호 안에 숫자와 콜론 기호(:)를 이용한다.

리스트 항목 접근하기

슬라이싱을 학습하기 전에 리스트 항목을 자유롭게 이용할 수 있도록 인덱스를 이용하여 리스트 항목에 접근하는 방법부터 살펴본 후, 슬라이싱을 학습하는 것이 훨씬 효과적이다.

```
# 우선 alphaList 리스트 변수에 문자열 항목을 기억시키자.
>>> alphaList = ['a', 'b', 'c', 'd', 'e', 'f', 'g', 'h']
```

앞에서도 살펴보았듯이 기억된 항목에 접근하기 위해서는 인덱스로 항목 값을 색인하게 되는데 이때 [] 대괄호를 사용하게 된다. 왼쪽에서 오른쪽 방향으로 인덱스를 사용하고자 할 때는 양수를, 오른쪽에서 왼쪽 방향으로 인덱스를 사용하고자 할 때는 음수를 표시한다. 왼쪽에서 인덱스를 부여하고자 할 때 시작 값은 항상 0이다.

인덱스 \ 항목	a	b	c	d	e	f	g	h
양수(좌 → 우)	0	1	2	3	4	5	6	7
음수(우 ← 좌)	−8	−7	−6	−5	−4	−3	−2	−1

[예제 17]

문자열 항목을 alphaList=['a','b','c','d','e','f','g','h']에 저장한 후, 인덱스로 접근하여 해당 위치에 맞는 항목 값을 출력해 보자.

```
>>> alphaList=['a','b','c','d','e','f','g','h']    # 문자열 항목을 alphaList
                                                     리스트 변수에 저장
>>> alphaList
['a', 'b', 'c', 'd', 'e', 'f', 'g', 'h']
>>> alphaList[0]                                    # 1번째 항목 출력
'a'
>>> alphaList[1]                                    # 2번째 항목 출력
'b'
>>> alphaList[-1]                                   # 오른쪽에서 1번째 항목 출력
'h'
>>> alphaList[-2]                                   # 오른쪽에서 2번째 항목 출력
'g'
```

진단문제

alphaList=['a','b','c','d','e','f','g','h']에 문자열을 기억시킨 후, 왼쪽에서 5번째 항목 값과 오른쪽에서 5번째 항목 값을 접근해 보시오.

```
>>> alphaList
['a', 'b', 'c', 'd', 'e', 'f', 'g', 'h']
>>> ______________________
'e'
>>> ______________________
'd'
```

리스트 슬라이싱(slicing)

파이썬 리스트에서 원하는 범위를 지정하여 추출하기 위해서는 인덱스 번호를 사용한다.

이때 범위에 대한 슬라이싱 항목 개수를 가져오기 위해 왼쪽에서는 1부터 개수를 카운터하여 지정하고, 오른쪽에서는 0부터 개수를 카운터하여 항목 범위를 지정 할 수 있다.

- 리스트 변수명[시작 : 종료 : 간격]

```
리스트 슬라이싱 방법은 다음과 같다.
리스트 변수명[:]                    # 처음부터 끝까지
리스트 변수명[시작:]                # 시작 위치부터 끝까지
리스트 변수명[:종료]                # 처음부터 종료-1 인덱스까지
리스트 변수명[시작 : 종료]          # 가장 많이 사용하는 방법으로 시작부터 종료-1 인덱스까지
리스트 변수명[시작 : 종료 : 간격]   # 시작 인덱스부터 종료 인덱스까지 간격을 두어 슬라이싱
```

[예제 18]

alphaList=['a','b','c','d','e','f','g','h']에 알파벳 문자열을 저장한 후, 슬라이싱을 통해 특정 범위에 해당하는 데이터 값을 동시에 추출해 보자.

❶ 시작 위치부터 끝까지 가져오기 : alphaList[0:]

```
>>> alphaList=['a','b','c','d','e','f','g','h']
>>> alphaList[0:]                # 인덱스 0, 즉 시작 위치 1부터 끝까지
['a', 'b', 'c', 'd', 'e', 'f', 'g', 'h']
```

❷ 시작 위치부터 특정 위치까지 가져오기 : alphaList[0:5]

```
>>> alphaList[0:5]               # 인덱스 0, 즉 시작 위치 1부터 시작해서 5개 항목까지
['a', 'b', 'c', 'd', 'e']
```

❸ 사용자가 지정한 범위 : alphaList[3:7:2]

```
>>> alphaList[3:7:2]          # 인덱스 3부터 7개 항목까지 2씩 간격을 두며 슬라이싱
['d', 'f']
```

진단문제

alphaList=['a','b','c','d','e','f','g','h']에 알파벳 문자열을 기억시킨 후 ❶ 왼쪽 → 오른쪽 방향, ❷ 오른쪽 → 왼쪽 방향으로 슬라이싱 방법을 사용하여 ['c', 'd', 'e', 'f'] 문자 범위를 추출하시오.

```
>>> alphaList
['a', 'b', 'c', 'd', 'e', 'f', 'g', 'h']
>>> ____________________          # ❶ 왼쪽 → 오른쪽 방향
['c', 'd', 'e', 'f']
>>> ____________________          # ❷ 오른쪽 → 왼쪽 방향
['c', 'd', 'e', 'f']
```

리스트 데이터 정렬하기

파이썬에서 리스트, 튜플, 딕셔너리 등에 저장된 데이터를 순서에 의해 정렬해주는 함수 sort()는 크게 오름차순과 내림차순이 있으며 리스트 변수에 저장된 데이터 항목을 원하는 순서로 정렬할 수 있다.

- 오름차순(Ascending): 작은 값에서 큰 값 순으로 정렬
- 내림차순(Descending): 큰 값에서 작은 값 순으로 정렬
- 리스트 변수.sort(): 작은 값에서 큰 값 순으로 오름차순 정렬

여기서 잠깐 숫자와 알파벳 오름차순 정렬

리스트 숫자 항목 오름차순은 음수, 0, 양수 순으로 작은 값에서 큰 값 순으로 정렬된다.

리스트 알파벳 항목 오름차순은 대문자 알파벳 A, B, C, D, E..가 먼저 나오고 나중에 알파벳 소문자 a, b, c, d, e.. 순으로 정렬된다.

리스트 오름차순 정렬하기: 작은 값에서 큰 값

[예제 19]

numList=[43, 12, 3, 7, 72, 25]에 저장된 숫자 항목을 오름차순으로 정렬해 보자.

```
>>> numList=[43, 12, 3, 7, 72, 25]
>>> numList.sort()
>>> numList
[3, 7, 12, 25, 43, 72]
```

진단문제

strLIst 문자열 변수에 알파벳 항목을 기억시킨 후, 오름차순으로 정렬하시오.

```
>>> strList=['K','C', 't', 'E', 'b', 'a', 'M']
>>> ____________________
>>> strList
['C', 'E', 'K', 'M', 'a', 'b', 't']
```

리스트 내림차순 정렬하기: 큰 값에서 작은 값

이번에는 리스트에 저장된 항목을 내림차순으로 정렬해 보도록 하자. 내림차순으로 정렬하기 위해서는 리스트 변수.sort 명령을 입력한 후, 추가 옵션으로 (reverse= True)를 주게 되면 리스트에 저장된 항목을 내림차순으로 정렬할 수 있다.

- 리스트 변수.sort(reverse=True): 큰 값에서 작은 값 순으로 내림차순 정렬

여기서 잠깐 **리스트 변수.sort() 키(key) 값과 옵션**

리스트 변수.sort() 함수 내에는 원래 기본적인 키(key) 값 필드를 사용하도록 되어있다. 주로 키 값 사용은 중첩 리스트나 튜플에서 사용하므로 단일 리스트 변수에는 따로 키 값을 주는 경우는 없다. 또한 오름차순과 내림차순에 대한 차순 옵션도 생략은 되어있지만 기본적으로 reverse=False로 되어 있으므로 오름차순 정렬을 수행하게 된다.

다중 리스트나 튜플에서는 여러 개의 필드 값을 가지고 있는데 key(키) 값의 위치를 key=lambda x:x[1]과 같이 지정할 수도 있다. key 값에 필드를 지정하는 방법은 9장에서 다루도록 한다.

- 새 리스트 변수 생성=sorted(리스트 변수, key=lambda x: x[1], reverse=True)
  #1번째 키 기준으로 내림차순

[예제 20]

리스트 변수 num = [15, 6, 3, 9, 11]에 숫자 정수 항목을 아래와 같이 기억시킨 후, 내림차순 정렬을 수행해 보자.

```
>>> num = [15, 6, 3, 9, 11]
>>> num.sort(reverse=True)  # sort() 함수에 옵션 reverse=True를 추가, 내림차순 정렬
>>> num                     # 출력을 통해 숫자 항목이 내림차순으로 정렬된 것을 확인할 수 있음
[15, 11, 9, 6, 3]
```

여기서 잠깐 리스트 항목 순서 뒤집기

리스트 내림차순 정렬과 함수명이 비슷해서 reverse() 함수와 혼동할 수 있다.

reverse() 함수는 리스트에 저장된 항목의 순서를 역으로, 즉 거꾸로 뒤집는 함수로 이해하면 되며, 차이점은 다음과 같다.

```
>>> num = [15, 6, 3, 9, 11]
>>> print("숫자 리스트:",num)
숫자 리스트: [15, 6, 3, 9, 11]
>>> num.reverse()                           # 리스트에 저장된 항목을 거꾸로 변환
>>> print("숫자 리스트 역순 출력:",num)
숫자 리스트 역순 출력: [11, 9, 3, 6, 15])    # 리스트 num 변수에 거꾸로 출력됨
```

진단문제

리스트 변수 numList = [11,23,5,7,15,9,8]에 숫자 정수 항목이 기억되어 있다.

[실행결과]와 같이 출력되도록 프로그램을 작성하시오.

실행결과

```
정렬 전: [11, 23, 5, 7, 15, 9, 8]
--------------------------------
정렬 후: [23, 15, 11, 9, 8, 7, 5]
```

리스트 항목 길이 순으로 정렬

리스트 항목 값들이 길이에 따라 정렬이 가능하다. 이때 항목에 대한 데이터 값은 문자열로 정의되어야 하며, 정렬할 때는 `sorted()` 함수에서 `key=len`을 지정해주면 된다.

문자열을 길이를 기준으로 정렬할 때는 짧은 순서대로 정렬하기 위해서는 오름차순으로 `reverse=False` 옵션을 추가하면 되고, 문자열 길이가 긴 순서대로 정렬하기 위해서는 `reverse=True` 옵션을 주도록 한다.

```
새로운 리스트변수 = sorted(리스트변수, key=len, reverse=True)
```

[예제 21]

자, 그럼 book 리스트 변수에 문자 항목을 저장한 후, 문자열 길이가 긴 순으로 정렬해 보도록 하자.

```
book=["Java", "Python","C","SQL","Pascal"]
bookLen=sorted(book, key=len, reverse=True)
for i in bookLen :
   print(i)
```

실행결과

```
Python
Pascal
Java
SQL
C
```

리스트 복제하기

파이썬을 사용하다보면 복사의 필요성을 느끼게 된다. 막연하게 리스트 변수를 만들어서 이것을 그대로 새로운 변수에 할당시켜 사용하는 경우가 있고, `list()` 함수를 이용하여 리스트 변수를 생성하는 두 가지 방법이 있다. 두 가지 방법에 대해 어떤 차이점이 있는지 알아보도록 하자.

리스트 복사: 변수를 할당시켜 복사

우리가 앞에서 파이썬의 변수 개념을 학습할 때 데이터의 할당을 배웠다. 마찬가지로 리스트 변수 복제도 우측에 있는 리스트 변수를 왼쪽에 대입 또는 할당함으로써 가볍게 리스트 복제를 할 수 있다.

설명한 대로 복사할 때 listB=listA와 같은 형식을 사용하여 복사하게 되면, 변수가 생성되어 복사는 되지만 나중에 원하지 않는 결과가 발생할 수 있으므로 주의가 필요하다.

무슨 말인지 이해가 안 되고 의문이 생길 수 있다. 예를 들어 만약 listB=listA와 같은 복사 형식을 사용했다면 listA와 listB 이름을 가진 2개의 리스트 변수와 실제 리스트 1개만 존재하는 개념이다. 즉, 할당을 통해서 리스트를 복사한 경우, 만약 listB를 수정했다면 문제가 발생할 수 있는데 이에 대해서 다음 예제를 통해 알아보도록 하자.

[예제 22]

num=[10,15,20,30,35] 리스트 변수를 copyNum이라는 새로운 리스트 변수에 할당을 통해서 복사를 한 후, 인덱스 3의 데이터 값을 수정하면 어떠한 결과가 일어나는지 살펴보자.

```
>>> num=[10,15,20,30,35]
>>> copyNum=num                # num을 copyNum에 할당하여 그대로 복사
>>> num
[10, 15, 20, 30, 35]           # 현재 복사가 되었으므로 num과 copyNum 항목은 동일함
>>> copyNum
[10, 15, 20, 30, 35]

>>> num[3]=25                  # num 리스트 변수 3번 인덱스 위치에 25 숫자 항목을 수정
>>> num
[10, 15, 20, 25, 35]           # 25 숫자 항목이 잘 수정되었음을 확인
>>> copyNum                    # 그런데 이때 copyNum도 확인해 보았으나 25 숫자 항목이
[10, 15, 20, 25, 35]             copyNum에도 동시에 반영되었음을 확인함
```

어찌된 일일까? num과 copyNum은 같은 메모리 주소를 참조하고 있는 같은 객체이기 때문에 실제로 num과 copyNum과 같은 2개의 리스트 변수가 존재하지만 실제적으로 하나의 리스트 변수만 존재하는 결과이다.

리스트 복사: list() 함수를 이용

자, 이번에는 위에서 실습해 본 메모리를 동시에 참조하는 방식이 아니라 복사가 된 후에도 메모리를 독립적으로 운영하기 위한 복사 방법에 대해 알아보자. 리스트 복사는 list() 함수를 이용하는 방법을 사용한다. 이 방법은 메모리 주소를 참조하고 있는 것이 아니기 때문에 리스트 변수를 복사하더라도 각각의 기억 공간에 데이터 값을 따로 기억하게 되므로 앞서 학습한 리스트 복사 방법과는 메모리 공유 부분에서 차이가 있다.

[예제 23]

score=[90,85,100,75,95] 리스트 변수에 숫자 항목을 대입시켜 저장한 후, 내장함수 list()를 이용하여 리스트 변수를 복사하고, 새로운 값을 추가해 보자. 그리고 어떤 변화가 있는지 살펴보자.

```
>>> score=[90,85,100,75,95]
>>> copyScore=list(score)        # list()함수를 이용하여 score 리스트 변수를 복사
>>> copyScore.append(100)        # 복사된 copyScore 리스트 변수에 데이터 하나를 추가함
>>> copyScore
[90, 85, 100, 75, 95, 100]       # 데이터가 잘 추가되었음
>>> score
[90, 85, 100, 75, 95]            # score 변수를 출력하여 확인했더니 데이터가 추가되지 않았음
```

list() 함수를 이용하여 리스트 변수를 복사한 후, 새로운 값을 추가했더니 해당 변수에만 데이터 항목이 추가될 뿐이고 원래 리스트 변수에는 추가되지 않았다.

즉, list() 함수를 이용하여 복사본을 생성한 경우는 동일한 메모리를 참조하고 있지 않았음을 확인할 수 있다.

여기서 잠깐 list() 함수 사용과 같은 할당 복사

내장함수 list()는 리스트를 받아서 별도의 공간에 저장하는 또 다른 리스트 변수 복사본을 생성할 수 있다. 독립적인 리스트 복사를 위해 listB=listA[:] 명령을 사용하게 되면, list() 내장함수와 동일한 방식의 복사본을 얻을 수 있다.

```
>> a=[1,3,5]
>>> b=a[:]
>>> a
[1, 3, 5]
>>> b
[1, 3, 5]
>>> b.append(55)
>>> a
[1, 3, 5]
>>> b
[1, 3, 5, 55]
```

진단문제

color=['yellow', 'green', 'pink', 'red'] 문자열 리스트 변수를 생성한 다음, copyColor라는 새로운 리스트 변수에 할당을 통해서 복사하고 실행결과와 같이 0번 인덱스에 "white"로 수정한 후, 복사된 copyColor 리스트 변수, color 변수가 동일한 메모리를 참조하여 수정이 이루어졌는지 실습하시오.

```
>>> color=['yellow', 'green', 'pink', 'red']
>>> copyColor=color
>>> ______________________________
>>> copyColor                        # 잘 수정되었음
['white', 'green', 'pink', 'red']
>>> color                            # color 리스트 변수에도 잘 수정되어 참조 메모리 사용
['white', 'green', 'pink', 'red']
```

요점정리

1. 파이썬은 저장 형태에 따라 숫자형 데이터 항목, 문자열 데이터 항목, 숫자와 문자열 혼합형 데이터 항목과 같은 여러 형태의 다양한 자료 항목을 저장할 수 있다.

2. 저장된 형태의 데이터 타입을 알기 위해서는 type() 함수를 사용한다.

3. 파이썬에서 인덱스(index)는 위치 값을 가리키며, 인덱스 위치는 무조건 앞에서부터 0을 시작으로 번호가 시작된다.

4. 문자열의 길이를 구하는 함수는 len()을 사용한다.

5. 대표적인 자료형의 형태는 다음과 같다.

   ❶ []: 빈 리스트(list)
   ❷ (): 빈 튜플(tuple)
   ❸ {}: 빈 딕셔너리(dictionary)

6. 리스트는 배열과 비슷하게 여러 개의 항목을 한 곳에 모아서 리스트 변수에 저장하여 관리한다.

7. 리스트 변수에 항목을 추가하기 위해서는 append() 함수를 사용하는데, append() 함수를 사용하면 리스트 변수 맨 뒤에 항목이 추가된다.

8. 파이썬에서 extend() 함수는 기존 리스트 변수에 다른 리스트 변수 항목의 데이터 값을 가져와서 연결하여 사용하고자 할 때 사용한다.

9. pop() 함수는 리스트 변수의 마지막 항목 값을 삭제할 수 있다.

10. del 키워드는 저장된 리스트에서 인덱스를 사용하여 원하는 위치의 항목을 삭제하거나, del 리스트 변수명을 입력하여 리스트 변수 자체를 삭제할 수도 있다.

11. 파이썬에서 슬라이싱(slicing)이란 저장된 문자열, 리스트, 튜플과 같은 객체에서 범위를 :(콜론)으로 지정하여 해당 항목 값을 추출하는 표기법을 말한다.

12. 파이썬에서 remove() 함수는 리스트 변수 내의 항목 값이 어느 위치에 있든지 직접 항목 값을 입력하여 해당 데이터를 삭제하는 함수이다.

13. 정렬(sort)하는 방식으로 두 가지가 있는데 오름차순과 내림차순 방법이다.

   ❶ 오름차순(Ascending): 작은 값에서 큰 값 순으로 정렬하는 방법

   ❷ 내림차순(Descending): 큰 값에서 작은 값 순으로 정렬하는 방법

14. 정렬을 위해서는 리스트 변수.sort() 함수를 이용하면 되는데 이때 정렬은 오름차순으로 진행된다.

15. 정렬을 내림차순으로 정렬하기 위해서는 리스트 변수.sort(reverse=True)로 추가 옵션을 지정하면 내림차순으로 정렬할 수 있다.

16. listB=listA로 리스트를 복사하게 되면 복사된 후, 메모리를 동시에 참조하므로 새로운 값을 추가하더라도 각각 다른 변수이지만 추가된 항목이 동시에 적용된다. 하지만 listB=list(listA)라는 리스트 함수 방법을 이용하게 되면 리스트를 복사하게 되는 것은 동일하지만, 메모리를 독립적인 공간으로 기억하기 때문에 리스트 변수 사용을 별도로 운영할 수 있다.

연습문제

1. 다음 명령을 수행한 후, 삭제되는 항목은? (　)

```
>>> words=["사랑","행복","희망","미소","봉사"]
>>> words.pop()
```

① 사랑　② 행복　③ 미소　④ 봉사

2. 다음 자료형과 관계된 괄호 사용이 옳지 않은 것은? (　)

① 리스트: []　② 튜플: ()
③ 딕셔너리: {}　④ 세트: <>

3. 다음과 같이 슬라이싱 명령을 수행했을 때 올바른 출력 결과는? (　)

```
>>> num=[1,2,3,4,5,6,7,8,9,10]
>>> num[5:]
```

① [1, 2, 3, 4, 5]　② [5, 6, 7, 8, 9]
③ [6, 7, 8, 9, 10]　④ [5]

4. 다음 중 특정 값을 제거하기 위해 직접 항목 값을 입력하여 삭제하는 함수는? (　)

① del　② remove　③ pop　④ clear

5. 다음 중 리스트 항목 값을 삭제하는 함수로 옳지 않은 것은? (　)

① del　② remove　③ pop　④ clear

6. 다음 중 리스트 대한 특징적 설명이 옳지 않은 것은? (　)

① 생성된 리스트는 언제든지 필요하면 특정한 항목을 삭제할 수 있다.
② 리스트는 슬라이싱 방법을 통해 항목 추출이 가능하다.
③ 빈 리스트를 생성하기 위해 [] 대괄호를 사용하거나 내장함수 list()를 활용할 수 있다.
④ 리스트는 한 번 구성된 항목 값은 변경할 수 없다.

7. 리스트 변수 num에 아래와 같은 항목 값을 저장한 후, 각 해당 번호에 코드를 실행했을 때 수행에 대한 부분이 잘못 표시된 것은? ( )

```
>>> num=[1,2,3,4,5,6,7,8,9,10]
```

①
```
>>> num.insert(0,0)
>>> num
[0, 1, 2, 3, 4, 5, 6, 7, 8, 9, 10]
```

②
```
>>> del num(1)
>>> num
[1, 3, 4, 5, 6, 7, 8, 9, 10]
```

③
```
>>> num[:]
[1, 2, 3, 4, 5, 6, 7, 8, 9, 10]
```

④
```
>>> num.clear()
>>> num
[]
```

8. 다음 함수 중 기능적으로 다른 하나는? ( )

① append ② del ③ remove ④ pop

9. 다음 코드를 실행했을 때 ____ 밑줄 친 부분에 들어갈 올바른 코드는? ( )

```
>>> num=[11,3,5,7,9]
>>> ____________
>>> num
[9, 7, 5, 3, 11]
```

① num.sort() ② num.sort(reverse=True)
③ num.reverse() ④ num.sort(reverse=False)

10. 다음 코드를 실행했을 때 ____ 밑줄 친 부분에 들어갈 올바른 코드는? ( )

```
>>> num=[11,3,5,7,9]
>>> ________________
>>> num
[1, 3, 5, 7, 9]
```

① num[0]=1 ② num[1]=1 ③ num(0,1) ④ num(1,1)

수행평가

1. numList=[11,12,13,13,14,13,17,18,19] 숫자 항목이 numList 변수에 저장되어 있다. 리스트 변수 numList에 숫자 정수 13은 몇 개나 저장되어 있는지 항목 개수를 출력하시오.

Hint: 리스트 항목 개수를 구하는 함수는 count()이다.

실행결과

```
13 숫자 항목 개수=3
```

2. sports 리스트 변수에 다음과 같은 스포츠 브랜드를 append() 함수를 이용하여 추가시킨 후, 내림차순 정렬하여 출력하시오.

```
나이키, 아디다스, 퓨마, 휠라, 미즈노
```

실행결과

```
['휠라', '퓨마', '아디다스', '미즈노', '나이키']
```

3. flower=["장미","백합","튤립","국화","수선화"] 문자열 리스트 변수를 저장한 후, 꽃 이름이 "국화"인 경우 해당 항목을 삭제한 후 출력되도록 프로그램을 작성하시오.

실행결과

```
장미
백합
튤립
수선화
```

4. 3번 문제에서 flower=["장미","백합","튤립","수선화"]에서 "국화" 꽃이 사라졌는데 사라진 "국화" 꽃 위치에 "칸나", 마지막 항목 위치에 "아이리스" 꽃을 추가하여 [실행결과]와 같이 출력되도록 프로그램을 작성하시오.

실행결과

```
꽃 명: 장미
꽃 명: 백합
꽃 명: 튤립
꽃 명: 칸나
꽃 명: 수선화
꽃 명: 아이리스
```

5. flower=["장미","백합","튤립","국화","수선화"] 문자열 리스트 변수를 저장한 후, 문자열 길이가 3글자인 경우 [실행결과]와 같이 출력하는 프로그램을 작성하시오.

실행결과

```
수선화
```

6. city=["경주","부산","파주","대전","전주","진주","영주","남양주"] 문자열 변수를 저장한 후, 마지막 글자가 "주"로 끝나는 도시이면 [실행결과]와 같이 출력되도록 프로그램을 작성하시오.

Hint: 슬라이스 명령을 이용하여 마지막을 [-1]로 조건을 부여하여 글자가 "주"로 끝나면 출력되도록 한다.

실행결과

```
경주
파주
전주
진주
영주
남양주
```

7. globalCity=["시드니","뉴욕","벤쿠버","도쿄","상하이"]에 문자열 변수를 저장한 후, copyGlobal라는 이름으로 리스트 변수를 복사하는데 이때 복사된 리스트 변수의 0번째 위치에 "서울" 도시를 항목으로 삽입하도록 한다. 이때 복사된 리스트 변수와 원본 리스트 변수의 저장 공간이 별도의 공간으로 운용될 수 있도록 해당 복사본 copyGlobal 리스트 변수를 생성하여 [실행결과]와 같이 출력되도록 프로그램을 작성하시오.

Hint: 동시에 메모리 참조를 하지 않는 복사본 리스트 변수를 복사하기 위해 list() 함수를 이용하거나 또는 원본 리스트 변수[:]를 이용할 수 있다.

실행결과

```
** copyGlobal **
수정 전: ['시드니', '뉴욕', '벤쿠버', '도쿄', '상하이']
=================================================================
수정 후: ['서울', '시드니', '뉴욕', '벤쿠버', '도쿄', '상하이']

** globalCity **
수정 전: ['시드니', '뉴욕', '벤쿠버', '도쿄', '상하이']
=================================================================
수정 후: ['시드니', '뉴욕', '벤쿠버', '도쿄', '상하이']
```

8. 사용자로부터 숫자 정수 2개를 입력받아 두 수의 최대 공약수를 출력하고, 두 수에 대한 공약수를 리스트 자료형에 추가한 후, [실행결과]와 같이 출력하는 프로그램을 작성하시오.

실행결과

```
첫 번째 숫자: 12
두 번째 숫자: 8
두 숫자에 대한 공약수: [1, 2, 4]
12, 8의 최대 공약수=4
```

9. `numbers=[5, 7, 9, 12, 8]`에 숫자 항목이 저장되어 있다. 숫자 항목에 대한 합계와 평균을 구하도록 프로그램을 작성하시오. 단, 평균은 소수 둘째 자리까지 출력한다.

실행결과

```
합계=41
평균=8.20
```

10. `members=['송강호','손석구','강하늘','신동엽']`에 문자열 항목이 저장되어 있다. 사용자로부터 새로 가입한 회원 명단을 입력받아 리스트에 추가한 후, 오름차순 정렬하여 [실행결과]와 같이 출력하도록 프로그램을 작성하시오. 단, 새 회원 이름 입력에 'q'나 'Q'를 입력하면 입력은 종료하도록 한다.

실행결과

```
새 회원 이름 입력:최우식
새 회원 이름 입력:박소담
새 회원 이름 입력:q
회원 명단 출력: ['강하늘', '박소담', '손석구', '송강호', '신동엽', '최우식']
```

CHAPTER 09

자료형 2 (튜플, 다중 리스트, 딕셔너리, 세트)

학습목표

이번 장은 8장의 리스트에 이어 또 다른 자료형 단원으로 튜플, 딕셔너리, 세트에 대해 학습할 것이다. 우선 튜플(tuple)은 리스트와 비슷하게 여러 개의 항목 데이터를 차례로 묶어서 데이터를 저장할 수 있는데 자료 변경이 불가능하다는 특징이 있다. 딕셔너리(dictionary)는 key 값과 value 값으로 구성된 한 쌍의 매칭된 값으로 이루어진 자료형이다. 세트(set)는 리스트와 같이 여러 개의 데이터를 집합의 형태로 구성할 수 있지만 데이터의 중복을 허용하지 않는 특성이 있다.

학습목차

9.1 튜플 살펴보기

파이썬에서 튜플(tuple)은 리스트처럼 여러 개의 항목 데이터를 차례로 묶어서 데이터를 저장할 수 있다는 공통적인 특징이 있다. 반면에 리스트와 튜플의 가장 큰 차이점은 리스트는 자료 변경이 가능하고 튜플은 자료 변경이 불가능하다는 점이다. 또한 앞장에서 살펴본 대로 파이썬의 리스트는 `num=[1,2,3,4,5]`와 같은 구조로 항목이 저장되지만 튜플은 `num=(1,2,3,4,5)`과 같은 구조로 데이터 항목이 저장된다. 그러므로 데이터 변경이 잦은 전화번호와 같은 자료는 리스트를 이용하는 것이 좋고, 주민등록번호와 같이 변경되지 않고 사용하는 자료는 튜플을 사용하는 것이 좋다.

튜플 구조

튜플은 리스트와 유사하게 여러 데이터를 담을 수 있지만, 한 번 생성된 항목 자료를 변경할 수 없다는 특징을 갖고 있으므로 이를 잘 고려하여 튜플을 생성해야 한다. 튜플은 아래와 같은 구조를 가진다.

```
튜플 변수=(항목1, 항목2, 항목3...)
```

여기서 잠깐 **튜플에서 데이터 변경이 불가능한 이유가 있을까?**

튜플에서 데이터 변경이 불가능한 가장 중요한 이유는 신뢰성 보장이다. 예를 들어 우리가 일상생활에서 사용하는 주민등록번호나 학번과 같은 고유한 키값을 가진 키가 이름이나 주소와 같은 데이터와 연결되어 사용되는 경우가 대부분이다. 그런데 만약, 누군가가 소중한 주민등록번호나 학번 등을 취득하여 다른 쪽으로 이를 악용하면 큰 일이 발생하게 된다. 즉, 주민등록번호처럼 고유한 키 값을 가진 정보가 함부로 변경되면 개인정보와 같은 데이터 처리에 있어서 문제가 발생할 수 있을 뿐만 아니라 데이터 관리에 큰 혼란을 초래할 수 있다. 이와 같이 데이터가 변경이 되지 않도록 하여 업무적인 자료 처리에 있어서도 효율성과 신뢰성을 보장하기 위함이 가장 큰 이유이다.

튜플 변수

파이썬에서 튜플은 항목에 대한 데이터 값을 하나의 자료형으로 저장하여 사용할 수도 있지만, 저장 형태에 따라 숫자형 데이터 항목, 문자열 데이터 항목, 숫자와 문자열 혼합형 데이터 항목, 튜플 자체를 튜플 안에 포함하는 중첩 튜플 등 다양하게 저장할 수 있다.

튜플은 간단하게 () 소괄호를 사용하여 튜플 생성을 초기화 할 수도 있고, 리스트 형태로 만들어진 자료형을 tuple() 함수를 사용하여 튜플로 전환하여 편리하게 사용할 수 있다.

하지만, 튜플은 처음 생성한 이후로 변경이 되지 않기 때문에 항목 데이터는 초기화할 때 주로 생성해야만 한다.

```
❶ numList = ()                                    # 빈 튜플 생성
❷ numList = (10, 20, 30)                          # 숫자 튜플 변수
❸ strList=("SBS", "KBS", "MBC", "TVN", "ICON")    # 문자열 튜플 변수
❹ milxList = (10, "KBS", 120.15, (1,2,3))         # 혼합형 튜플 변수
```

자, 그럼 지금부터는 예제를 통해 여러 가지 방법으로 튜플 생성에 대해 알아보자.

[예제 1]

빈 튜플을 생성하는 예제이다. 빈 튜플 생성 이후, 데이터 추가는 어렵지만 튜플 이용은 가능하다.

```
>>> num=()
>>> num
()
```

Tip 튜플은 리스트와는 다르게 빈 튜플을 생성한 후 append(), insert() 함수를 이용하여 데이터 추가가 불가능하며, sort(), clear(), extend() 함수도 사용할 수 없다.

[예제 2]

튜플을 생성할 때 () 소괄호를 생략할 수 있다.

```
>>> num=1,2,3
>>> type(num)
<class 'tuple'>
```

튜플 생성하기

() 소괄호를 생략하여 항목을 만든 후, 튜플 변수 num에 저장하긴 하였는데, 이것이 튜플이 맞는지 궁금할 수 있다. 이때 type() 함수를 이용하여 데이터 유형을 살펴보니 튜플(tuple)로 확인된 것을 확인할 수 있다.

[예제 3]

이번에는 정확하게 () 소괄호를 사용하여 튜플을 생성해 보도록 하자.

```
>>> num1=(1,2,3)
>>> type(num1)
<class 'tuple'>
```

[예제 4]

이번 예제는 매우 중요한 예제 실습이다. 먼저 리스트 변수를 만든 후, 파이썬 내장함수 tuple()을 사용하여 튜플을 생성하는 경우이다.

```
>>> str=["a","b","c"]
>>> str1=tuple(str)
>>> type(str1)
<class 'tuple'>
```

Tip tuple() 함수는 리스트를 튜플 자료형으로 변경할 수 있으며, list() 함수는 튜플을 리스트로 변경하여 변경이 불가능한 자료를 변경하기 위해 사용한다.

중첩 튜플

튜플은 다중 리스트처럼 중첩 튜플이 가능하다. 즉, 소괄호 안에 소괄호를 사용하면 된다. 중첩 튜플에 접근하기 위해서는 두 개의 [][] 인덱스를 사용하여 접근할 수 있다.

[예제 5]

튜플 항목에 또 다른 튜플을 포함하여 중첩 튜플 생성이 가능하다.

```
>>> mixStr=(1,2,3,("a","b","c"))
>>> type(mixStr)
<class 'tuple'>
```

위 실습에서 튜플 안에 또 다른 튜플 항목이 포함 가능한 것을 확인할 수 있었다.

튜플 1개 생성하기

튜플 1개를 만들 때에는 튜플변수= (1,)처럼 값을 넣고 반드시 끝에 콤마(,)를 함께 넣어야 한다.

[예제 6]

튜플 1개를 생성해 보자. 아래와 같이 입력하면 에러가 발생하게 되는데 그 이유도 함께 이해해 보자.

```
>>> num=(1)             # 튜플 1개 항목을 만들 때 ,(콤마) 생략 시 숫자 정수로 인식됨
>>> type(num)
<class 'int'>
```

앗! 어찌된 영문인지 자료 항목을 1개만 사용하고 튜플 생성을 한 후, 자료 유형을 살펴봤더니 int, 즉 숫자 정수로 표시되었다. 결론적으로 말하면 1개의 항목만 사용하게 되면 튜플 생성이 안 되므로 반드시 ,(콤마)를 함께 넣어 주어야 한다.

> **Tip** 튜플을 작성할 때 항목을 1 또는 (1)과 같이 작성하게 되면, 파이썬에서는 1이라는 숫자 정수로 인식되므로 반드시 (1,)과 같이 마지막에 ,(콤마)를 넣어 주어야 튜플로 생성할 수 있다. 하지만 2개 이상의 항목인 경우에는 마지막에 ,(콤마)를 사용하지 않는다.

위 예제를 num1=(1,)로 수정하였더니 제대로 튜플 자료형으로 변경되는 것을 확인할 수 있다.

```
>>> num1=(1,)           # 튜플로 1개의 항목을 만들 때 반드시 ,(콤마)까지 사용해야 함
>>> type(num1)
<class 'tuple'>
```

진단문제

튜플 변수 num = (1,3,3,5,7,7,3,3)에 숫자 항목을 기억시킨 후, 숫자 3에 대한 개수를 구하도록 실습을 진행하시오.

Hint: 개수를 구하는 함수는 count()이다.

```
>>> num = (1,3,3,5,7,7,3,3)
>>> ______________________
4
```

튜플 활용하기

파이썬에서 튜플은 변경할 수 없다는 특징을 가지고 있지만, 리스트로 변환하여 내용 변경을 하면 충분이 가능하다. 그럼 다양한 튜플 활용 방법을 알아보고 실습해 보도록 하자.

여기서 잠깐 파이썬에서 튜플 변경이 가능하다고요?

원칙적으로 말하면 파이썬에서 튜플 변경은 불가능하다. 하지만 파이썬에서 이를 잘 응용하여 활용할 수 있도록 만들어져있다. 튜플 항목을 우선적으로 아래와 같은 방법을 이용하면 충분히 파이썬에서도 튜플 변경이 가능하다.

먼저 생성된 튜플을 리스트로 변환한 후, 원하는 항목을 추가, 삽입 또는 수정할 수 있다. 그런 다음 tuple() 함수를 이용하여 다시 튜플로 전환시키면 데이터 변경이 가능하다.

튜플 항목 변경해 보기

[예제 7]

flower=("들국화","채송와","봉선화","맨드라미","해바라기") 튜플 변수에 꽃 이름 항목을 저장한 후, 오타가 발생한 "채송와"를 "채송화"로 수정해 보도록 하자.

```
>>> flower=("들국화","채송와","봉선화","맨드라미","해바라기")
>>> flower[1]="채송화"
Traceback (most recent call last):
   File "<pyshell#19>", line 1, in <module>
      flower[1]="채송화"
TypeError: 'tuple' object does not support item assignment
```

예제 실습을 통해 살펴봤듯이 튜플이 가지고 있는 특징 때문에 기존 항목을 수정할 수 없었다.

[예제 8]

문제에 대한 부분을 해결하기 위해서 우선적으로 리스트로 변경을 한 후, 해당 꽃이름을 "채송화"로 수정하고, 다시 tuple() 함수를 이용하여 튜플로 전환시키는 방법을 실습해 보자.

```
>>> listFlower=list(flower)              # 튜플을 list() 함수를 이용하여 리스트로 변환
>>> listFlower                           # 리스트 항목을 출력함
['들국화', '채송와', '봉선화', '맨드라미', '해바라기']
>>> listFlower[1]="채송화"               # 리스트 상태에서 1번째 인덱스를 "채송화"로 수정함
>>> flower=tuple(listFlower)             # 리스트를 tuple() 함수를 이용하여 튜플로 변환
>>> flower                               # 성공적으로 튜플로 전환되었고 항목도 변경되었음
('들국화', '채송화', '봉선화', '맨드라미', '해바라기')
>>> type(flower)                         # 데이터 유형도 정확히 튜플로 표시되었음
<class 'tuple'>
```

튜플에서는 "채송와"를 "채송화"로 바꾸는 것이 불가능하므로 list() 함수를 이용하여 리스트 자료형으로 변환한 후, listFlower[1]="채송화"로 변경하였다. 그런 다음 tuple() 함수로 변환하면 변경이 불가능한 튜플 자료도 변경할 수 있다는 것을 알 수 있었다.

Tip 문자열도 tuple() 함수를 이용하면 쉽게 튜플 변환이 가능하다.

```
>>> strTuple=tuple("파이썬프로그래밍")
>>> strTuple
('파', '이', '썬', '프', '로', '그', '래', '밍')
```

튜플 항목 추가해 보기

튜플에서 바로 항목을 추가할 수 없으므로 항목 추가도 마찬가지로 list() 함수를 이용하여 먼저 리스트로 변환한 후, append() 함수를 이용하여 항목을 추가하고, 다시 tuple() 함수를 이용하여 튜플로 전환하면 항목 추가가 가능하다.

[예제 9]

이번에는 flower 튜플에 새로운 항목 "민들레" 꽃을 추가해 보자.

```
>>> listFlower=list(flower)
>>> listFlower.append("민들레")
>>> listFlower
['들국화', '채송화', '봉선화', '맨드라미', '해바라기', '민들레']
>>> flower=tuple(listFlower)
>>> flower
('들국화', '채송화', '봉선화', '맨드라미', '해바라기', '민들레')
>>> type(flower)
<class 'tuple'>
```

진단문제

튜플 변수 italy=("라자냐","파스타","스파게티","피자","피렌체")에 항목 데이터를 저장한 후, "피자" 항목을 제거하도록 아래 실습을 진행하시오.

```
>>> italy=("라자냐","파스타","스파게티","피자","피렌체")
>>> ________________________________
>>> ________________________________
>>> foodList
['라자냐', '파스타', '스파게티', '피렌체']
>>> italy=tuple(foodList)
>>> italy
('라자냐', '파스타', '스파게티', '피렌체')
```

Hint: 튜플은 변경이 불가능하기 때문에 특정 항목만 삭제하는 것은 불가능하다. 우선적으로 리스트로 변환 후, remove() 함수를 사용하여 삭제한다. 그런 다음, tuple() 함수로 리스트를 튜플로 전환하도록 한다.

Tip 튜플 변수를 항목과 함께 완전히 삭제하기 위해서는 del 함수를 사용하여 쉽게 삭제할 수 있다.

```
>>> del italy        # 튜플 변수 italy를 삭제
```

튜플 슬라이싱으로 추출해 보기

이번에는 리스트처럼 튜플에서도 슬라이싱을 통해 항목 데이터를 추출해 보도록 하자. 사용 방법은 리스트와 같이 :(콜론)과 인덱스(index)를 이용하여 추출 범위를 지정하면 된다.

> Tip 튜플도 리스트나 문자열과 같이 [] 대괄호를 사용하여 특정 항목을 인덱스하거나 특정 구간 범위를 지정하여 자료를 추출하기 위해서 슬라이싱(slicing)이 가능하다.

[예제 10]

튜플 변수 num=(1,2,3,4,5,6,7,8,9,10)에 숫자 항목들을 기억한 후, 리스트와 같이 필요한 항목들을 슬라이싱할 수 있다.

```
>>> num=(1,2,3,4,5,6,7,8,9,10)
>>> num[:]                          # 전체 항목 슬라이싱
(1, 2, 3, 4, 5, 6, 7, 8, 9, 10)
>>> num[2]                          # 인덱스 2번째
3
>>> num[0:3]                        # 인덱스 0부터 3번째 항목까지
(1, 2, 3)
>>> num[-1]                         # 인덱스 -1로 뒤에서 1번째 인덱스
10
>>> num[-6:8]                       # 인덱스 뒤에서 6번째, 앞에서 숫자 1부터 8번째까지
(5, 6, 7, 8)
```

여기서 잠깐 튜플에서 리스트처럼 여전히 사용이 가능해요!

파이썬 튜플에서도 여전히 리스트에서 사용하는 명령들이 동일하게 사용할 수 있다.

❶ 튜플 항목 길이 구하기: len() 함수

```
>>> str=("a","korea","mbc")
>>> len(str)
3
```

❷ 튜플 항목 내 포함된 항목 개수 구하기: count() 함수

```
>>> fruits=("apple","banana","strawberry","mango","apple","apple")
>>> fruits.count("apple")
3
```

❸ 튜플과 튜플 합치기: + 연산자

```
>>> a=("a","b","c")
>>> b=("x","y","z")
>>> c=a+b
>>> c
('a', 'b', 'c', 'x', 'y', 'z')
```

❹ 항목 값 반복 출력: * 연산자

```
>>> s1=("서울","부산")
>>> s1*2
('서울', '부산', '서울', '부산')
```

❺ 튜플 내 항목 값 존재 여부 확인(존재하면 True 리턴): in 연산자

```
>>> italy=("라자냐","파스타","스파게티","피자","피렌체")
>>> italy
('라자냐', '파스타', '스파게티', '피자', '피렌체')
>>> "파스타" in italy
True
```

진단문제

튜플 변수 num=(11,12,13,14,15)에 숫자 항목을 기억시킨 후, 반복문을 이용하여 튜플에 기억된 데이터 값을 출력하는 실습을 진행해 보시오.

```
>>> for i in range(len(num)) :
        ____________________

11
12
13
14
15
```

9.2 파이썬 다중 리스트

이번 학습에서는 2차원 다중 리스트를 배우고 앞 절에서 다루었던 튜플에 대한 부분도 다중 리스트와 연결해서 활용하는 내용을 함께 학습할 것이다. 또한 다중 리스트 방식에서 자주 이용되는 파이썬 sorted() 함수와 앞 단원에서 학습한 sort() 함수의 차이점에 대한 특징을 학습한 뒤 다중 리스트에서 효율적으로 활용하는 방법도 함께 학습한다.

특히, sorted() 함수는 다중 리스트 튜플에서 key(키) 값 인자로 lambda 함수를 이용하게 되는데 이 key 값의 위치에 따라 정렬을 결정하게 되며, 정렬 결과가 리턴되면 새로운 리스트 변수로 저장된다.

sorted() 함수

파이썬에서 사용하는 2번째 정렬이다. 이번 sorted() 내장함수는 앞서서 학습한 sort() 함수와는 다르게 다른 언어에서 사용되는 2차원 배열과 유사한 다중 리스트 정렬에서 주로 많이 사용된다.

그럼 sort() 함수와 sorted() 함수의 차이점에 대해서 알아보자. 리스트에서 다루었던 sort() 정렬 함수는 튜플에서는 사용이 불가능하지만 sorted() 함수 사용은 가능하다는 것이다. 반면에 리스트에서는 sort() 함수와 sorted() 함수 모두 사용이 가능하다. 그리고 sorted() 함수의 가장 큰 특징은 리스트나 튜플에서 항목을 오름차순과 내림차순으로 선택하여 정렬이 가능한 것이다. 하지만 정렬되어 리턴 된 결과를 반드시 새로운 튜플 변수로 생성하여야만 사용할 수가 있다.

오름차순, 내림차순으로 정렬 후 새로운 리스트 변수에 저장하기

```
새로운 리스트 변수=sorted(리스트 변수, reverse=True)
```

[예제 11]

리스트 변수 num=[12,15,8,4,9]에 숫자 정수 항목이 기억되어 있다. 오름차순 정렬된 결과를 newNum에 저장 후, 저장된 결과를 출력해 보자.

```
>>> num=[12,15,8,4,9]
>>> newNum=sorted(num)
>>> newNum
[4, 8, 9, 12, 15]
```

[예제 12]

이번에는 정렬에 옵션 reverse=True를 추가하여 내림차순으로 정렬해 보자.

```
>>> newNum2=sorted(num, reverse=True)
>>> newNum2
[15, 12, 9, 8, 4]
```

Tip sorted() 함수의 정렬 옵션을 reverse=True로 옵션을 변경하게 되면 내림차순 정렬이 된다. 기본 값은 False이며 내림차순을 오름차순으로 다시 되돌리고 싶다면 reverse=False를 지정하면 된다.

lambda() 함수를 사용하여 key(키) 값을 기준으로 정렬하기

```
새로운변수=sorted(리스트 변수, key=lambda x:x[0], reverse=True)
```

주로 다중 리스트 튜플에서 여러 개의 필드 값을 가지고 있다면 key(키) 값을 인사 값으로 시정하여 lambda() 함수 key(키) 값 옵션을 지정할 수 있다.

key=lambda x:x[0]의 의미는 다중 리스트에서 key(키) 값 0번째 인자에 대한 값을 지정하여 정렬을 하라의 의미이다.

lambda 함수는 1차 리스트에서는 많이 사용하지 않지만, lambda() 함수를 1차원에서 사용하고자 한다면 key(키) 값 기준은 무조건 key=lambda x:x[0]로 지정해야 한다.

또한 마지막에 정렬 차순을 지정할 수 있는데 reverse=True로 옵션을 추가하여 지정하면 내림차순 정렬이 되고 생략하면 오름차순 정렬이 된다.

[예제 13]

리스트 변수 language=["Java","Python","R","C","Pascal","SQL"]에 문자열 항목을 저장한 후, lambda 함수를 사용하여 key 값을 지정하고, 오름차순으로 정렬한 후, 새로운 리스트 변수 newLanguage에 저장해 보자.

```
>>> language=["Java","Python","R","C","Pascal","SQL"]
>>> newLanguage=sorted(language, key=lambda x:x[0], reverse=False)
>>> newLanguage
['C', 'Java', 'Python', 'Pascal', 'R', 'SQL']
```

정렬에 대한 기본 값은 오름차순인 False이므로 reverse=False는 주로 생략하여 사용한다.

[예제 14]

이번에는 reverse=True라고 지정하여 내림차순으로 정렬한 후, 새로운 리스트 변수 newLanguage1에 저장해 보자.

```
>>> newLanguage1=sorted(language, key=lambda x:x[0], reverse=True)
>>> newLanguage1
['SQL', 'R', 'Python', 'Pascal', 'Java', 'C']
```

> **Tip** 한 줄로 나열되어 항목이 저장되어 있는 1차원 리스트는 사실상 lambda 함수의 key(값) 사용이 큰 의미가 없다. 왜냐하면 lambda 함수는 다중 리스트에서 key 값을 인자로 지정하여 정렬을 지정하는 옵션이기 때문이다.

진단문제

튜플 변수 num=(20,30,15,31,23)에 숫자 항목이 저장되어 있다. 오름차순으로 정렬하여 항목 값을 출력한 후, 합계도 출력하도록 프로그램을 작성하시오.

실행결과

```
15
20
23
30
31
합계:119
```

다중 리스트와 튜플

리스트를 사용할 때 한 줄(행)로만 구성된 것을 1차원 리스트, 행과 열로 구성된 리스트를 2차원 리스트라고 한다. 2차원 리스트 구조는 다음과 같다.

0행 0열	0행 1열	0행 2열
1행 0열	1행 1열	1행 2열
2행 0열	2행 1열	2행 2열

다중 리스트, 튜플, 리스트 튜플

- 다중 리스트 = [[값, 값], [값, 값], [값, 값]]
- 다중 튜플 = ((값, 값), (값, 값), (값, 값))
- 다중 리스트 튜플 = ([값, 값], [값, 값], [값, 값])

만약, numList = [[10, 20], [30, 40], [50, 60]]에 2차원 리스트로 저장되어 있는 경우 다중 리스트 구성은 3행 2열로 구성되어 있다고 한다. 또한 저장된 자료를 인덱스로 위치 값을 다음과 같이 구분할 수 있다.

```
0행 0열은 10,
0행 1열은 20,

1행 0열은 30,
1행 1열은 40,

2행 0열은 50,
2행 1열은 60
```

[예제 15]

그럼 numList 다중 리스트 변수에 항목 값을 입력하여 알아보도록 보자.

```
>>> numList = [[10, 20], [30, 40], [50, 60]]
>>> numList
[[10, 20], [30, 40], [50, 60]]
>>> type(numList)
<class 'list'>
```

앞의 numList에 저장된 2차원 리스트에 인덱스로 접근하기 위해서는 다음과 같다.

```
• 리스트[행][열]
• 리스트[행][열] = 값        # 데이터 값을 특정한 위치로 저장
```

[예제 16]

numList에 저장된 위치 값을 입력하여 출력해 보자.

```
>>> numList[0][0]        # 0행 0열 인덱스 위치 값
10
>>> numList[1][1]        # 1행 1열 인덱스 위치 값
40
>>> numList[2][0]        # 2행 0열 인덱스 위치 값
50
```

[예제 17]

numList 인덱스 2행 0열에 10, 2행 1열에 100으로 데이터 항목 값을 각각 할당해 보자.

```
>>> numList[2][0]=10
>>> numList[2][1]=100
>>> numList
[[10, 20], [30, 40], [10, 100]]
```

[예제 18]

그럼 for 문을 이용하여 다중 리스트를 출력해 보자.

```
>>> numList = [[10, 20], [30, 40], [10, 100]]
>>> for i, j in numList:
   print(i, j)

10 20
30 40
10 100
```

[예제 19]

이번에는 외부 for, 내부 for 중첩 반복문을 사용하여 다중 리스트를 출력해 보자.

```
>>> numList = [[10, 20], [30, 40], [10, 100]]
>>> for i in numList:      # 외부 리스트에서 항목을 출력 : 행에 해당
	for j in i:            # 내부 리스트에서 항목을 출력 : 열에 해당
		print(j, end=" ")
	print()

10 20
30 40
10 100
```

[예제 20]

numList = [[10, 20], [30, 40], [10, 100]] 변수를 range를 사용하여 다중 리스트 길이만큼 반복 사용하여 다중 리스트를 출력해 보자. 이때 출력에 대해서는 행에 해당하는 외부 for, 열에 해당하는 내부 for를 동시에 출력하여 진행한다.

```
>>> numList = [[10, 20], [30, 40], [10, 100]]
>>> for i in range(len(numList)) :        # 외부 리스트에서 항목을 출력 : 행에 해당
	for j in range(len(numList[i])) :     # 내부 리스트에서 항목을 출력 : 열에 해당
		print(numList[i][j], end=" ")
	print()

10 20
30 40
10 100
```

진단문제

다중 리스트 튜플에 저장된 아래 데이터를 [실행결과]와 같이 출력하도록 프로그램을 작성하시오.

```
student=[
	("인터넷","이정재","010-123-1234", 90),
	("미디어","전지현","010-123-4560", 80),
	("정통과","송혜교","010-123-2244", 100),
	("컴퓨터","김소현","010-123-3355", 85),
	("국문과","강하늘","010-123-7890", 95)
]
```

실행결과

```
학 과 이 름    연락처      점수
인터넷 이정재 010-123-1234 90
미디어 전지현 010-123-4560 80
정통과 송혜교 010-123-2244 100
컴퓨터 김소현 010-123-3355 85
국문과 강하늘 010-123-7890 95
```

다중 리스트 튜플 정렬하기

다중 리스트 튜플에서 여러 개의 필드 값을 가지고 있다면 key(키) 값의 위치를 lambda() 함수 키 인자 값으로 지정할 수 있다.

[예제 21]

다중 리스트 튜플 book = [("Java", 15000),("Python", 25000), ("C", 18000), ("Java",19000)]에서 lambda 함수 key 값을 1번째 인자 값(도서대금)을 내림차순으로 정렬한 후 출력해 보자.

```
book = [("Java", 15000),("Python", 25000), ("C", 18000), ("Java",19000)]
newBook=sorted(book, key=lambda x:x[1], reverse=True)
for i,j in newBook:
    print("{}\t{}".format(i,j))
```

실행결과

```
Python 25000
Java   19000
C      18000
Java   15000
```

key=lambda x:x[1]의 의미는 다중 리스트 튜플에서 key(키) 값 1번째 인자에 대한 값, 즉 도서대금을 기준으로 정렬을 지정할 수 있다.

진단문제

다중 리스트 튜플에 저장된 아래 데이터를 점수 기준 내림차순으로 [실행결과]와 같이 출력하도록 프로그램을 작성하시오.

```
student=[
      ("인터넷","이정재","010-123-1234", 90),
      ("미디어","전지현","010-123-4560", 80),
      ("정통과","송혜교","010-123-2244", 100),
      ("컴퓨터","김소현","010-123-3355", 85),
      ("국문과","강하늘","010-123-7890", 95)
]
```

실행결과

```
학  과 이  름    연락처     점수
정통과 송혜교 010-123-2244 100
국문과 강하늘 010-123-7890 95
인터넷 이정재 010-123-1234 90
컴퓨터 김소현 010-123-3355 85
미디어 전지현 010-123-4560 80
```

9.3 딕셔너리

파이썬에서 딕셔너리(dictionary)는 key와 value가 한 쌍으로 이루어진 자료형으로, 리스트나 튜플과 같이 순차적으로 해당 값을 요구하는 것이 아니라 임의적으로 입력된 key 값을 참조하여 매칭되는 해당 value 값을 탐색하여 가져오는 자료형이다.

딕셔너리 구조

딕셔너리에 key 값과 value 값을 이용하기 위해 아래와 같은 딕셔너리 구조를 갖는다.

```
딕셔너리 변수={key1:value1, key2:value2 … }
```

딕셔너리 변수={key1:value1, key2:value2 … }와 같이 {} 중괄호를 사용하며, key 값을 설정할 때는 변하지 않는 고유한 값을 사용하고, value 값 설정은 변하는 값과 변하지 않는 값 모두를 사용할 수 있다.

그럼 아래 예제 실습을 통해 profile 딕셔너리 변수에 key 값으로 name, gender, age를 설정하고, 각 key에 해당하는 value(값)에는 "홍길동", "남", 20을 매칭시켜 항목을 저장해 보자. 이때 딕셔너리에서 각 key는 데이터베이스의 필드(field)와 같고, value 값은 필드에 속하는 내용과 같은 개념으로 이해하면 좋을 것이다.

[예제 22]

딕셔너리 변수 profile={"name":"홍길동", "gender:":"남", "age":20}에 각 key(키)와 이에 매칭되는 value(값)를 포함하여 저장해 보자.

```
>>> profile={"name":"홍길동", "gender:":"남", "age":20}
>>> profile
{'name': '홍길동', 'gender:': '남', 'age': 20}
>>> type(profile)
<class 'dict'>
```

빈 딕셔너리 만들기

먼저 빈 딕셔너리를 {} 중괄호를 이용하여 생성한 후, 나중에 key, value는 얼마든지 추가할 수 있다.

[예제 23]

먼저 grade란 이름으로 빈 딕셔너리를 생성해 보자.

```
>>> grade={}
>>> type(grade)
<class 'dict'>
```

딕셔너리에 데이터 항목 추가하기

생성된 grade에 key, value를 동시에 추가하여 할당할 수 있는데 '딕셔너리[key] = value'와 같은 방법으로 key와 value를 하나의 쌍으로 추가할 수 있다.

[예제 24]

아래와 같이 key, value를 한 쌍으로 딕셔너리 grade에 추가해 보자.

key(키)	value(값)
아이키	90
박보검	95
유아인	80
전지현	100
송중기	90

```
>>> grade["아이키"]=90
>>> grade["박보검"]=95
>>> grade["유아인"]=80
>>> grade["전지현"]=100
>>> grade["송중기"]=90
>>> grade
{'아이키': 90, '박보검': 95, '유아인': 80, '전지현': 100, '송중기': 90}
```

key 값을 검색하여 value 값 찾기

입력된 딕셔너리에서는 언제든지 딕셔너리[key]를 입력하여 할당된 값을 찾을 수 있다.

[예제 25]

딕셔너리 grade에서 key 값에 "전지현"을 입력하여 할당된 value(값)를 찾아보도록 하자.

```
>>> grade["전지현"]
100
```

key 값을 검색하여 value 값 변경하기

할당된 value(값)는 언제든지 '딕셔너리[key] = 수정할 value'를 통해서 변경할 수 있다.

[예제 26]

grade 딕셔너리에 key "유아인"에 할당된 value를 85점으로 변경해 보자.

```
>>> grade["유아인"]=85
>>> grade
{'아이키': 90, '박보검': 95, '유아인': 85, '전지현': 100, '송중기': 90}
```

유아인 점수가 85점으로 잘 변경된 것을 확인할 수 있다.

딕셔너리 출력하기

이번에는 딕셔너리에 입력된 key와 value 항목 값들을 다양하게 출력하여 자유롭게 데이터를 활용할 수 있도록 충분히 연습해야 한다.

```
>>> grade           # 현재 grade 딕셔너리 변수의 key 값에 value 값이 할당되어 있음
{'아이키': 90, '박보검': 95, '유아인': 85, '전지현': 100, '송중기': 90}
```

딕셔너리 key 값만 출력하기

딕셔너리에 입력된 key 값만 출력하기 위해서는 딕셔너리변수.keys() 함수를 이용하여 key 값만 출력할 수 있다.

[예제 27]

딕셔너리 변수 grade에서 딕셔너리 key 값만 출력해 보자.

```
>>> grade.keys()
dict_keys(['아이키', '박보검', '유아인', '전지현', '송중기'])
```

딕셔너리 value 값만 출력

딕셔너리 key에 할당된 value 값만 출력하기 위해서는 딕셔너리변수.values() 함수를 이용하여 value 값만 출력할 수 있다.

[예제 28]

딕셔너리 변수 grade에서 딕셔너리 value 값만 출력해 보자.

```
>>> grade.values()
dict_values([90, 95, 85, 100, 90])
```

key 값과 value 값 동시에 출력하기

딕셔너리 변수의 key에 할당된 value 값을 동시에 출력하기 위해서는 딕셔너리변수 .items() 함수를 이용하면 key, value 값을 동시에 출력할 수 있다.

[예제 29]

딕셔너리 변수 grade에서 딕셔너리 key, value 값을 동시에 출력해 보자.

```
>>> grade.items()
dict_items([('아이키', 90), ('박보검', 95), ('유아인', 85), ('전지현', 100), ('송중기', 90)])
```

[예제 30]

딕셔너리 변수 grade에서 반복문을 활용하여 key 값만 출력해 보자.

```
>>> for i in grade.keys() :
        print(i)
아이키
박보검
유아인
전지현
송중기
```

이때 반복문 변수 i가 key 값에 해당된다.

Tip 반대로 value 값만 출력하기 위해서는 range 위치에서 grade.values()를 변경한 후, print(i)를 출력하면 value 값을 출력할 수 있다.

```
for i in grade.values() :
    print(i)
```

[예제 31]

딕셔너리 변수 grade에서 반복문을 활용하여 key와 value 값도 함께 출력해 보자.

```
>>> for i in grade.keys() :
        print(i, grade[i])
아이키 90
박보검 95
유아인 85
전지현 100
송중기 90
```

이때 반복문에 의해 출력되는 딕셔너리[i]는 key 값에 대응되는 value 값이다.

get() 함수로 딕셔너리 value 출력하기

파이썬에서 딕셔너리[]로 접근하여 value 값을 얻고자 할 때 key 값이 없으면 에러가 발생한다. 이러한 문제에서 에러 발생이 되지 않도록 딕셔너리[]에 접근할 때 딕셔너리변수.get() 함수를 사용하면 key 값이 존재하지 않더라도 none 값을 반환하여 에러 발생을 피할 수 있다.

그럼 딕셔너리변수.get() 함수를 이용하여 실습해 보도록 하자.

```
grade={'아이키': 90, '박보검': 95, '유아인': 85, '전지현': 100, '송중기': 90}
```

[예제 32]

일부러 오타를 입력하여 key 값으로 "손중기"를 검색하여 보자. key 값이 존재하지 않으면 에러가 발생할 텐데, none 값으로 에러가 출력되지 않음을 확인할 수 있다.

```
>>> print(grade.get("손중기"))
None                          # 에러 메시지가 표시되지 않음
```

[예제 33]

반면에 딕셔너리 key 값 []로 접근하여 value 값을 얻고자 할 때 key 값이 없으면 에러가 발생한다.

```
>>> print(grade["손중기"])
Traceback (most recent call last):
  File "<pyshell#299>", line 1, in <module>
    print(grade["손중기"])
KeyError: '손중기'
```

딕셔너리 항목 삭제하기: clear()

딕셔너리에 저장된 항목을 딕셔너리이름.clear() 함수를 사용하여 모두 삭제할 수 있다. 이때 항목만 삭제되고 딕셔너리 변수는 남아있게 된다.

[예제 34]

딕셔너리 변수 grade에 저장된 모든 항목을 삭제해 보자.

```
>>> grade.clear()
>>> grade
{}
```

진단문제

딕셔너리 변수 grade={'아이키': 90, '박보검': 95, '유아인': 85, '전지현': 100, '송중기': 90}에 서 key 값에 할당된 value 값 항목에 대한 합계를 [실행결과]와 같이 출력하시오.

실행결과

```
아이키 90
박보검 95
유아인 85
전지현 100
송중기 90
==========
합  계:460
```

딕셔너리 활용하기

리스트를 딕셔너리로 변경하기

리스트로 각각 저장되어있는 리스트 변수를 딕셔너리로 변경하기 위해서는 dict() 함수와 zip() 함수를 허용하여 key 값과 value 값을 갖추는 딕셔너리 형식으로 매칭시켜 딕셔너리 형태의 자료형으로 변경할 수 있다.

이때 먼저 zip() 함수는 두 개의 리스트를 묶어서 새로운 리스트로 변환하는 역할을 하며 묶어진 두 리스트는 key, value로 사용되어질 기초 자료를 제공하게 된다. dict() 함수는 묶어진 리스트를 딕셔너리 자료형으로 변환시켜주는데, 이때 key, value는 완벽하게 딕셔너리에 사용될 수 있도록 key 값, value 값으로 변환하게 된다.

> Tip zip() 함수는 두 개의 리스트를 각 항목 요소 개수와 짝을 이루어 묶여진 뒤, 새로운 리스트를 생성하게 된다.

```
새로운 딕셔너리 변수 = dict(zip(key, value))
```

[예제 35]

리스트 변수 name=["이순신","강감찬","홍길동"]과 score=[80,90,100]에 각각 기억시킨 후, dict 함수와 zip 함수로 딕셔너리 형태의 자료형으로 변환하여 보자.

```
>>> name=["이순신","강감찬","홍길동"]
>>> score=[80,90,100]
>>> grade=dict(zip(name,score))
>>> grade
{'이순신': 80, '강감찬': 90, '홍길동': 100}
```

여기서 잠깐 두 개의 리스트가 서로 길이가 다르다면 어떻게 될까?

항목의 개수가 다른 두 개의 리스트에 zip() 함수를 적용하여 새로운 리스트로 묶고자 하는데 서로 길이가 다른 경우에는 길이가 작은 쪽에 맞추게 된다.

```
>>> num = [1, 2, 3]
>>> eng=["one","two","three","four","five"]
>>> newList=zip(num,eng)
>>> dicNum=dict(newList)
>>> dicNum
{1: 'one', 2: 'two', 3: 'three'}
```

다중 리스트 튜플을 딕셔너리로 변경하기

다중 리스트 튜플도 쉽게 딕셔너리로 변경할 수 있는데 이때도 dict() 함수를 사용한다.

[예제 36]

다중 리스트 튜플 KBO=[("두산","Bears"),("삼성","Lions"),("롯데","Giants"),("한화","Eagles")]를 딕셔너리로 변경해 보도록 하자.

```
>>> KBO=[("두산","Bears"),("삼성","Lions"),("롯데","Giants"),("한화","Eagles")]
>>> dictKBO=dict(KBO)
>>> dictKBO
{'두산': 'Bears', '삼성': 'Lions', '롯데': 'Giants', '한화': 'Eagles'}
>>> type(dictKBO)
<class 'dict'>
```

딕셔너리에 저장된 key 값만 리스트로 변환하기

딕셔너리에 저장된 grade에서 key 값만 추출하기 위해 list() 함수를 사용할 수 있다.

[예제 37]

딕셔너리 변수 grade={'이순신': 80, '강감찬': 90, '홍길동': 100}에서 key 값만 리스트로 변환하여 listGrade에 저장해 보자.

```
>>> grade={'이순신': 80, '강감찬': 90, '홍길동': 100}
>>> listGrade=list(grade)
>>> listGrade
['이순신', '강감찬', '홍길동']
```

딕셔너리 항목 한꺼번에 변경하기

딕셔너리 항목에서 수정할 사항이 있다면 update() 함수를 이용하여 수정이 가능하며 update() 함수는 여러 데이터의 값을 딕셔너리 형태로 변경할 수 있다.

[예제 38]

딕셔너리 변수 grade={'이순신': 80, '강감찬': 90, '홍길동': 100}에서 이순신과 강감찬의 점수를 각각 85점으로 value 값을 수정해 보자.

```
>>> grade
{'이순신': 80, '강감찬': 90, '홍길동': 100}
>>> grade.update({"이순신":85, "강감찬":85})
>>> grade
{'이순신': 85, '강감찬': 85, '홍길동': 100}
```

Tip 만약 딕셔너리에 value 값을 추가할 때 기존 key 값이 존재한다면 기존 value 값은 새로운 value 값에 의해 덮어쓰기(overwrite) 되어 새로운 값이 최종적으로 남게 된다.

```
>>> tmp={"a":123, "b":333, "c":1234}
>>> tmp.update({"c":444, "d":555})  # 기존 key 값 "c"는 새로운 value 값
                                      444로 남게 됨
>>> tmp
{'a': 123, 'b': 333, 'c': 444, 'd': 555}
```

진단문제

아래와 같이 각 리스트 변수에 항목 값들이 저장되어 있다.

```
desc=["노트","볼펜","연필","잉크","지우개"]
price=[3500,500,300,2500,1000]
```

두 리스트 변수를 이용하여 desc를 key 값으로, price를 value 값으로 묶어서 딕셔너리로 변경하는 프로그램을 작성하시오.

그리고 [실행결과]와 같이 변환된 딕셔너리를 출력하고, value 값을 내림차순으로 정렬하여 출력하시오.

Hint: 리스트 변수를 묶기 위해서는 dict(zip(desc,price))를 사용한다.

Hint: 딕셔너리 정렬을 하기 위해서는 sorted(딕셔너리.items(), key=lambda x:x[1], reverse=True)으로 value 값 기준 내림차순을 지정한다.

실행결과

```
딕셔너리 변환: {'노트': 3500, '볼펜': 500, '연필': 300, '잉크': 2500, '지우개': 1000}
노트    3500
잉크    2500
지우개  1000
볼펜    500
연필    300
```

9.4 세트

파이썬에서 세트(set)는 집합의 특징을 파이썬 자료구조로 만든 것으로, 리스트 같이 여러 개의 데이터를 집합의 형태로 넣을 수 있다.

세트 자료형의 핵심은 데이터의 중복을 허용하지 않으며, 데이터들 간의 순서가 없기 때문에 리스트나 튜플 자료형처럼 인덱싱이나 슬라이싱을 이용하여 데이터를 추출할 수 없다.

세트 구조

{} 중괄호를 이용하여 세트를 사용하는 방법은 다음과 같다.

빈 세트 만들기: set()

[예제 39]

set()를 이용하여 빈 세트를 생성해 보자.

```
>>> s=set()
>>> s
set()
>>> type(s)
<class 'set'>
```

[예제 40]

리스트 변수 s=[1,2,3]을 먼저 생성한 후, 리스트 변수를 파이썬 내장함수 set()를 이용하여 세트 자료형으로 변환하여 사용할 수도 있다.

```
>>> s=[1,2,3]
>>> s1=set(s)
>>> s1
{1, 2, 3}
>>> type(s1)
<class 'set'>
```

[예제 41]

세트 부호 {} 중괄호를 이용하여 세트를 생성해 보자.

```
>>> s={1,2,3}
>>> s
{1, 2, 3}
>>> type(s)
<class 'set'>
```

세트 연산 활용하기

세트 자료형은 집합 데이터를 다룰 때 아주 유용하게 사용된다. 다음과 같이 s1, s2 두 세트 집합에 대해 저장을 한 뒤 실습을 진행해 보도록 하자.

```
>>> s1={1,2,3,4,5}
>>> s2={4,5,6,7,8}
```

합집합: 두 집합 합치기(|)

합집합을 구할 때는 "|" 기호를 이용하여 구할 수 있다.

[예제 42]

s1, s2 두 집합에 대해 합집합을 구하여보자.

```
>>> s3=s1|s2
>>> s3
{1, 2, 3, 4, 5, 6, 7, 8}
```

s1, s2 두 집합의 모든 항목이 합쳐져서 새로운 집합이 만들어진 것을 볼 수 있다.

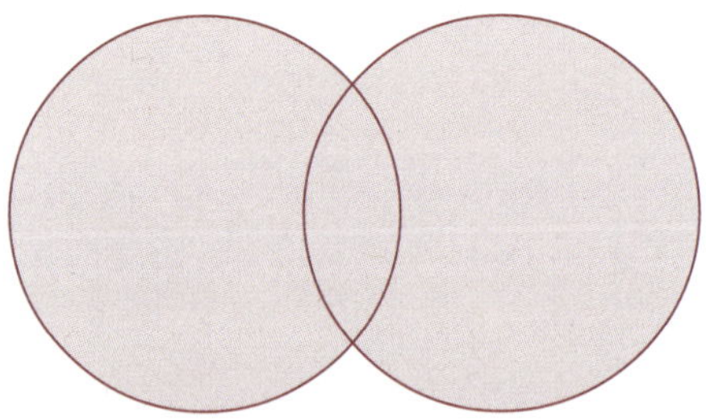

합집합

Tip 합집합 부호 "|" 대신 union() 함수를 사용해도 된다.

```
>>> s1.union(s2)
{1, 2, 3, 4, 5, 6, 7, 8}
```

교집합: 중복 데이터 추출하기(&)

교집합을 구할 때는 "&" 기호를 이용하여 교집합을 구할 수 있다.

[예제 43]

s1, s2 두 집합에 대해 교집합을 구하여보자.

```
>>> s3=s1&s2
>>> s3
{4, 5}
```

s1, s2 두 집합에서 공통적인 값 4, 5가 출력된 것을 확인할 수 있다.

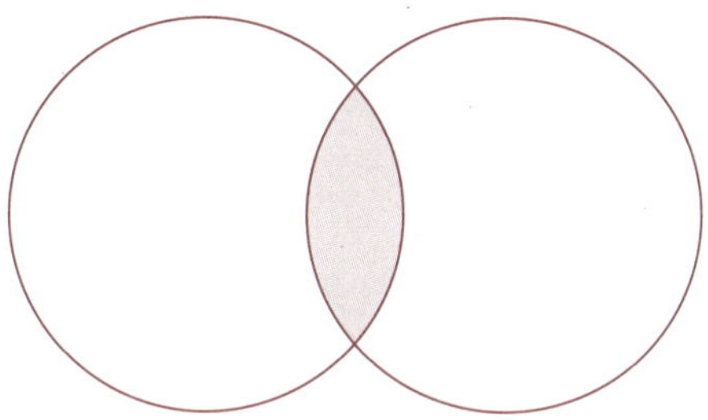

교집합

Tip 교집합 부호 "&" 대신 intersection() 함수를 사용해도 된다.

```
>>> s1.intersection(s2)
{4, 5}
```

차집합: 중복되는 데이터만 빼기(-)

순서가 바뀌어도 상관이 없는 합집합, 교집합과는 달리 차집합은 순서가 상관이 있다. 즉, 차집합을 구할 때는 "-" 기호를 이용해서 구할 수 있다.

[예제 44]

s1, s2 두 집합에 대해 s1-s2, 또는 s2-s1에 대해서 각 차집합을 구해보자.

```
>>> s3=s1-s2
>>> s3
{1, 2, 3}
>>> s4=s2-s1
>>> s4
{8, 6, 7}
```

s1-s2를 빼면 {1,2,3}으로, s2-s1을 빼면 {8,6,7}으로 각 세트에 대한 차집합 원소를 구할 수 있다.

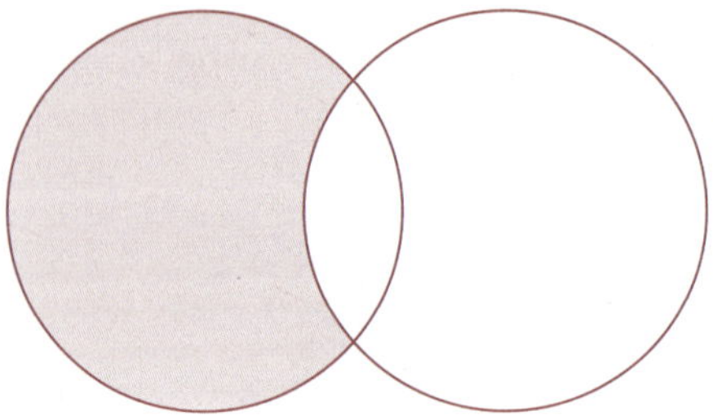

차집합

Tip 차집합 부호 "-" 대신 difference() 함수를 사용해도 된다.

```
>>> s1.difference(s2)
{1, 2, 3}
>>> s2.difference(s1)
{8, 6, 7}
```

대칭 차집합(^): 합집합(|) - 교집합(&)

s1, s2 두 집합의 합집합에서 s1, s2의 교집합을 뺀 대칭 차집합은 "^" 기호를 사용한다.

[예제 45]

(s1∪s2)-(s1∩s2)에 대한 대칭 차집합을 구해보자.

```
>>> s3=s1^s2
>>> s3
{1, 2, 3, 6, 7, 8}
```

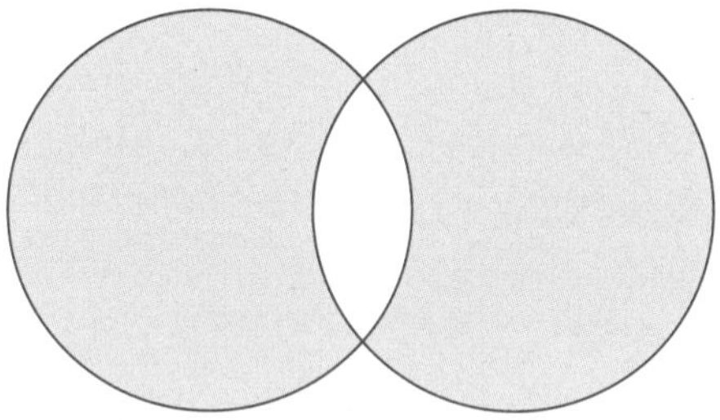

대칭 차집합

(s1∪s2) = {1, 2, 3, 4, 5, 6, 7, 8}

(s1∩s2) = {4, 5}

(s1∪s2) - (s1∩s2) = {1, 2, 3, 6, 7, 8}에 대한 대칭 차집합 수행 결과를 얻을 수 있다.

Tip 대칭 차집합 부호 "^" 대신 symmetric_difference() 함수를 사용해도 된다.

```
>>> s1.symmetric_difference(s2)
{1, 2, 3, 6, 7, 8}
```

중복 제거하기

파이썬에서 세트 자료형은 앞 단원에서 살펴보았듯이 중복 값을 허용하지 않는다고 학습하였다. 이런 특성으로 리스트에서 혹시 중복 값이 있다면 set() 함수를 이용하여 중복 항목을 삭제할 수 있다.

[예제 46]

리스트 변수 city=["서울","서울","부산","부산","경주","포항"]에서 중복된 항목을 삭제해 보자.

```
>>> city=["서울","서울","부산","부산","경주","포항"]
>>> set(city)
{'경주', '부산', '포항', '서울'}
```

진단문제

리스트 변수 num = [1, 1, 3, 3, 2, 1, 5, 1, 4, 2, 3, 5]에서 중복 항목 값을 삭제한 후, 출력 자료형도 리스트로 출력되도록 작성하시오.

```
>>> num = [1, 1, 3, 3, 2, 1, 5, 1, 4, 2, 3, 5]
>>> ___________________________
>>> newNum
{1, 2, 3, 4, 5}
>>> ___________________________
>>> listNum
[1, 2, 3, 4, 5]
```

세트 관련 함수 활용하기

저장된 세트에 관련 함수를 이용하여 세트를 추가, 변경, 삭제할 수 있다.

값 1개 추가하기: add()

세트에 1개의 항목을 추가하기 위해 add() 함수를 사용한다.

[예제 47]

s1={1,2,3,4,5} 세트 변수에 숫자 항목 10을 추가해 보자.

```
>>> s1={1,2,3,4,5}
>>> s1
{1, 2, 3, 4, 5}
>>> s1.add(10)
>>> s1
{1, 2, 3, 4, 5, 10}
```

값 여러 개 추가하기: update()

세트에 여러 항목 값을 한 번에 추가하고 싶다면 update()를 사용하며, 이때 여러 항목 값들을 사용하기 위해서는 [] 대괄호를 사용한다.

> **Tip** 세트는 데이터들 간의 순서가 정해진 것이 아니기 때문에 리스트나 튜플과 같이 인덱싱이나 슬라이싱에 대한 자료 추출을 사용할 수 없다. 만약 세트에 저장된 항목을 s[0]으로 인덱스를 지정할 경우 에러가 발생한다.

[예제 48]

s1={1,2,3,4,5} 세트 변수에 10,20,30 항목 값을 추가해 보자.

```
>>> s1={1,2,3,4,5}
>>> s1.update([10,20,30])
>>> s1
{1, 2, 3, 4, 5, 10, 20, 30}
```

특정 값 제거: remove()

세트 항목의 특정 값을 제거하고 싶다면 remove() 함수를 사용한다.

[예제 49]

s1={1,2,3,4,5} 세트 변수에서 항목 4를 삭제해 보자.

```
>>> s1={1,2,3,4,5}
>>> s1.remove(4)
>>> s1
{1, 2, 3, 5}
```

세트 삭제: clear()

세트 항목의 모든 요소를 한꺼번에 삭제하고 싶다면 clear() 함수를 사용한다.

[예제 50]

s1={1,2,3,4,5} 세트 항목의 모든 요소를 한꺼번에 삭제해 보자.

```
>>> s1={1,2,3,4,5}
>>> s1.clear()
>>> s1
set()
```

진단문제

num={"one","two","three"} 세트 변수에 "four", "five", "six"에 대한 문자 항목을 세트에 추가해 보도록 하자.

Hint: 세트에 데이터 항목을 추가하기 위해서 append() 함수는 사용할 수 없으므로 update를 통해 추가할 수 있다.

```
>>> num={"one","two","three"}
>>> ________________________________
>>> num
{'three', 'one', 'two', 'five', 'six', 'four'}
```

요점정리

1. 튜플은 리스트와 유사하게 여러 데이터를 담을 수 있지만, 한 번 생성된 항목 자료를 변경할 수 없다는 특징을 갖고 있다.

2. 튜플에서는 `append()`, `insert()`, `sort()`, `clear()`, `extend()` 함수 사용이 불가능하다.

3. 파이썬에서 1개의 튜플을 생성할 때 (1,)와 같이 마지막에 반드시 ,(콤마)를 붙여주어야 한다.

4. 튜플 데이터를 수정하기 위해서는 먼저 튜플을 리스트로 변환한 후, 원하는 항목을 추가, 삽입 또는 수정할 수 있다. 그런 다음 `tuple()` 함수를 이용하여 다시 튜플로 전환시키면 데이터 변경이 가능하다.

5. 튜플도 리스트나 문자열과 같이 `[]` 대괄호를 사용하여 특정 항목을 인덱싱하거나 특정 구간 범위를 지정하여 항목들을 슬라이싱(slicing) 할 수 있다.

6. `sorted()` 함수의 가장 큰 특징은 리스트나 튜플에서 항목을 오름차순과 내림차순으로 선택하여 정렬이 가능한 것이다. 그러나 정렬되어 리턴된 결과를 새로운 튜플 변수로 생성하여야만 사용할 수 있다.

7. 딕셔너리(dictionary)는 `key`(키)와 `value`(값)가 매칭되어 한 쌍으로 이루어진 자료형이다.

8. `딕셔너리 변수={key1:value1, key2:value2 … }`와 같이 `{}` 중괄호를 사용하며, `key` 값을 설정할 때는 변하지 않는 고유한 값을 사용하고, `value` 값 설정은 변하는 값과 변하지 않는 값 모두를 사용할 수 있다.

9. 딕셔너리에 입력된 `key` 값만 출력하기 위해서는 `딕셔너리변수.keys()` 함수를 이용하여 `key` 값만 출력할 수 있다.

10. 딕셔너리 key에 할당된 value 값만 출력하기 위해서는 딕셔너리변수.values() 함수를 이용하여 value 값만 출력할 수 있다.

11. 딕셔너리 변수에 key에 할당된 value 값을 동시에 출력하기 위해서는 딕셔너리변수.items() 함수를 이용하면 key, value 값을 동시에 출력할 수 있다.

12. 세트(set)는 집합의 특징을 파이썬의 자료구조로 만든 것으로, 리스트 같이 여러 개의 데이터를 집합의 형태로 넣을 수 있지만, 데이터의 중복을 허용하지 않는다.

13. 세트 합집합은 부호 "|"나 union() 함수를 사용할 수 있다.

14. 세트 교집합은 부호 "&"나 intersection() 함수를 사용할 수 있다.

15. 세트 차집합은 부호 "-"나 difference() 함수를 사용할 수 있다.

16. 세트 대칭 차집합은 부호 "^"나 symmetric_diffrence() 함수를 사용할 수 있다.

17. 세트에 1개의 항목을 추가하기 위해 add() 함수를 사용한다.

18. 세트에 여러 항목 값을 한 번에 추가하고 싶다면 update()를 사용한다.

19. 세트 항목의 특정 값을 제거하고 싶다면 remove() 함수를 사용한다.

20. 세트 항목의 모든 요소를 한꺼번에 삭제하고 싶다면 clear() 함수를 사용한다.

연습문제

1. 다음 중 sorted() 함수에 대한 설명으로 옳지 않은 것은? (   )

   ❶ sorted() 함수는 오름차순, 내림차순 정렬을 할 수 있다.
   ❷ reverse=True는 내림차순 정렬을 의미한다.
   ❸ sorted() 함수는 기존 변수 내에서 정렬이 되어 저장된다.
   ❹ sorted() 함수는 리스트, 튜플, 딕셔너리 자료형에서 모두 사용할 수 있다.

2. 다음 중 중복을 허용하지 않고 순서 없이 저장되는 자료형은? (   )

   ❶ 리스트 ❷ 튜플
   ❸ 딕셔너리 ❹ 세트

3. 다음 중 자료형 타입으로 변환하기 위한 함수 연결이 잘못 연결된 것은? (   )

   ❶ 리스트: list() ❷ 튜플: tuple()
   ❸ 딕셔너리: dic() ❹ 세트: set()

4. 다음 중 세트에서 사용하는 집합 연산 부호가 틀린 것은? (   )

   ❶ 합집합: | ❷ 교집합: &
   ❸ 차집합: - ❹ 대칭 차집합: ~

5. 다음 중 데이터 항목을 변경할 수 없는 자료형은? (   )

   ❶ 리스트 ❷ 튜플
   ❸ 딕셔너리 ❹ 세트

6. 다음 중 딕셔너리 설명으로 옳지 않은 것은? (   )

   ❶ 딕셔너리 key 값은 항상 숫자 인덱스로만 지정되어야 한다.
   ❷ 딕셔너리는 데이터를 추가, 변경이 자유로운 자료형이다.
   ❸ 딕셔너리 key(키)에 의해 해당 value(값)를 탐색할 수 있다.
   ❹ 딕셔너리는 key와 value의 쌍으로 이루어진 데이터 모음이다.

7. 딕셔너리 변수 programLan에 아래와 같이 key, value 값을 저장한 후, 반복문을 실행시켰을 때 출력 결과로 옳은 것은? ( )

```
>>> programLan={"C":"C언어", "R":"R언어","P":"Python", "J":"Java"}
>>> for i in programLan.keys() :
        print(i, end="")
```

① CRPJ

② C언어R언어PythonJava

③ C
R
P
J

④ C C언어
R R언어
P Python
J Java

8. 다음 코드를 실행했을 때 올바른 출력 결과는? ( )

```
>>> num1={1,2,3,4,5}
>>> num2={3,4,5,6,7}
>>> num1 ^ num2
```

① {1, 2, 3, 4, 5, 6, 7}

② {3, 4, 5}

③ {1, 2, 6, 7}

④ {1, 2}

9. 다음 코드를 실행했을 때 ____ 밑줄 친 부분에 들어갈 올바른 코드는? ( )

```
>>> num=[1,1,3,1,5,7,9]
>>> ____________
{1, 3, 5, 7, 9}
```

① set(num)

② remove(1)

③ del(1)

④ num.pop(1)

10. 다음 코드를 실행했을 때 ___ 밑줄 친 부분에 들어갈 올바른 코드는? ( )

```
>>> num=[1, 1, 3, 1, 5, 7, 9]
>>> ________________
>>> newNum
[9, 7, 5, 3, 1]
```

① newNum=sorted(num, reverse=True)

② newNum=sorted(set(num), reverse=True)

③ newNum=sort(num, reverse=True)

④ newNum=sort(set(num), reverse=True))

1. 튜플 변수 animal = ("병아리", "오리", "강아지", "오리", "거위", "송아지", "오리", "암탉")에 문자 항목을 기억시킨 후, "오리" 항목에 대한 개수를 [실행결과]와 같이 출력하는 프로그램을 작성하시오.

실행결과

```
오리 항목 개수=3
```

2. 1번 문제에서 마지막 항목에 "염소"를 추가, 0번째 인덱스 위치에 "얼룩소"를 삽입하도록 튜플에 항목 추가, 삽입을 진행하시오.

Hint: 튜플에는 append(), insert() 함수를 사용할 수 없으므로 list() 함수를 이용하여 리스트로 변환 후, 추가, 삽입을 진행한다. 그런 다음 다시 tuple() 함수를 이용하여 전환한다.

실행결과

```
('얼룩소', '병아리', '오리', '강아지', '오리', '거위', '송아지', '오리', '암탉', '염소')
```

3. 2번 문제에서 튜플 animal = ('얼룩소', '병아리', '오리', '강아지', '오리', '거위', '송아지', '오리', '암탉', '염소')에 대한 정렬을 내림차순으로 정렬하여 [실행결과]와 같이 출력하는 프로그램을 작성하시오(단, 중복 항목은 출력되지 않도록 한다).

Hint: 중복 값을 제거하고 싶을 때 리스트나, 튜플에서 set(변수) 함수를 이용하면 간단히 중복 값을 제거할 수 있다.

실행결과

```
오리 염소 얼룩소 암탉 송아지 병아리 거위 강아지
```

4. 리스트 변수 num = [5, 6, 1, 1, 4, 4, 3, 3, 4, 4, 2, 5]에서 중복 항목 값을 제거한 후, 오름차순으로 정렬하여 [실행결과]와 같이 출력되도록 프로그램을 작성하시오.

실행결과

```
1 2 3 4 5 6
```

5. 다중 리스트 튜플 inputData = [("Java", 15000),("Python", 25000), ("C", 18000), ("Java",19000)]에서 항목 값이 중복되어 있다면 중복된 값을 제거하여 [실행결과]와 같이 출력되도록 프로그램을 작성하시오.

실행결과

```
Java      15,000
Python    25,000
C         18,000
```

6. 다중 리스트 튜플 movie_list=[("오징어게임",50.45), ("이터널스",35.46), ("그레비티",9.8), ("노타임투다이",52.5), ("스파이더맨",15.47)]에 저장된 자료를 딕셔너리로 변환하여, [실행결과]와 같이 영화제목, 예매율, 순위의 순서로 출력하시오. 단, 예매율 기준 내림차순으로 출력하시오.

실행결과

```
영화제목            예매율     순위
========            ======     ====
노타임투다이          52.5        1
오징어게임           50.45        2
이터널스             35.46        3
스파이더맨           15.47        4
그레비티               9.8        5
```

7. 다중리스트 튜플 gradeList1=[(1,"손흥민",80), (2,"김연경",90), (3,"이강인",95), (4,"안세영",70), (5,"신유빈",85)]에 저장된 자료를 성적이 높은 순으로 [실행결과]와 같이 출력하시오.

실행결과

```
번호  이  름  성적  순위
====  =====  ====  ===
 3    이강인    95    1
 2    김연경    90    2
 5    신유빈    85    3
 1    손흥민    80    4
 4    안세영    70    5
```

8. 아래 딕셔너리 자료형의 데이터를 활용하여 검색 국가를 입력하면 value에 해당되는 수도가 검색되어 [실행결과]와 같이 출력되도록 프로그램을 작성하시오.

```
dictCapital = {
    "Japan": "도쿄",
    "Italy": "로마",
    "England": "런던",
    "Korea":"서울",
    "Canada":"오타와"
}
```

실행결과

```
검색 국가: Korea
전체 검색 대상 국가 수=5
Korea 수도는 서울
```

9. 리스트 변수 animal=['병아리','오리','강아지','거위','송아지'], leg=[2,2,4,2,4]에 각각 항목이 기억되어 있다. dict()과 zip() 함수를 활용하여 딕셔너리 자료형으로 변환 후, [실행결과]와 같이 동물 다리 개수 기준 내림차순 정렬과 동물 다리 개수에 대한 합계도 구하여 출력하는 프로그램을 작성하시오.

Hint: 두 개의 리스트를 하나로 결합하기 위해서는 다음 장 함수 단원에서 다룰 zip(리스트1,리스트2) 함수를 사용하여 묶을 수 있다.

```
animal=['병아리','오리','강아지','거위','송아지']
leg=[2,2,4,2,4]
```

실행결과

```
강아지  4
송아지  4
병아리  2
오리    2
거위    2
=================
동물 다리 합계=14
```

CHAPTER 10

함수 1
(사용자 정의 함수)

학습목표

이번 장은 함수 사용에 대한 학습을 진행한다. 함수란 어떠한 프로그램을 저장해 놓고 필요할 때마다 호출하여 사용되는 단위 프로그램으로 이해하면 좋다. 즉, 동일한 작업이 반복되는 경우, 저장해 놓고 필요할 때마다 호출하여 사용되는 경우에 주로 함수를 사용하는데 이번 장에서는 함수 작성 및 호출에 대해 살펴볼 것이다.

학습목차

10.1 함수

파이썬에서 함수(function)는 내장함수로 print() 함수, input() 함수, list() 함수, tuple() 함수, str() 함수, len() 함수 등이 있으며 우리가 예제 실습을 통해 다루었던 내용들로 익숙하다. 다른 언어에서 함수는 메인함수와 사용자 정의 함수로 나누어지며 사용자 정의 함수는 필요시에 호출되어 사용되는 프로그램으로 이용되는데 우리 파이썬 프로그램에서도 작성된 프로그램을 필요할 때마다 호출하여 사용하는 부분은 비슷하다.

사용자 정의 함수

함수는 크게 사용자가 특정한 기능을 작성해 놓고 매번 사용할 때마다 호출해서 사용하는 사용자 정의 함수(User defined Function)와 파이썬을 설치할 때 기본적으로 제공되는 파이썬 내장 함수(Built in Function)로 구분된다. 먼저 사용자 정의 함수에 대해서 살펴보자.

사용자 정의 함수

사용자 정의 함수는 복잡한 프로그램을 소단위 프로그램으로 나누어 작성되기 때문에 프로그램에 대한 관리 및 수정이 가능하며 사용자가 직접 작성한 함수를 의미한다.

사용자 정의 함수는 다음과 같은 특징을 가진다.

- 사용자가 문제 해결을 위해 함수명, 프로그램 코드를 직접 작성할 수 있다.
- 하나의 큰 프로그램을 분리하여 단위 프로그램으로써 분할 작성이 가능하다.
- 필요할 때마다 언제든지 호출하여 사용할 수 있으므로 재사용에 대한 효율을 높일 수 있다.
- 함수 내에서 또 다른 함수를 포함시킬 수 있다.

즉, 사용자 정의 함수를 통해 코드의 구조화(structuring), 모듈화(modularization), 재사용성(reusable), 가독성(readability) 등을 높일 수 있다.

사용자 정의 함수 구조

파이썬에서 사용자 정의 함수 def는 영어 definition의 약어로 def 예약어로 시작하며 첫 행에는 def 함수이름()을 쓰며, 함수 뒤에는 조건문, 반복문처럼 :(콜론)을 사용한다.

함수 본문 영역은 여러 행의 실행 코드를 작성할 수 있는 곳으로 본문 영역에서는 반드시 코드 블록으로 들여쓰기(indent)가 적용되어야 하며 들여쓰기가 해제되면 함수 정의도 종료하게 된다.

```
def  함수이름() :          # 함수 정의
    함수 본문              # 함수가 호출됐을 때 실행되는 코드

함수이름()                 # 함수 호출
```

자, 그럼 함수에 대한 기능을 가볍게 워밍업하기 위해서 함수를 생성한 후, 호출하는 프로그램을 시작해 보자. 일반적으로 "Python Programming"을 5번 반복해서 출력하고자 한다면 프로그램이 길어질 것이다. 이때 함수라는 기능을 익혀서 사용하면 편리하게 이용할 수 있다.

[예제 1]

함수명 "myFunction()"으로 함수 프로그래밍을 작성하여 "Python Programming"을 5번 출력하는 예제 프로그램이다.

```
def myFunction() :      # 함수 정의
    for i in range(5) :
        print("Python Programming")

myFunction()            # 함수 호출
```

실행결과

```
Python Programming
Python Programming
Python Programming
Python Programming
Python Programming
```

위 예제에서 살펴보았듯이 함수명은 myFunction()을 사용하였고 함수 뒤에는 무조건 () 소괄호를 붙여야 되며 함수명 뒤에는 :(콜론)으로 함수의 시작이 선언되었다.

정의된 함수는 함수명 myFunction()을 사용하여 호출한다. 이때 () 소괄호도 생략되지 않도록 주의해야 한다.

[예제 2]

이번에는 함수 프로그램 본문 내에서 사용자에게 이름과 나이를 입력받아서 함수 프로그램 내에서 출력하는 프로그램을 작성해 보자.

```
def myFunction() :                  # 함수 정의
    name=input("이름:")             # 이름 입력 받음
    age=int(input("나이:"))         # 나이 입력 받음
    print("이름은 {}이고 나이는 {}세 입니다.".format(name,age))

myFunction()                        # 함수 호출
```

실행결과

```
이름:홍길동
나이:18
이름은 홍길동이고 나이는 18세입니다.
```

이때 함수 프로그램이 시작되면 코드 블록으로 들여쓰기(indent)가 적용된 것을 볼 수 있는데 이 구역을 함수 본문(function body) 영역이라고 한다.

진단문제

함수를 호출하여 사용자로부터 구구단을 입력받은 후, 구구단을 출력하는 함수 정의 프로그램을 작성하시오.

실행결과

```
원하는 구구단:5
5*1=5
5*2=10
5*3=15
5*4=20
5*5=25
5*6=30
5*7=35
5*8=40
5*9=45
```

인자와 매개변수

자, 이번에는 함수 호출 영역을 소개한다. 파이썬에서는 다른 언어처럼 별도로 메인함수 영역이 따로 존재하지 않는다. 그래서 본 교재에서는 임의적으로 함수를 호출하는 영역을 호출 영역으로 명명을 하여 함수가 작성되는 구역과 구분 짓도록 한다.

호출 영역에서 함수 호출 시 함수에 데이터를 전달하여 함수를 호출할 수 있는데 이때 사용되는 값을 인자(argument) 또는 인수라고 부른다. 또한, 함수에서 전달받은 값을 매개변수(parameter)라고 하는데 호출 당시 인자 값은 함수의 매개변수 순서대로 넘겨지게 된다.

```
def 함수이름(매개변수1, 매개변수2...) :           # 함수 정의
    함수 본문                                      # 실행되는 코드
-----------------------------------------------------------------
# 호출 영역
함수이름(인자1, 인자2...)                         # 호출 영역에서 함수 호출
```

그럼, 호출 영역에서 두 개의 숫자 정수를 인자 값으로 함수를 호출하여 함수 프로그램에서 처리되는 프로그램에 대해서 알아보자.

[예제 3]

인자 값으로 함수를 호출하여 함수 본문 내에서 합계를 출력하는 예제 프로그램이다.

```
def hap(x,y) :              # 함수 정의
    hap=x+y
    print("{}+{}={}".format(x,y,hap))

# 호출 영역
a=10
b=20
hap(a,b)                    # 함수 호출
```

실행결과

```
10+20=30
```

Tip 이때 매개변수 hap(x,y)는 hap(a,b)에 대응되는 값으로 사용자가 편하게 임의로 지정하여도 좋고 인자 값과 동일하게 hap(a,b)를 사용해도 좋다. 함수는 독립적으로 운용되는 별도의 프로그램으로 문제가 발생하지 않기 때문이다.

진단문제

함수 호출 영역에서 어떤 수를 입력받아 함수 호출 시 인자로 사용하여, 1부터 인자까지 출력한 후, 합계도 계산하여 출력하는 함수 정의 프로그램을 작성하시오.

실행결과

```
어떤 수? 10
1
2
3
4
5
6
7
8
9
10
1-10까지 합계=55
```

여기서 잠깐 인자에 값을 지정하여 함수를 호출할 때도 있다!

함수를 호출할 때 미리 인자를 정확하게 넘겨줄 수 있다.

```
def hap(a, b):
   print(a)
   print(b)
   print("{}+{}={}".format(a,b,a+b))

# 호출 영역
hap(b=20, a=10)    # 함수 호출 시 a=10, b=20으로 정확하게 변수에 값을 저장할 수 있다.
```

실행결과

```
10
20
10+20=30
```

함수에서 인자 값으로 숫자, 문자열, 리스트 값을 사용할 수 있는데 다음은 리스트를 인자 값으로 함수를 호출하는 방법을 소개한다.

[예제 4]

숫자 리스트를 함수 인자 값으로 호출하여 함수 내에서 리스트 항목과 합계도 계산하여 출력해 보자.

```
def hap(num) :          # 함수 정의 : 매개변수로 리스트를 그대로 전달 받음
   hap=0
   for i in num:
      print(i)
      hap+=i
   print("합={}".format(hap))

# 호출 영역
num=[1,2,3,4,5]         # 리스트
hap(num)                # 리스트를 인자 값으로 함수 호출
```

실행결과

```
1
2
3
4
5
합=15
```

진단문제

함수 호출 영역에서 리스트 str=["a","b","c","d","e"] 변수를 정의하여 함수 호출 시 리스트를 인자로 넘겨서, 리스트 항목과 항목 개수를 출력하는 함수 정의 프로그램을 작성하시오.

실행결과

```
a b c d e
항목 개수=5
```

다중 인자 사용

함수 호출 시 여러 개의 인자를 넘겨서 호출하고 싶을 때가 있다. 인자에 대한 개수가 많아서 복수 개의 인자를 넘기고 싶을 때, 즉 함수에서 값을 넘겨받는 매개변수의 개수가 정해져 있지 않을 때는 *(asterisk) 1개를 사용한다.

이때 여러 개의 매개변수에는 def 함수명(*args)로 정의하여 사용할 수 있다.

[예제 5]

여러 개의 인자를 한꺼번에 처리할 수 있는 다중 매개변수에 대해서 실습해 보자.

```
def printArgs(*args):              # 매개변수 함수 정의
    print(type(args))              # 매개변수를 받을 때 데이터 유형 표시
    for i in args:
        print(i)

# 호출 영역
printArgs("Python","Programming","is","the","first","language.") # 함수 호출
```

실행결과

```
<class 'tuple'>
Python
Programming
is
the
first
language.
```

함수에서 매개변수를 받자마자 type() 함수를 이용하여 자료형의 유형을 알아봤더니 <class 'tuple'> 튜플로 받아 처리되는 것을 확인할 수 있다.

여기서 잠깐 *args 란?

*args는 arguments의 약어로 함수 호출 시 인자가 많을 경우, 값을 넘겨받는 매개변수가 복잡한 데이터를 편리하게 처리하기 위해서 *args를 사용하는데 아무리 많은 인자를 넘겨받더라도 *args 매개변수를 이용하면 많은 값을 쉽게 넘겨받을 수 있다. 이때 *args 매개변수가 선언되면 모든 인자들은 튜플 자료형으로 처리된다.

진단문제

함수 호출 영역에서 이름과 학교를 입력받아 함수 호출 시 이름, 학교명을 인자로 넘겨서, 다중 매개변수로 처리되는 함수 정의 프로그램을 작성하시오.

실행결과

```
이름:홍길동
학교명:한국대학교
<class 'tuple'>
홍길동
한국대학교
```

이번에는 함수에서 딕셔너리 형태로 인자를 처리하기 위한 방법에 대해 알아보자. 튜플 자료형 함수와 마찬가지로 여러 개의 인수를 입력할 수 있는데, 딕셔너리 자료형으로 매개변수를 받을 때는 def 함수명(**kwargs)로 정의한다. 이때 **kwargs에 대한 의미는 딕셔너리 형태로 key와 value로 자료를 처리하게 된다.

[예제 6]

함수 호출 시 지정된 인자 값들을 딕셔너리 key, value 값 형태로 자료를 처리하는 실습을 실행해 보자.

```
def printKwargs(**kwargs):                          # 함수 정의
    print(type(kwargs))
    for i,j in kwargs.items():
        print(f"{i} : {j}")

# 호출 영역
printKwargs(key="20241234",value="홍길동")     # 함수 호출
```

실행결과

```
key : 20241234
value : 홍길동
```

여기서 잠깐 **kwargs란?

**kwargs는 Keyword Arguments의 약어로 키워드 인자라고 부르며, 함수 작성 시 딕셔너리 형태로 매개변수를 전달받을 때 사용된다. 이때 함수 호출 시 인자 값을 매개변수로 넘길 때는 반드시 딕셔너리에 필요한 첫 번째 parameter 지정과 두 번째 parameter에 대한 지정을 반드시 함께 넘겨야 에러가 발생하지 않는다.

ex) printKwargs(key="20241234",value="홍길동")

이때 **kwargs 매개변수로 전달되는 모든 인자 값들은 key, value 형태의 딕셔너리 자료형으로 처리된다.

진단문제

함수 호출 영역에서 이름과 학교를 입력받아 함수 호출 시 이름을 key, 학교명을 value 값 형태로 인자를 넘겨서, 딕셔너리 형태로 처리되는 함수 정의 프로그램을 작성하시오.

실행결과

```
이름:이순신
학교명:충무대학교
<class 'dict'>
name:이순신
school:충무대학교
```

함수 반환 값 돌려주기: return

지금까지 예제에서 살펴본 함수 정의는 어떤 데이터 처리 후 발생되는 결과 값을 함수 자체에서 출력하고 마무리를 하였으나, 이번에는 발생된 결과 값을 함수를 호출한 호출 영역 위치로 되돌려주는 역할에 대해서 학습한다.

함수 내에서 발생된 결과 값을 반환하기 위해 return이라는 키워드를 사용한다. 반환 값은 함수를 호출한 영역으로 되돌려주게 되며, return 키워드를 사용한 후, 함수 프로그램은 종료된다.

```
def 함수이름(매개변수1, 매개변수2...) :          # 함수 정의
    함수 본문                                    # 실행되는 코드
    return 반환 값                               # 호출 영역으로 반환
-----------------------------------------------------------------
# 호출 영역
result=함수이름(인자1, 인자2...)                 # 호출 영역에서 함수 호출한
                                                 # 반환된 값은 호출 영역 result 변수에 저장
```

[예제 7]

다음은 호출 영역에서 두 개의 인자 값을 함수 호출 시 매개변수로 넘겨서, 계산된 값을 return하여 호출 영역에서 출력하는 예제이다.

```
def myFunction(a,b) :                # 함수 정의
    hap=a+b
    return hap                       # 덧셈 결과를 반환

# 호출 영역
a=10
b=20
```

```
result=myFunction(a,b)                    # 함수 호출 후 result로 반환 값 받음
print("{}+{}={}".format(a,b,result))
```

실행결과

```
10+20=30
```

위 예제에서 return hap에 의한 결과가 함수를 호출한 호출 영역으로 반환되어 함수 결과 값은 호출 영역에서 출력하게 된다.

이번에는 함수 호출 시 호출 영역에서 입력받은 학교 코드를 인자로 넘겨서, 학교 코드가 HK1234가 맞으면 함수 정의 영역에서 학교 id를 입력받아서 학교 id가 20241234이면 하나의 값을 문자열로 변환하여 발생한 결과 값을 호출 영역으로 되돌려 주는 실습을 해보자.

[예제 8]

다음은 함수에서 발생한 결과 값을 호출 영역으로 반환하여 호출 영역에서 출력하는 예제이다.

```
def myFunction(code) :                    # 함수 정의
    if code=='HK1234' :
        id=int(input("학번:"))
        if id==20241234 :
            return "학번:"+str(id)+"는 우리학교 학생입니다." # 발생한 문자열을 넘김
    else :
        return "우리학교 코드가 아님"

# 호출 영역
code=input("학교 코드:")
result=myFunction(code)                   # 함수 호출 후 result로 문자열을 반환 받음
print(result)
```

실행결과

```
학교 코드:HK1234
학번:20241234
학번:20241234는 우리학교 학생입니다.
```

여기서 잠깐

만약, [예제 8]에서 함수 정의 영역의 id가 result에 포함되지 않고 호출 영역에서 변수로 출력하게 되면 외부 변수 선언 없이 호출 영역에서 갖다 쓸 수 없으므로 에러가 발생한다. 이 과정은 다음 장의 전역변수 단원에서 자세히 살펴볼 것이다.

```
def myFunction(code) :                          # 함수 정의
        :
        :
# 호출 영역
code=input("학교 코드:")
result=myFunction(code)                         # 함수 호출 후 result로 반환 값 받음
print(result)
print(id)                                       # 에러 발생
```

실행결과

```
학교 코드:HK1234
학번:20241234
학번:20241234는 우리학교 학생입니다.
<built-in function id>                          # 에러 발생함
```

진단문제

호출 영역에서 이름을 인자로 입력받아 함수 정의 영역에서 인자 값 + "님, 환영합니다." 문자열을 반환하여 호출 영역에서 출력되도록 프로그램을 작성하시오.

실행결과

```
이름:김선달
김선달님, 환영합니다.
```

10.2 유용한 내장함수

파이썬을 설치하게 되면, 파이썬에 처음부터 포함되어 있어서 기본적으로 사용할 수 있는 있는 함수가 내장함수이다. 내장함수는 외장함수와는 달리 별도로 import 선언 없이 바로 사용할 수 있다.

- 내장함수(Built-in Function): 파이썬에서 설치 후 별도 선언 없이 바로 사용 가능한 함수이다.

  ex) `print()`, `input()`, `clear()`, `sort()` 등

- 외장함수(Standard Library Function): 파이썬에서 함께 제공되는 함수지만 사용을 위해서는 반드시 import 시킨 후 사용해야 사용이 가능한 함수로 표준 라이브러리 함수라고도 한다.

  ex) `math.random`, `sys`, `os` 등

숫자형 내장함수

math 함수를 이용하는 수학함수

수학함수를 사용하기 위해서는 먼저 상단에 `import math`를 포함시킨 후, 아래와 같은 수학 모듈을 실습해 보도록 한다.

수학함수를 실습하기 위해 x=2.487, y=-2.135에 각각 값을 기억시켜, 저장한 후 아래 예제를 따라 해 보자. 여기에서 사용되는 수학함수들은 소수 첫째 자리에서 연산을 수행한다.

[예제 9]

ceil(x) 함수는 무조건 올려서 출력하는 함수이다.

```
>>> import math
>>> x=2.487
>>> y=-2.135
>>> math.ceil(x)
3
>>> math.ceil(y)
-2
```

[예제 10]

floor(x) 함수는 무조건 내려서 출력하는 함수이다.

```
>>> math.floor(x)
2
>>> math.floor(y)
-3
```

[예제 11]

trunc(x) 함수는 무조건 절삭시키는 함수이다.

```
>>> math.trunc(x)
2
>>> math.trunc(y)
-2
```

[예제 12]

sqrt() 함수는 제곱근을 구하는 함수이다.

```
>>> math.sqrt(100)
10.0
>>> math.sqrt(16)
4.0
>>> math.sqrt(7)
2.6457513110645907
```

Tip 거듭제곱 연산자(**)를 이용하여 직접 제곱근을 계산할 수도 있다.

```
>>> 100**(1/2)
10.0
```

[예제 13]

factorial(x) 함수는 팩토리얼 값을 구하는 함수이다.

```
>>> math.factorial(5)
120
>>> math.factorial(int(3.6))
6
```

[예제 14]

pow(x,y) 함수는 x의 y제곱을 구하는 함수이다.

```
>>> pow(2,3)
8
>>> pow(2,4)
16
>>> pow(2,-3)
0.125
```

Tip 거듭제곱을 구할 땐 2**4를 사용해도 된다.

```
>>> 2**4
16
```

또한 math.pow(2,4)으로 사용이 가능한데, 함수를 사용할 경우에는 16.0으로 출력된다.

math 함수 없이 사용되는 수학함수

이번에는 math 함수 호출 없이 사용 가능한 수학함수이다.

[예제 15]

round(x)는 반올림을 구하는 함수이다. 이때 소수 자리를 지정해주면 소수 n자리에서 5 이상 반올림이 가능하다.

```
>>> x=2.557
>>> y=-2.557
>>> round(x,1)
2.6
>>> round(y,1)
-2.6
```

[예제 16]

abs() 함수는 절대값을 구하는 함수이다.

```
>>> a=12
>>> b=-4
>>> abs(a)
12
>>> abs(b)
4
```

Tip math.fabs(x) 함수는 실수형 절대값을 구할 수 있다.

[예제 17]

divmod(x,y) 함수는 x를 y로 나눈 뒤 몫과 나머지를 출력하는 함수이다. 몫을 나누어 계산할 때 정수, 실수 모두 한 자리까지만 출력한다.

```
>>> divmod(15,3)
(5, 0)
>>> divmod(13.0, 2.0)
(6.0, 1.0)
```

Tip **나머지 값만 출력**

나머지만 출력하기 위해서는 math.fmod(x, y) 함수를 이용하여 x를 y로 나눈 나머지 값을 실수 형태로 출력할 수 있다.

```
>>> math.fmod(15,2)
1.0
```

리스트에 적용 가능한 함수

이번에는 숫자 리스트에 저장된 항목을 가지고 다양한 계산을 함수로 이용하는 예제를 다루어 보자.

[예제 18]

max() 함수로 리스트 num에서 최대값을 구해보자.

```
>>> num=[15,25,33,47,11]
>>> print("최대값:",max(num))
최대값: 47
```

[예제 19]

min() 함수로 리스트 num에서 최소값을 구해보자.

```
>>> num=[15,25,33,47,11]
>>> print("최소값:",min(num))
최소값: 11
```

[예제 20]

sum() 함수는 리스트, 튜플 합계 계산이 모두 가능하다.

```
>>> num = [2.5, 33, 47, -5]
>>> numSum=sum(num)
>>> numSum
77.5
>>> sum(num,10)        # 리스트 변수 옆에 값을 추가하여 합계를 구할 수 있음
87.5
>>> num=(5,4,7,6,5)    # sum() 함수는 튜플에 대한 합도 구할 수 있음
>>> sum(num)
27
```

Tip math.fsum() 함수는 리스트에 대한 실수형 합을 구할 수 있다.

[예제 21]

앞에서 많이 다룬 함수인 len() 함수는 리스트 항목 개수를 구할 수 있다.

```
>>> num = [2.5, 33, 47, -5]
>>> len(num)
4
```

리스트 자료 평균 구하기

리스트 자료형에 대해서도 평균을 구하는 함수는 별도로 제공하지 않으므로 statistics 라이브러리를 이용해야 하는데, 평균을 사용하기 위해 import statistics를 선언한 뒤 사용한다.

이 statistics 라이브러리는 파이썬 3.4 버전부터 제공되었는데, 여러 수학 관련 함수를 제공해주고 있다. 특히 통계, 분석 관련 함수는 파이썬을 활용하는 부분으로 본 교재 13장 클래스와 모듈에서 한 번 더 추가적으로 살펴볼 것이고 이번에는 리스트 자료형에 대한 평균만 다루도록 한다.

- statiscics.mean(): 리스트 평균을 구하는 함수
- statiscics.fmean(): 리스트 실수형 평균을 구하는 함수

[예제 22]

통계 함수에서 제공하는 mean() 함수를 이용하여 평균을 계산해 보자.

```
>>> import statistics
>>> num=[7,3,5,5,4]
>>> statistics.mean(num)
4.8
>>> num=[3.5,4.5,5.5]
>>> statistics.fmean(num)          # 리스트 자료에 대한 실수형 평균
4.5
```

Tip 통계 함수 없이 평균을 구하기 위해서는 sum()/len() 함수 조합으로 리스트에 대한 평균을 쉽게 구할 수 있다.

진단문제

함수 호출 시 리스트 num=[7,3,5,5,4]에 저장된 값을 인자로 하여 [실행결과]와 같이 항목, 리스트 합계, 리스트 평균을 출력하는 함수 프로그램을 작성하시오.

실행결과

```
7
3
5
5
4
리스트 합계: 24
리스트 평균: 4.8
```

문자형 내장함수

파이썬 내장함수는 숫자를 다루는 내장함수 외에 문자열을 다루는 다양한 함수도 포함되어 있다. 문자열은 대부분 다른 언어에서는 문자와 문자열을 구분하여 사용하고 있지만 파이썬에서는 문자와 문자열 구분 없이 작은따옴표('')와 큰따옴표("")로 모두 문자열로 사용할 수 있다고 학습하였다.

그럼 문자열 연산과 관련된 다양한 함수 사용법에 대해서 알아보자.

부분 문자열 개수 파악하기

[예제 23]

count(x) 함수는 부분 문자열이 몇 개 포함되고 있는지에 대한 개수를 구하는 함수이다.

```
>>> str="서울은 대한민국 수도이다. 서울에는 많은 유명 대학들이 서울에 위치하고 있다."
>>> str.count("서울")
3
```

슬라이싱은 리스트 슬라이싱 단원에서 이미 학습하였다. 사용 방법은 리스트 슬라이싱과 동일하다. 문자열 슬라이싱도 리스트 슬라이싱만큼 중요하므로 복습 차원에서 한 번 더 점검하고 넘어가도록 하자.

문자열 슬라이싱하기

[예제 24]

문자열 str="python programming is great language."에 기억시킨 후, 슬라이싱을 통해 문자열을 추출해 보자.

```
>>> str="python programming is great language."
>>> str[:6]
'python'

>>> str[-15:37]
'great language.'

>>> str[:]
'python programming is great language.'
```

아스키 코드 문자 변환하기

[예제 25]

chr(x) 함수는 아스키 코드 값을 해당 영문자로 변환하여 출력하는 함수이다.

```
>>> chr(65)
'A'
>>> chr(97)
'a'
```

[예제 26]

ord(x) 함수는 영문자를 해당 아스키 코드로 변환하여 출력하는 함수이다.

```
>>> ord("A")
65
>>> ord("z")
122
```

진단문제

함수 alpha()를 호출하여 함수 영역에서 알파벳 'a~z'까지 출력하는 프로그램을 작성하시오.

실행결과

```
a b c d e f g h i j k l m n o p q r s t u v w x y z
```

문자열 전체 개수 구하기

[예제 27]

len(x) 함수는 리스트 숫자에 대한 항목 개수를 구할 때와 동일하게 문자열 전체 개수를 구하는 함수이다.

```
>>> str="apple"
>>> len(str)
5
```

문자열 검색하여 위치 값 찾기

기억된 문자열 안에서 찾고 싶은 문자가 몇 번째 위치하고 있는지를 알고 싶은 경우, find() 함수와 index() 함수를 사용하면 지정한 문자가 어디에 있는지 위치 값을 반환한다.

또한 find() 함수 사용 시 시작 위치를 지정할 수 있으며, 위치를 지정한 경우에는 입력한 위치부터 검색을 시작한다. 생략하는 경우에는 인덱스 시작은 0부터 시작한다.

[예제 28]

find() 함수는 문자열 안에서 찾고 싶은 문자가 몇 번째에 있는지 찾고 싶을 때 사용하는 함수이다.

```
>>> str="python programming"
>>> str.find("p")              # 저장된 문자열에서 "p" 위치 값 찾기
0
```

Tip 뒤에서부터 찾고자 하는 문자열을 찾고 싶은 경우에는 rfind() 함수를 사용할 수 있다.

find()와 같이 문자열에서 찾고자 하는 문자의 위치를 알고 싶을 때 index() 함수를 사용하면 쉽게 문자열 위치를 찾을 수 있다. 이때 중복된 문자 값이 있다면 앞에 있는 문자 위치를 먼저 리턴하게 된다.

- index("찾는 값", 시작 위치, 끝 위치)

[예제 29]

index() 함수는 문자열에서 값의 위치를 찾아주는 함수이다.

```
>>> str="python programming"
>>> str.index("o")
4
>>> str.index("o",7,18)        # "o"자 검색 시 7번째부터 18번 마지막 문자까지 검색
9                                즉, "programming" 문자열 내에서만 검색
```

Tip

```
>>> str="python programming"
>>> str.index("o",7,18)
```

해당 문자열 "o"를 검색하고자 한다면 7번째 문자열 위치 "p"부터 18번째 문자열 "g"까지, 즉 "programming" 문자열 내에서만 검색하게 된다. 이때 문자열을 찾게 되면 문자열 위치는 전체 문자열 기준 인덱스로 리턴하게 된다.

문자열 구성 여부 알아내기

이번에는 기억된 문자열 구성을 확인하는 함수에 대해 알아보자. 만약, 조건을 만족하면 참 값으로 True를 리턴하고 그렇지 않으면 False를 리턴한다. 보통 구성을 묻는 함수는 is~로 시작한다.

str="KOREA capital is SEOUL, country code is 82."를 문자열 str에 기억시킨 후, 문자열 구성 함수를 실행해 보자.

[예제 30]

isalnum() 함수는 영숫자(알파벳과 숫자)로만 구성된 경우 True, 그렇지 않으면 False를 반환한다.

```
>>> str="KOREA capital is SEOUL, country code is 82."
>>> print("isalnum():", str.isalnum())
isalnum(): False

>>> test="korea1234"
>>> test.isalnum()
True
```

[예제 31]

isalpha() 함수는 모든 문자가 영문자인 경우 True, 그렇지 않으면 False를 반환한다.

```
>>> print("isalpha():", str.isalpha())
isalpha(): False

>>> test="koreaseoul"
>>> test.isalpha()
True
```

[예제 32]

isdigit() 함수는 숫자로 인식될 수 있는 문자열만 포함되어 있으면 True, 그렇지 않으면 False를 반환한다.

```
>>> print("isdigit():", str.isdigit())
isdigit(): False

>>> test="12345"
>>> test.isdigit()
True
```

[예제 33]

islower() 함수는 모든 문자가 소문자인 경우 True, 그렇지 않으면 False를 반환한다.

```
>>> print("islower():", str.islower())
islower(): False

>>> test="abcde"
>>> test.islower()
True
```

[예제 34]

isupper() 함수는 모든 문자가 대문자인 경우 True, 그렇지 않으면 False를 반환한다.

```
>>> print("isupper():", str.isupper())
isupper(): False

>>> test="ABCDE"
>>> test.isupper()
True
```

[예제 35]

istitle() 함수는 단어의 첫 글자가 대문자인 경우 True, 그렇지 않으면 False를 반환한다.

```
>>> print("istitle():", str.istitle())
istitle(): False

>>> test="Abcde"
>>> test.istitle()
True
```

[예제 36]

isdecimal() 함수는 모든 문자열이 10진 정수 형태인 경우 True, 그렇지 않으면 False를 반환한다.

```
>>> print("isdecimal():", str.isdecimal())
isdecimal(): False

>>> test="12345"
>>> test.isdecimal()
True
```

[예제 37]

isspace() 함수는 문자열이 모두 공백이면 True, 그렇지 않으면 False를 반환한다.

```
>>> print("isspace():", str.isspace())
isspace(): False
>>> str=" "
>>> str.isspace()
True
```

진단문제

함수 character()를 호출하여 사용자로부터 문자 하나를 입력받아, 입력받은 글자가 숫자인지 영문자인지를 판별하고 숫자와 영문자가 아닌 모든 문자는 '기타 문자'로 출력하는 프로그램을 작성하시오.

실행결과

```
입력 문자: python
입력한 문자는 알파벳입니다.
입력 문자: 7355
입력한 문자는 숫자입니다.
입력 문자: !@#$
기타 문자입니다.
```

문자열 변환하기

[예제 38]

swapcase() 함수는 문자열의 모든 대문자는 소문자로, 소문자는 대문자로 변환한다.

```
>>> str
'KOREA capital is SEOUL, country code is 82.'
>>> str.swapcase()
'korea CAPITAL IS seoul, COUNTRY CODE IS 82.'
```

[예제 39]

replace(old, new) 함수는 old 문자열을 new 문자열로 변환한다.

str="pythong programming is great"에서 오타 pythong을 python으로 replace 함수를 사용하여 수정해 보자.

```
>>> str="pythong programming is great"
>>> str.replace("pythong","python")
'python programming is great
```

[예제 40]

capitalize() 함수는 첫 글자만 대문자로 변환한다.

```
>>> str="python programming is great"
>>> str.capitalize()
'Python programming is great'
```

[예제 41]

upper() 함수는 모든 소문자를 대문자로 변환한다.

```
>>> str.upper()
'PYTHON PROGRAMMING IS GREAT'
```

[예제 42]

lower() 함수는 모든 대문자를 소문자로 변환한다.

```
>>> str="WELCOME TO KOREA"
>>> str.lower()
'welcome to korea'
```

문자열 공백 제거하기

[예제 43]

lstrip() 함수는 문자열의 왼쪽 공백을 제거한다.

```
>>> str=' python programming '
>>> print(f"lstrip:\'{str.lstrip()}\'")
lstrip:'pythn programming '
```

[예제 44]

rstrip() 함수는 문자열의 오른쪽 공백을 제거한다.

```
>>> str=' python programming '
>>> print(f"rstrip:\'{str.rstrip()}\'")
rstrip:' python programming'
```

[예제 45]

strip() 함수는 문자열에 대해 왼쪽, 오른쪽 공백을 제거한다.

```
>>> str=' python programming '
>>> print(f"strip:\'{str.strip()}\'")
strip:'python programming'
```

문자열 분리하기

[예제 46]

split(구분 기호) 함수는 구분 기호에 따라 문자열을 분할하고 하위 문자열 목록을 반환하는 함수이다.

```
>>> str="python programming is great"
>>> for i in str.split(" "):
        print(i)
python
programming
is
great
```

Tip 문자열을 해당 구분기호로 분리하여 나누고, 반환 문자열은 리스트에 저장된다.

```
>>> str="p y t h o n"
>>> str.split(" ")
['p', 'y', 't', 'h', 'o', 'n']
```

문자열에서 최대값/최소값 반환하기

[예제 47]

max() 함수는 문자열에서 최대 알파벳 문자를 반환한다.

```
>>> str="WELCOME TO KOREA"
>>> max(str)
'W'
```

[예제 48]

min() 함수는 문자열에서 최소 알파벳 문자를 반환한다.

```
>>> str="welcome to korea"
>>> min(str)
' '
```

Tip 공백(space) 아스키 코드 값은 32이므로 알파벳 소문자(97~122)보다 크기가 작다.

문자열 연산하기

eval() 함수는 문자열로 입력된 수식을 실행하여 결과 값을 반환해 주는 함수이다. 하지만 부분적으로 포함된 문자열 수식은 문자열 합치기 연산으로 인식되어 계산을 실행할 수 없다.

[예제 49]

eval() 함수는 문자열 연산을 수식으로 변환하여 결과 값을 구하는 함수이다.

```
>>> eval('10+20')
30

>>> eval('10'+'20')          # 부분적으로 포함된 문자열 수식은 연산이 안됨
1020
```

Tip eval() 함수로 문자열 수식을 실행하기 위해서는 실행 가능한 수식 문자열이 완전하게 문자열에 포함되어야만 연산이 가능하다.

```
ex) >>> eval("10+20+30") : 60
ex) >>> eval("30"+2) : 문자열과 수식 연산을 할 수 없으므로 에러 발생
ex) >>> eval(10+20+30) : 문자열 표시가 없으므로 에러 발생
```

진단문제

함수 smallCharter()를 호출하여 사용자로부터 문자 하나를 입력받아, 입력받은 글자가 알파벳 소문자인 경우는 모두 대문자로 변환하여 출력하는 프로그램을 작성하시오.

실행결과

```
알파벳 입력:korea
KOREA
```

요점정리

1. 파이썬에서 사용자 정의 함수 def는 영어 definition의 약어로 def 예약어로 시작하며 첫 행에는 `def 함수이름()`을 쓰며, 함수 뒤에는 조건문, 반복문처럼 :(콜론)을 사용한다.

2. 함수 프로그램이 시작되면 코드 블록으로 들여쓰기(indent)가 적용된다.

3. 함수를 호출할 때 값은 인자(argument)라고 하고, 함수 실행 시 넘겨오는 값을 매개변수(parameter)라고 한다.

4. 함수에서 인자 값으로 숫자, 문자열, 리스트 값을 사용할 수 있다.

5. 함수 정의할 때 여러 개의 매개변수에는 `def 함수명(*args)`로 정의한다.

6. 함수 정의할 때 딕셔너리 자료형으로 매개변수를 받을 때는 `def 함수명(**kwargs)`로 정의한다.

7. 함수 내에서 발생된 결과 값을 반환하기 위해 `return`이라는 키워드를 사용한다. 반환 값은 함수를 호출한 영역으로 되돌려주게 되며, `return` 키워드를 사용한 후, 함수 프로그램은 종료된다.

8. 파이썬에서 설치 후 별도 선언 없이 바로 사용 가능한 함수를 내장함수라고 한다.

9. 파이썬에서 함께 제공되는 함수지만 사용을 위해서는 반드시 `import` 시킨 후 사용해야 사용이 가능한 함수를 외장함수라고 한다.

10. `pow(x,y)` 함수는 x의 y제곱을 구하는 함수이다.

11. `ceil(x)` 함수는 무조건 올려서 출력하는 함수이다.

12. `floor(x)` 함수는 무조건 내려서 출력하는 함수이다.

13. `chr(x)` 함수는 아스키 코드 값을 해당 영문자로 변환하여 출력하는 함수이다.

14. `ord(x)` 함수는 영문자를 해당 아스키 코드로 변환하여 출력하는 함수이다.

15. `find()` 함수는 문자열 안에서 찾고 싶은 문자가 몇 번째에 있는지 찾고 싶을 때 사용하는 함수이다.

16. `capitalize()` 함수는 첫 글자를 대문자로 변환한다.

17. `upper()` 함수는 소문자를 대문자로 변환한다.

18. `lower()` 함수는 모든 대문자를 소문자로 변환한다.

19. `split(구분 기호)` 함수는 구분 기호에 따라 문자열을 분할하고 하위 문자열 목록을 반환하는 함수이다.

20. `eval()` 함수는 문자열 연산을 수행하여 결과 값을 구하는 함수이다.

연습문제

1. 다음 코드를 수행했을 때 출력되는 결과는? (　)

```
>>> str = "  서울\n  부산  \n제주  \t"
>>> str.strip()
```

❶ '서울\n 부산 \n제주'　❷ '서울\n 부산 \n제주 \t'
❸ '서울 부산 제주'　❹ '서울 부산 제주'

2. 다음 문자열에서 사용하지 않는 내장함수는? (　)

❶ mean()　❷ max()　❸ find()　❹ split()

3. 다음 str 변수에 저장된 코드를 수행했을 때 출력되는 결과가 다른 것은? (　)

```
>>> str="python"
```

❶ str.upper() : 'PYTHON'　❷ str.isalpha() : True
❸ str.istitle() : False　❹ str.max() : 'y'

4. 다음 내장함수를 수행했을 때 결과 값이 틀린 것은? (　)

❶ >>> eval("10+30") : 40　❷ >>> ord('z') : 122
❸ >>> chr(65) : 'A'　❹ >>> eval(10+"20") : 1020

5. 다음 함수 관련 설명으로 옳지 않은 것은? (　)

❶ 함수 선언은 def로 시작한다.
❷ 함수 호출할 때 인자 값은 생략할 수 있다.
❸ 함수 안에서 사용 가능한 변수는 매개변수라고 한다.
❹ *args는 딕셔너리 형태로 매개변수를 사용할 수 있다.

6. 다음 함수에 대한 설명으로 옳지 않은 것은? ( )

① return 문은 함수를 호출한 영역으로 값을 반환한다.
② return을 사용하게 되면 함수는 바로 종료된다.
③ 함수란 일정한 작업을 코드 블록으로 묶어서 이름을 붙여 수행하도록 한 작업이다.
④ 함수 호출 시 여러 개의 값은 매개변수로 전달할 수 없다.

7. 리스트 변수 alpha에 아래와 같은 항목 값을 저장한 후, 각 해당 번호에 코드를 실행했을 때 수행에 대한 결과가 다른 것은? ( )

```
>>> alpha = "abcdea"
```

① alpha.index("a",1,6)
② alpha.index("a")
③ alpha.index("a",0,5)
④ alpha.index("a",0,1)

8. 다음 문자열 함수에서 수행하는 역할이 잘못 연결된 것은? ( )

① upper(): 대문자로 변환
② split(): 구분기호로 문자열 분리
③ chr(): 영문자를 아스키 코드 값으로 변환
④ eval(): 문자열 연산을 수식으로 변환하여 수행

9. 다음 str 문자열 변수에서 슬라이싱 코드를 실행하여 "programming"이 출력되지 않은 것은? ( )

```
>>> str="python programming"
```

① str[7:]
② str[-11:18]
③ str[8:11]
④ str[7:18]

10. 다음 코드를 실행했을 때 빈칸에 삽입되어야 하는 것은? ( )

```
>>> str="python programming"
>>> ________________
'a'
```

① str[12]
② str[-6]
③ str[12:13]
④ str[13]

1. 리스트 num=[15,25,33,17,88,25]에 항목이 저장되어 있다. 함수 호출 시 리스트를 인자로 값을 넘긴 후, 함수 영역에서 데이터 항목 출력, 합계를 계산하고, 합계는 호출 영역으로 값을 리턴하여 [실행결과]와 같이 출력하시오.

실행결과

```
15 25 33 17 88 25
합계:203
```

2. 사용자로부터 숫자 한 개를 입력받아, 함수 호출 시 인자로 전달하여 팩토리얼 값을 출력하는 프로그램을 작성하시오.

실행결과

```
숫자 입력:5
5!=120
```

3. 사용자로부터 숫자 수식을 입력 받은 후, 함수를 호출하여 문자로 변환하는 함수 프로그램을 작성하시오. 단, 아스키 코드 범위를 초과하게 되면 합계만 출력하고 종료한다.

Hint: 단, 영문자 대문자 아스키 코드 값은 65~90 이고, 영문자 소문자 아스키 코드 값은 97~122까지이다.

실행결과

```
수식 입력 : 25 + 40
A
수식 입력 : 60 + 70
130
```

4. 리스트 num=[15,25,33,17,88,25]에 항목이 저장되어 있다. 함수 호출 시 리스트를 인자로 하여 값을 넘긴 후, 함수 영역에서 평균을 계산하고, 계산된 평균값을 반환하여 [실행결과]와 같이 출력하시오. 단, 평균은 무조건 올림하여 표시한다.

Hint: 평균 = 합계 / len(num)

실행결과

```
리스트 평균: 34
```

5. 사용자로부터 숫자 하나를 입력받아 함수 호출 시 인자로 값을 넘긴 후, 함수 영역에서 [실행결과]와 같이 피보나치수열을 계산하여 계산된 값을 호출 영역에 반환하는 프로그램을 작성하시오.

실행결과

```
숫자:10
[1, 1, 2, 3, 5, 8, 13, 21, 34, 55]
```

6. 함수 호출 시 `printPrg("Java","C","Python","R","Web")`와 같이 다중 문자열을 인자로 함수를 호출하여 [실행결과]와 같이 출력되도록 프로그램을 작성하시오.

실행결과

```
Java
C
Python
R
Web
```

7. 함수를 호출할 때 `smartPhone(iphone="애플", galaxy="삼성", xiaomi="샤오미")`와 같이 딕셔너리 형태로 함수를 호출하여 [실행결과]와 같이 key, value 값을 동시에 출력되도록 프로그램을 작성하시오.

실행결과

```
iphone 애플
galaxy 삼성
xiaomi 샤오미
```

8. 사용자로부터 5개의 알파벳을 입력받아 리스트에 저장한 후, [실행결과]와 같이 출력하는 함수 프로그램을 작성하시오. 단, 소문자가 입력되었을 경우에는 대문자로 변환하여 alpha 리스트를 출력하시오.

실행결과

```
알파벳 입력: k
알파벳 입력: O
알파벳 입력: R
알파벳 입력: e
알파벳 입력: A
리스트 출력:['K', 'O', 'R', 'E', 'A']
```

9. 사용자로부터 알파벳 영문자를 입력받아 대문자인지 소문자인지를 판별하여 [실행결과]와 같이 출력하는 프로그램을 작성하시오. 단, 영문자가 아닌 경우 다시 재입력을 하도록 하며 'END'나 'end'가 입력되면 프로그램은 종료하도록 한다.

실행결과

```
알파벳 입력: B
알파벳 대문자
알파벳 입력: t
알파벳 소문자
알파벳 입력: %
알파벳이 아니므로 재입력하세요
알파벳 입력: end
**프로그램 종료 **
```

Python

CHAPTER 11

함수 2 (지역변수, 전역변수)

학습목표

이번 장은 함수를 더 잘 이해하고 활용할 수 있도록 지역변수, 전역변수 사용법에 대해 학습을 진행한다. 또한 집(zip) 함수에 대해서는 다른 예제를 통해서 먼저 소개 되었지만 이번 장에서 맵(map) 함수, 람다(lambda) 함수, 재귀(recursive) 함수와 함께 한 번 더 정리하여 프로그램 코딩에 유용한 스킬을 기를 수 있도록 알아볼 것이다.

학습목차

- ▸ 11.1 지역변수와 전역변수
- ▸ 11.2 유용한 내장함수

요약정리
연습문제
수행평가

11.1 지역변수와 전역변수

우리는 10장에서 파이썬 함수에 대해 학습하였다. 함수를 진행하면서 함수 안에서만 사용할 수 있는 변수가 있고 함수 안에서 사용하는 변수를 함수 밖에서도 사용할 수 있는 변수에 대해 살짝 언급한 바 있다. 함수 내에서 사용하는 변수를 지역변수라고 하는데 이 변수를 함수 밖에서 사용하기 위해서는 별도의 선언이 필요하다. 이번 절에서는 함수 내에서만 사용되는 지역변수(local variable)와 함수 외부에서 사용할 수 있도록 선언된 전역변수(global variable) 사용법에 대해 알아보도록 하자.

지역변수

지역변수(local variable)란 함수가 호출되었을 때 생성되어 함수가 종료되면 사라지는 변수이다. 즉, 함수 지역 내에서만 해당 변수로 사용할 수 있으며, 해당 지역을 벗어나면 자동으로 소멸되는 변수이므로 함수 바깥에서는 접근할 수 없다.

```
def  함수이름() :              # 함수 정의

       { 지역변수 사용 }

함수이름()                     # 함수 호출
```

자, 그럼 지역변수에 대해서 실습을 통해 알아보도록 하자.

[예제 1]

쉘 프롬프트에서 예제 코드를 입력한 후 지역변수에 대해 알아보자.

```
>>> def greet():
    name = "홍길동"
    print("안녕하세요!", name)
```

그리고 함수 greet()를 호출하여 실행해 보자.

```
>>> greet()
안녕하세요! 홍길동
```

문제없이 "안녕하세요! 홍길동"이 잘 출력됨을 알 수 있다. 그런데 name 변수만 입력했을 때는 다음과 같이 에러가 발생한다.

```
>>> name
Traceback (most recent call last):
   File "<pyshell#5>", line 1, in <module>
      name
NameError: name 'name' is not defined
```

왜냐하면 지역변수 name은 함수 영역 내에서만 사용할 수 있는데, 함수 범위 영역 밖에서 name을 호출했기 때문에 에러가 발생한 것이다.

[예제 2]

이번에는 함수 정의 영역에 매개변수 x, y를 사용하여 아래 코드를 입력하자.

```
>>> def add(x,y):
   hap=x+y
   print("합계:", hap)
```

위의 함수에 인자 10과 20을 넣어서 함수를 호출해 보자.

```
>>> add(10,20)
합계: 30
```

문제없이 "합계:30"이 잘 출력됨을 확인할 수 있다. 그 이유는 x,y 매개변수가 함수 내에서 호출되어 사용되었기 때문이다. 이때 매개변수로 사용되었던 x,y도 지역변수로 볼 수 있다.

[예제 3]

이번에는 호출 영역에서 함수 호출 시 10, 20을 인자 값으로 사용하여 add(10,20) 함수를 호출하는 코드를 입력해 보자.

```
>>> def add(x,y) :
   hap=x+y
   return hap
```

```
>>> print("합계:",add(10,20))
합계: 30
```

이번 예제도 에러 없이 "합계:30"이 잘 출력됨을 확인할 수 있다. 그 이유는 hap=x+y에서 연산된 결과 값 hap을 리턴하여 바로 출력하였기 때문이다.

그럼, x 변수를 출력하기 위해 print(x)를 사용하였다면 어떻게 될까? 이제 어느 정도 지역변수에 대한 이해를 했기 때문에 에러가 발생할 것으로 결론이 나와야 한다. 함수 영역 밖에서는 지역변수 x를 사용하면 안 되기 때문이다.

```
>>> print(x)
Traceback (most recent call last):
  File "<pyshell#14>", line 1, in <module>
    print(x)
NameError: name 'x' is not defined
```

자, 이번에는 스크립트 모드에서 지역변수를 통해 출력하는 예제를 실습해 보자.

[예제 4]

함수명 "myFunction()" 내에 a=10, b=30으로 시작값을 할당하였을 때, 여기서 a,b에 대한 변수가 지역변수이다. 즉, 함수 내에서 각 값을 할당한 후, 계산된 합계를 출력할 수 있다.

```
def add() :                  # 함수 정의
    a=10                     # 지역변수 선언
    b=30                     # 지역변수 선언
    print("{}+{}={}".format(a,b,a+b))

# 한수 호출 영역
add()                        # 함수 호출
```

실행결과

```
10+30=40
```

위 예제에서 함수 add() 내에서 a=10, b=30에 대한 시작값을 a와 b에 할당하였다. 여기에서 선언된 변수가 지역변수이다. a,b 두 개의 지역변수는 함수 영역 add() 내에서만 사용이 가능하고 함수 영역을 벗어나면 자동적으로 소멸되므로 사용할 수 없다.

[예제 5]

지역변수를 어느 정도 이해했다면, 이번 예제는 사용자에게 가로와 세로를 입력받아서 함수 프로그램 내에서 사각형 넓이를 계산하여 계산된 값을 호출 영역에서 출력하는 프로그램을 실행해 보자. 혹시 문제가 발생하였다면 그 이유가 무엇인지도 생각해 보자.

```
def rect(w,h) :                     # 함수 정의
    area=w*h                        # 지역변수

# 함수 호출 영역
wide=int(input("가로:"))
height=int(input("세로:"))
result=rect(wide,height)            # 함수 호출
print("사각형의 넓이=",area)
```

실행결과

```
가로:20
세로:10
Traceback (most recent call last):
  File "C:/Users/dali3/Desktop/ch11_02.py", line 8, in <module>
  print("사각형의 넓이=",area)
NameError: name 'area' is not defined
```

위 예제에서는 실행결과와 같이 문제가 발생하게 된다. 문제 발생 이유는 함수 rect()에서 지역변수 area를 호출 영역에서 가져다가 사용한 것이 에러 발생의 원인이다.

만약, retrun area로 result=rect(wide,height)에서 리턴된 값이 저장된 result 변수로만 아래와 같이 사용했더라면, 정상적으로 출력되었을 것이다.

```
def rect(w,h) :                     # 함수 정의
    area=w*h                        # 지역변수
    return area

# 함수 호출 영역
wide=int(input("가로:"))
height=int(input("세로:"))
result=rect(wide,height)            # 함수 호출
print("사각형의 넓이=",result)
```

실행결과

```
가로:20
세로:10
사각형의 넓이= 200
```

한 마디로 정리하면 함수 내에서 선언된 지역변수 `w, h, area`는 함수 외부 영역에서 사용할 수 없다.

진단문제

사용자로부터 어떤 숫자 하나를 입력받아 함수 호출 시 인자로 사용하여 해당 숫자만큼 누적된 값을 출력하는 함수 프로그램을 작성하시오.

실행결과

```
숫자:5
1 1
2 3
3 6
4 10
5 15
```

전역변수

전역변수(global variable)는 외부에서 선언된 변수로 전역변수를 함수 내부에서 사용하기 위해서는 `global` 키워드를 사용한다. 전역변수는 지역변수와는 반대로 프로그램이 실행되고 변수가 생성되면 프로그램이 끝날 때까지 존재하는 변수이다.

전역변수는 한 번 선언하면 필요할 때마다 어디서든 사용할 수 있으므로 지역변수보다 훨씬 편하고 유용하게 사용될 수 있다고 생각하기 쉽다. 그러나 전역변수는 프로그램의 구조를 복잡하게 만들고 사용 빈도와 상관없이 프로그램이 끝날 때까지 메모리를 차지하고 있기 때문에 전역변수를 많이 사용하는 것을 가급적 권장하지 않는다.

그럼, 호출 영역에서 두 개의 숫자 정수를 인자 값으로 함수를 호출하여 함수 프로그램에서 처리되는 프로그램에 대해서 알아보자.

[예제 6]

인자 값으로 함수를 호출하여 함수 본문 내에서 합계를 출력하는 예제이다.

```
x=10                                  # 전역변수
def myfunction():                     # 함수 정의
    x=10
    x=x*2
    print("함수 범위 영역 값=", x)      # 지역변수

# 호출 영역
myfunction()
print("전역 범위 영역 값=",x)           # 전역변수
```

실행결과

```
함수 범위 영역 값= 20
전역 범위 영역 값= 10
```

전역변수 x와 지역변수 x는 같은 이름을 사용하고 있지만, 서로 다른 영역의 변수이므로 각자 다른 값을 출력하고 있다. 특히, 지역변수 x와 전역변수 x 값이 동일하게 사용될 때는 함수 내에 있는 지역변수가 우선순위를 갖고 있다.

[예제 7]

함수 영역 내에서도 전역변수를 사용하기 위해서는 키워드 `global`을 선언한다.

```
x=100                                 # 전역변수
def myfunction():                     # 함수 정의
    global x
    x=10                              # 전역변수가 새로운 값으로 수정됨
    x=x*2                             # 전역변수
    print ("함수 범위 영역 값=", x)

# 호출 영역
myfunction()
print ("전역 범위 영역 값=",x)
```

실행결과

```
함수 범위 영역 값= 20
전역 범위 영역 값= 20
```

전역변수가 함수 밖에서 x=100으로 시작값을 설정하였다. 함수 영역 내에서 global 키워드를 이용하여 x를 전역변수로 사용하도록 선언한 후, 기억된 100이 x=10으로 수정되어 새로운 값으로 기억하게 된다. 그런 다음 x=x*2로 계산된 20을 기억하여 함수 범위 영역 값으로 출력하게 된다. 전역 범위 영역에서는 함수 내에서 기억된 전역변수 값을 호출 영역에서도 가져다 쓸 수 있으므로 기억된 20을 동일하게 출력할 수 있다.

[예제 8]

이번에는 호출 영역에서 사용자로부터 숫자 한 개를 입력받아 함수 호출 시 인자로 사용하여 함수 내에서 합계를 계산해 보자. 이때 계산된 합계를 리턴 없이 함수 밖에서도 출력 가능한지 실행해 보자.

```
tot=0                  # 전역변수
def hap(num):          # 함수 정의
    global tot
    for i in range(1,num+1,1) :
        tot+=i

# 호출 영역
num=int(input("숫자:"))
hap(num)
print("1-{} 까지 합={}".format(num, tot))
```

실행결과

```
숫자:100
1-100 까지 합=5050
```

tot 변수가 함수 밖에서 전역변수로 선언되었기 때문에 함수 밖에서도 리턴 없이 불러다가 사용해도 성공적으로 값을 가져올 수 있다.

[예제 9]

전역변수 cnt=0으로 시작값을 설정한 뒤, 함수를 호출할 때마다 변수 값이 초기화되지 않고 카운트가 1씩 증가된 후, 값을 출력하는 예제이다.

```
cnt=0                    # 전역변수 초기화
def countNum():          # 함수 정의
    global cnt           # 전역변수 선언
    cnt+=1               # 전역변수는 함수 호출 시마다 초기화되지 않고 1씩 증가
    print(cnt)

# 호출 영역
countNum()               # 1 출력
countNum()               # 2 출력
countNum()               # 3 출력
```

실행결과

```
1
2
3
```

함수 프로그램은 보통 함수 프로그램 수행이 끝나면 기억된 변수가 소멸된다. 위 예제에서는 전역변수로 cnt 변수를 선언하여 함수가 종료되더라도 초기화되지 않고 누적된 값을 기억하고 있다.

즉, 호출할 때마다 1씩 증가하여 1, 2, 3을 출력하게 된다.

진단문제

apple=10 전역변수로 사과 10개가 할당되어 있다. 사과를 먹고 싶을 때마다 eatApple(1), eatApple(3), eatApple(2) 먹고 싶은 사과 개수를 인자로하여 함수를 호출하고, 먹은 사과 개수만큼 차감한 후, 남은 사과 개수를 계산하여 [실행결과]와 같이 출력하는 함수 정의 프로그램을 작성하시오.

실행결과

```
남은 사과 개수=4
```

11.2 유용한 내장함수

이번 절에서는 맵(map) 함수, 람다(lambda) 함수, 집(zip) 함수, 재귀(recursive) 함수에 대해 살펴보고 유용하게 자료를 활용하는 방법에 대해서도 함께 알아보도록 한다.

map 함수

파이썬에서 map() 함수는 주로 여러 개의 데이터를 한꺼번에 일괄적으로 다른 형태의 데이터로 바꾸기 위해 사용하며, 리스트, 튜플 자료형을 가지고 많이 사용한다.

map 함수를 이용하여 자료를 변환한 후 반환된 결과 값은 map 객체에 저장되는데 이 객체는 메모리 주소 값에 해당되므로 눈으로 읽을 수 없다. 실제로 처리되는 최종 자료형으로 변환시키기 위해서는 map 객체를 list()나 tuple() 함수로 변환해 주면 사용 가능한 자료형으로 변환된다.

```
map객체=map(함수, 객체)
```

map() 함수를 사용하기 위해서는 반드시 2개의 인자 값을 제공해야 되는데, 첫 번째 인자 값에는 적용할 함수를 적고, 두 번째 인자는 자료형으로 리스트나 튜플과 같은 객체를 넣어 map() 함수를 동작시킨다.

[예제 10]

map() 함수를 이용하여 문자열 리스트를 숫자 항목 리스트로 변환하는 예제이다.

```
>>> strNum=["1","2","3","4","5"]
>>> num=list(map(int, strNum))
>>> num
[1, 2, 3, 4, 5]
```

위 예제는 int() 함수를 이용하여 문자열 숫자 리스트 변수를 정수형 숫자로 변환하여 리스트 자료형으로 저장하였다.

여기서 잠깐

```
>>> strNum=["1","2","3","4","5"]
>>> num=map(int,strNum)
>>> num          # map을 이용하여 저장한 변수 값 출력
<map object at 0x0000020B7E651640>
```

list() 함수 없이 map() 함수만을 사용하여 두 개의 인자를 이용하여 해당 함수로 처리한 후 변수를 저장하게 되면 아래와 같이 메모리 주소만 출력된다. 이때 제대로 리스트에 저장된 값을 출력하기 위해서는 list() 함수를 사용하면 정상적인 리스트 자료로 출력할 수 있다.

```
>>> list(num)
[1, 2, 3, 4, 5]
```

[예제 11]

사용자로부터 입력받은 숫자를 숫자 항목 리스트로 변환하는 예제를 알아보자.

```
>>> num=list(map(int,input().split()))
1 2 3 4 5
>>> num
[1, 2, 3, 4, 5]
```

사용자로부터 입력받은 숫자(1 2 3 4 5)를 split() 함수를 사용하여 공백을 기준으로 분리하여 정수형 숫자 리스트 자료형으로 변환하였다.

Tip 자, 그럼 map 함수를 가지고 우리가 내장함수에서 배웠던 함수를 응용하여 정리해 보도록 하자.
우선 input() 함수로 숫자(10, 20, 30, 40, 50)를 입력한다. 입력하게 되면 split(",") 함수를 이용하여 ,(콤마)로 분리시킨다. 그런 다음, map() 함수를 이용하여 정수형 숫자로 처리하고 list() 함수로 최종 변환하게 된다.

```
>>> num=list(map(int,input().split(",")))
10,20,30,40,50
>>> num
[10, 20, 30, 40, 50]
```

자, 이번에는 튜플에 저장된 항목을 가지고 map() 함수를 적용하여 다른 자료형으로 변환해 보도록 하자.

[예제 12]

map 함수 첫 번째 인자 upper(), 두 번째 인자 ("korea", "seoul", "university")를 문자열 튜플을 사용하여 대문자로 변환 후, 튜플 자료형으로 저장해 보자.

```
>>> def upperStr(str):
   return str.upper()
```

```
>>> mapTuple = tuple(map(upperStr, ("korea", "seoul", "university")))
>>> mapTuple
('KOREA', 'SEOUL', 'UNIVERSITY')
```

Tip tuple() 함수로 변환하기 전 자료 유형을 살펴보면 map으로 확인된다.

```
>>> mapTuple = map(upperStr, ("korea", "seoul", "university"))
>>> type(mapTuple)
<class 'map'>
```

Tip 튜플 자료형은 list() 함수를 이용하여 언제든지 리스트 자료형으로 변환이 가능하다.

```
>>> list(mapTuple)
['KOREA', 'SEOUL', 'UNIVERSITY']
```

[예제 13]

리스트 문자 항목에 대한 개수를 구하는 예제를 map() 함수를 통해서 알아보자.

```
def strLen(str):     # 함수 정의
   return len(str)

# 호출 영역
str=["apple", "banana", "cherry", "durian", "mango"]
strnum=list(map(strLen, str))
print(strnum)
```

실행결과

```
[5, 6, 6, 6, 5]
```

진단문제

리스트 num=[1,2,3,4,5] 자료 항목 값에 *2를 수행하도록 map() 함수를 사용하여 [실행결과]와 같이 출력되도록 프로그램을 작성하시오.

실행결과

```
[2, 4, 6, 8, 10]
```

lambda 함수

lambda() 함수는 앞서 다중 리스트 튜플 단원에서 학습하였으므로 용어가 익숙할 것이다.

하지만 이번 람다 함수는 표현식 형태로 되어 있어서, 사용자가 직접 수식을 만들어서 사용할 수 있다. 또한, lambda() 함수는 def 함수를 정의해서 사용해도 되지만, 1회성으로 사용되는 간단한 기능이기 때문에 def 함수 정의보다 lambda 표현식이 훨씬 간편할 수 있다. 완성된 람다 함수는 변수에 저장하여 다른 함수의 기능처럼 인자를 넣어서 활용할 수도 있다.

```
map(lambda 인자:표현식, 객체자료)
```

[예제 14]

리스트 listNum = [1, 2, 3, 4, 5] 변수를 인자 값으로 항목 값에 2를 곱하는 람다 표현식을 사용하여 map() 함수와 함께 사용해 보자.

```
>>> listNum = [1, 2, 3, 4, 5]
>>> listMap=map(lambda x:x*2, listNum)
>>> list(listMap)
[2, 4, 6, 8, 10]
```

[예제 15]

def 함수로 두 인자에 대한 곱을 출력하는 경우와 lambda 함수로 2개의 인자를 곱하는 표현식을 만들어 출력하는 경우를 비교해 보자.

```
def mul(a,b):           # 함수 정의
    return a*b

# 호출 영역
print("두 인자 곱=",mul(2,3))
```

```
print("두 인자 곱=",(lambda a,b:a*b)(2,3))
```

실행결과

```
두 인자 곱= 6
```

위 두 예제 [1번], [2번] 모두 인자 값 2개(2,3)를 받아 "두 인자 곱=6"을 출력하는 코드였는데 결과 값은 모두 동일하다. 만약, 재사용을 위한 함수 작성 코드가 아니라면, lambda 표현식을 이용한 1회성으로 결과 값을 출력하는 게 훨씬 더 편리하다는 것을 확인할 수 있었다.

여기서 잠깐 **lambda 함수 표현식도 재사용이 가능한가?**

람다 표현식을 작성하여 변수에 저장한 후, 변수를 함수명으로 사용하고 인자를 계산 값으로 넣어서 표현해 주면 충분히 lambda 함수 표현식도 재사용할 수 있다.

```
>>> lambdaGob = lambda a,b:a*b
>>> lambdaGob(2,3)
6
>>> lambdaGob(4,5)
20
```

진단문제

listNum = [1,3,5,7,9] 변수에 저장된 숫자 항목을 lambda 표현식을 이용하여 거듭제곱으로 인수를 만들어 출력되도록 밑줄 친 부분에 람다 표현식을 완성하시오.

```
>>> listNum = [1,3,5,7,9]
>>> lambdaList=list(map(_______________________________))
>>> lambdaList
[1, 9, 25, 49, 81]
```

zip 함수

zip() 함수는 우리가 앞서 딕셔너리 단원에서 학습한 바 있다. zip() 함수는 동일한 개수로 이루어진 자료형을 인자로 받아서 서로 묶어 다중 리스트 튜플 형태로 출력해주는 함수이다.

[예제 16]

리스트 num = ['one', 'two', 'three'], su = ['1', '2', '3'] 변수를 zip 함수로 서로 묶어 보자.

```
>>> num = ['one', 'two', 'three']
>>> su = ['1', '2', '3']
>>> list(zip(num,su))
[('one', '1'), ('two', '2'), ('three', '3')]
```

리스트 num 변수와, 리스트 su 변수에 속한 항목 값들이 zip 함수에 의해 순서대로 다중 리스트 튜플 형태로 묶어진 것을 확인할 수 있다.

[예제 17]

리스트 num = ['one', 'two', 'three'], su = ['1', '2', '3'] 변수를 zip() 함수를 사용하여 두 항목의 자료를 묶은 후, 출력해 보자.

```
>>> num = ['one', 'two', 'three']
>>> su = ['1', '2', '3']
>>> for i,j in zip(num, su) :
    print(i,j)
```

실행결과

```
one 1
two 2
three 3
```

진단문제

리스트 lastName = ["이","홍","김","유","아"]와, 리스트 firstName = ["순신","길동","유신","관순","이키"]를 zip() 함수를 사용하여 [실행결과]와 같이 두 항목의 자료를 출력하시오.

실행결과

```
이 순신
홍 길동
김 유신
유 관순
아 이키
```

[예제 18]

리스트 str=["apple", "banana", "cherry", "durian", "mango"] 자료에 대한 글자 개수를 map 함수를 이용하여 계산하고, zip() 함수를 사용하여 리스트 str과 글자 개수에 대한 리스트를 사용하여 두 항목의 자료를 출력해 보자.

```
def strLen(str):     # 함수 정의
    return len(str)

# 호출 영역
str=["apple", "banana", "cherry", "durian", "mango"]
strnum=list(map(strLen, str))
for i,j in zip(str, strnum):
    print("{}\t{}".format(i,j))
```

실행결과

```
apple   5
banana  6
cherry  6
durian  6
mango   5
```

진단문제

리스트 lanStr=["문화예술전공","산업시스템전공","컴퓨터공학","AI융합전공","SW전공"]에 대한 문자열 항목을 리스트변수에 기억한 후, map함수, lambda, zip함수를 사용하여 [실행결과]와 같이 문자열과, 글자의 개수를 구하여 출력하시오.

실행결과

```
문화예술전공      6
산업시스템전공    7
컴퓨터공학        5
AI융합전공        6
SW전공            4
```

재귀함수

재귀함수(recursive function)는 함수를 정의한 후, 함수 내에서 자신을 다시 호출하여 작업을 수행하는 방식의 함수이다.

```
def  함수이름() :          # 함수 정의
    함수이름()             # 재귀함수 : 함수 내에서 다시 함수 호출
함수이름()                 # 함수 호출 : 첫 함수 호출
```

재귀함수를 사용할 때 주의할 점은 함수 내에서 자신의 함수를 호출할 때 종료 조건에 대한 값이 명확하게 설정되지 않으면 무한 반복에 빠질 수 있기 때문에 주의해야 한다.

다음 예제는 함수 내에서 함수를 호출하는 예제이다. 하지만 종료에 대한 조건 제시가 없기 때문에 무한 반복에 빠지게 된다.

[예제 19] 함수 hello()에서 hello()를 재호출하는 예제(Hello Python을 무한 출력)

```
>>> def hello() :          # 함수 정의
        print("Hello Python")
        hello()            # 재귀함수 : 자기 자신 hello() 함수를 함수 내에서 재호출
>>> hello()                # hello() 함수를 호출 : 이때 Hello Python이 무한 출력됨
Hello Python
Hello Python
Hello Python               # Ctrl + C를 눌러서 강제 종료시킴
  File "<pyshell#20>", line 2, in hello
    print("Hello Python")
KeyboardInterrupt
```

[예제 20]

함수 호출 시 인자 값(5)을 사용하여 0~num까지 합계를 구하는 재귀함수 예제이다.

```
def recuHap(num):                        # 함수 정의
   if num>0:
      return num+recuHap(num-1)          # num=num+(num-1)까지 합을 구함
   else :                                # num이 0과 같거나 작은 경우
      return 0                           # num에 대한 합 0을 리턴

# 호출 영역
print("1-5까지 합={}".format(recuHap(5)))
```

실행결과

```
1-5까지 합=15
```

[예제 21]

사용자로부터 숫자 한 개를 입력받아 함수를 호출한 후 재귀함수를 이용하여 팩토리얼 값을 구하여 보자.

```
def recuFact(x) :
   if x==1:
      return 1
   else :
      return (x*recuFact(x-1))          # x*recuFact(x-1) 팩토리얼 값을 구함

num=int(input("숫자:"))
print("팩토리얼 값 =",recuFact(num))
```

실행결과

```
숫자:5
팩토리얼 값 = 120
```

진단문제

함수 powerNum(2, 4)를 호출하고 재귀함수를 이용하여 2**4 지수 승에 대한 결과 값을 [실행결과]와 같이 출력하는 프로그램을 작성하시오.

실행결과

```
2**4=16
```

요점정리

1. 지역변수(local variable)란 함수가 호출되었을 때 생성되어 함수가 종료되면 사라지는 변수이다.

2. 지역변수는 함수 영역 밖에서 사용하면 에러가 발생한다.

3. 전역변수(global variable)는 함수 외부에서 선언된 변수로 전역변수를 함수 내부에서 사용하기 위해서는 `global` 키워드를 사용한다.

4. 지역변수 `x`와 전역변수 `x` 값이 동일하게 사용될 때는 함수 내에 있는 지역변수가 우선순위를 갖고 있다.

5. `map()` 함수는 주로 여러 개의 데이터를 한 번에 일괄적으로 다른 형태의 데이터로 바꾸기 위해 사용하는 기능으로 리스트, 튜플 자료형과 같은 자료형을 많이 사용한다.

6. 람다 함수는 표현식 형태로 되어 있어서, 사용자가 직접 수식을 만들어서 사용할 수 있으며, 1회성으로 사용되는 간단한 기능이기 때문에 `def` 함수 정의보다 `lambda` 표현식이 훨씬 간편하다.

7. 완성된 람다 함수는 변수에 저장하여 다른 함수의 기능처럼 인자를 넣어서 활용할 수도 있다.

8. `zip()` 함수는 동일한 개수로 이루어진 자료형을 인자로 받아 서로 묶어서 튜플 형태로 출력해주는 함수이다.

9. 함수 내에서 다시 자신의 함수를 호출하는 함수를 재귀함수(recursive function)라고 한다.

연습문제

1. 다음 add() 함수 코드에서 지역변수가 아닌 것은? (   )

```
def add(x,y) :
    hap=x+y
    return hap

a=10
b=20
print("합=",add(a,b))
```

① x ② y ③ hap ④ a,b

2. 다음 중 전역변수를 선언하기 위한 키워드는? (   )

① extern ② global ③ long ④ local

3. 다음 중 함수 내에서만 사용이 가능한 변수는? (   )

① 지역변수 ② 임시 변수 ③ 전역변수 ④ 내장 변수

4. 다음 중 함수에서 자신을 다시 호출하여 작업을 수행하는 방식의 함수는? (   )

① map ② lambda ③ zip ④ recursive

5. 다음 지역변수에 대한 설명으로 옳지 않은 것은? (   )

① 지역변수는 함수 밖에서 사용할 수 없다.
② 함수 안에서만 접근할 수 있는 것을 지역변수라고 한다.
③ 지역변수는 함수 안에서 생성할 수 있다.
④ 전역변수와 지역변수에 대한 동일한 변수가 있다면 우선순위는 함수 밖에 있는 전역변수가 우선이다.

6. 다음 전역변수 설명으로 옳지 않은 것은? (   )

① 전역변수는 어떤 위치이든 사용할 수 있다.
② 함수 밖에서 선언한 변수를 함수 내에서 사용하기 위해 global 예약어를 사용한다.
③ 전역변수는 값을 절대 변경할 수 없다.
④ 전역변수는 외부에서 선언된 변수이다.

7. 다음 람다 함수 표현식을 사용하여, 올바른 결과 값이 표시될 수 있도록 ____ 밑줄 친 부분에 들어갈 코드는? (   )

```
>>> lambdaHap = lambda a,b:a+b
>>> ____________________
5
```

① lambdaHap(a,b)
② lambdaHap(2,3)
③ def lambdaHap(2,3)
④ lambdaHap(a+b:2,3)

8. 리스트 num = [5.5, 2.1, 2.4, 3.2, 5.1] 항목을 모두 정수로 출력되도록 ___ 밑줄 친 부분에 들어갈 코드는? (   )

```
>>> num = [5.5, 2.1, 2.4, 3.2, 5.1]
>>> ____________________
[5, 2, 2, 3, 5]
```

Hint: map(함수, 객체)를 사용하여 지정된 함수를 이용하여 한꺼번에 리스트, 튜플과 같은 데이터를 변환한다.

① numList=map(int,num)
② list(map(int,num))
③ print(map(int,num)
④ print(num)

9. 다음 코드에서 num을 실행했을 때 ____ 밑줄 친 부분에 예상되는 결과 값은? (   )

```
>>> def hap():
    global num
    num+=1
    return num

>>> num=5
>>> hap()
6
>>> num
__________
```

① 0
② 1
③ 5
④ 6

10. 다음 코드를 실행했을 때 ❶, ❷번 num 변수에 출력될 값은 각각 얼마인가? (   )

```
num=6
def numPrt(a):
    global num
    print(num) ------❶
    num+=5

# 호출 영역
numPrt(10)
print(num) ---------❷
```

① 10, 15   ② 10, 11   ③ 6, 16   ④ 6, 11

11. 두 개의 리스트를 서로 묶어줄 때 사용하는 함수는? (   )

① map   ② lambda   ③ add   ④ zip

수행평가

1. numPrt(10), numPrt(20), numPrt(30)을 인자 값을 바꾸어 3번 호출하여 함수 내에서 매개변수로 받은 인수를 누적하여 [실행결과]와 같이 출력되도록 함수 프로그램을 작성하시오.

실행결과

```
10
30
60
```

2. 사용자로부터 숫자 한 개를 반지름으로 입력받아, 함수 호출 시 인자로 전달하여 원의 넓이를 구한 후, 계산된 원의 넓이를 return하여 출력하는 함수 프로그램을 작성하시오.

실행결과

```
반지름? 5
원의 넓이= 78.5
```

3. 사용자로부터 숫자를 입력받아 함수 호출 시 인자로 전달하여, 소수 여부를 판별하여 출력하는 함수 프로그램을 작성하시오.

실행결과

```
숫자:52
52는(은) 소수가 아닙니다.
숫자:13
13는(은) 소수입니다.
```

4. 리스트 num=[1,3,5,7,9]에 항목이 저장되어 있다. 함수 호출 시 리스트를 인자로 하여 값을 넘긴 후, 전역변수에 대한 합계를 계산하여 [실행결과]와 같이 출력하는 함수 프로그램을 작성하시오.

실행결과

```
리스트 합계=25
```

5. 사용자로부터 숫자 하나를 입력받아 함수 호출 시 인자로 값을 넘긴 후, 함수 영역에서 입력된 인수 개수만큼 피보나치 수열을 계산하여 출력하는 프로그램을 작성하시오.

실행결과

```
숫자:8
1
1
2
3
5
8
13
21
```

6. 튜플 lanStr=("Java","C","Python","R","Web")에 대한 항목을 lambda 함수로 글자 개수를 구하여 [실행결과]와 같이 출력되도록 프로그램을 작성하시오.

Hint: list(map(lambda x:len(x), lanStr))로 글자 개수를 구할 것

실행결과

```
Java     4
C        1
Python   6
R        1
Web      3
```

7. 튜플 phone=("iphone", "galaxy", "xiaomi"), company=("애플", "삼성", "샤오미")에 대한 항목을 묶어서 [실행결과]와 같이 출력되도록 프로그램을 작성하시오.

Hint: zip(phone,company) 함수로 각 튜플을 묶을 것

실행결과

```
iphone 애플
galaxy 삼성
xiaomi 샤오미
```

8. 사용자로부터 3개의 숫자를 입력받은 후, 다중 인자로 함수를 호출하여 [실행결과]와 같이 인자에 대한 합계를 출력하는 함수 프로그램을 작성하시오.

실행결과

```
숫자1,숫자2,숫자3 입력: 15, 35, 50
인자 합계 = 100
```

CHAPTER 12

예외 처리와 파일 처리

학습목표

이번 장에서는 예외 처리, 파일 처리에 대해 학습한다. 프로그램을 만들다 보면 많은 오류를 접하게 되는데 프로그램 완성을 위해 오류 발생으로 인한 적절한 조치를 취하고자 할 때 예외 처리를 사용할 수 있다. 그리고 저장된 텍스트 파일을 읽고 그 내용을 화면에 출력하거나, 화면에서 입력된 내용을 파일로 출력하여 파일을 잘 관리하고 다룰 수 있는 파일 처리에 대해서도 알아볼 것이다.

학습목차

12.1 예외 처리

파이썬 프로그래밍 코딩을 하다 보면 여러 예기치 않은 오류들을 접하게 된다. 오류가 발생하게 되면 일단 프로그램 수행이 중간에 중단되는데, 비정상으로 종료되지 않도록 예외 처리를 통해 에러가 발생했을 때 프로그래머가 할 수 있는 효율적인 처리라고 생각하면 된다. 그럼 예외 처리와 관련된 상황을 다양한 예제를 통해 알아보도록 하자.

try~except 문

예외 처리(Exception Handling)는 파이썬을 실행하는 과정에서 오류가 발생하면 프로그래머가 프로그램 실행을 중단시키기 않고 예외 처리를 통해 프로그램을 계속 실행하고자 할 때 사용한다. 우선 try~except 문부터 알아보도록 하자.

```
try :
        에러 발생 가능성이 있는 코드
except :
        에러가 발생되면 동작할 코드
```

- try: 기본적으로 실행되는 정상 코드를 적는다.
- except: 프로그램을 진행하다 오류가 발생하면 처리되는 예외 처리 코드를 적는다.

[예제 1]

아래 예제 코드를 입력해서 정상적인 숫자를 입력했을 때의 연산 실행결과와 비정상적인 연산 실행에 대한 예외 처리를 알아보자.

```
try:                             # 나눗셈을 수행하기 위한 정상적인 실행 코드
   num = int(input("정수 입력:"))
   n=int(input("나눌 수:"))
   if num%n==0 :
      print("짝수 입니다.")
   else :
      print("홀수 입니다.")

except:                          # 0으로 나눌 경우 예외 처리
   print("오류 발생")
```

실행결과

```
정수 입력:12
나눌 수:2
짝수 입니다.
```

정상적인 실행

```
정수 입력:12
나눌 수:0
오류 발생
```

예외 처리

특정 예외만 처리할 수 있는 예외 처리

이번에는 예외 처리 시 특정한 예외 처리 상황만 처리될 수 있도록, except 예외 종류를 직접 명시하여 예외 처리 동작을 수행하기도 한다.

```
try :
        에러 발생 가능성이 있는 코드
except 예외 종류 :
        에러가 발생되면 동작할 코드
```

다양한 예외 종류

예외 종류	내용
OverflowError	데이터 타입이 표현할 수 있는 숫자의 범위를 넘어가는 경우에 발생
ArithmeticError	수식 연산과 관련된 에러 발생
FileNotFoundError	파일을 열려고 했으나 해당 파일이 존재하지 않을 때 발생
ImportError	파이썬 모듈을 import로 불러들일 수 없을 때 발생
EOFError	파일이 마지막 끝이 되었을 때 발생
KeyError	딕셔너리에 접근하려는 Key 값이 없을 때 발생
KeyboardInterrupt	사용자가 Ctrl + C 키로 강제 종료를 눌렀을 때 발생
ValueError	부적절한 값을 가진 인자를 받았을 때 발생 ex) int('str')
TypeError	연산 시 잘못된 type을 전달했을 때 발생 ex) 10+"20"
IndexError	인덱스 범위를 벗어나는 경우에 에러가 발생
ZeroDivisionError	숫자를 0으로 나누었을 때 발생
NameError	설정된 변수를 찾을 수 없을 때 발생

[예제 2]

사용자로부터 숫자1, 숫자2를 입력받아서 나눗셈 연산 시 0으로 나눌 수 없을 때 발생하는 예외 처리를 실행해 보자.

```
try:
   num1=int(input("숫자1:"))
   num2=int(input("숫자2:"))
   na=num1/num2
   print("{}/{}={}".format(num1,num2,na))
except ZeroDivisionError:        # 0으로 나눌 수 없을 때 특정 예외 처리
   print("숫자는 0으로 나눌 수 없습니다!")
```

실행결과

```
숫자1:15
숫자2:5
15/5=3.0
```

정상적인 실행

```
숫자1:15
숫자2:0
숫자는 0으로 나눌 수 없습니다!
```

예외 처리

[예제 3]

리스트 listNum=[15,12,7,14,24]에 저장된 숫자 항목을 인덱스로 추출하여 나눌 숫자 입력 후, 연산 시 발생할 수 있는 다양한 예외 처리 발생에 대해 실행해 보자.

```
listNum=[15,12,7,14,24]
try:
   idx=int(input("리스트 항목 인덱스 위치를 입력하세요:"))
   num=int(input("나눌 숫자를 입력하세요:"))
   print(listNum[idx] / num)
except ValueError:
   print("숫자가 아닌 잘못된 값 입니다.")
except ZeroDivisionError:
   print("0으로 나눌 수 없습니다.")
except IndexError:
   print("찾고자하는 인덱스가 없습니다.")
```

실행결과

```
리스트 항목 인덱스 위치를 입력하세요:3
나눌 숫자를 입력하세요:2
7.0                          # 3번째 인덱스 14/2로 나눗셈 결과 출력
```

```
리스트 항목 인덱스 위치를 입력하세요:5
나눌 숫자를 입력하세요:2
찾고자하는 인덱스가 없습니다.     # 인덱스 범위 0~4를 초과한 예외 처리
```

```
리스트 항목 인덱스 위치를 입력하세요:2
나눌 숫자를 입력하세요:"3"
숫자가 아닌 잘못된 값입니다.     # 7/"3"은 문자로 나눌 수 없는 예외 처리
```

위 예제처럼 except에 대한 여러 예외 상황 처리를 고려하여 서로 다른 예외 처리를 진행할 수 있다.

예외 에러 메시지 출력

예외 처리 시 에러에 대한 정확한 원인을 파악하기 힘들 때 Exception as e를 사용한 후, print(e)를 하게 되면 정확한 에러 원인에 대한 메시지를 출력할 수 있다. 이때 as 뒤에 e는 except 문이 실행된 후, 변수 e에 담기는 오류 메시지를 의미한다.

[예제 4]

숫자 정수의 나눌 숫자를 입력하여 [실행결과]와 같이 입력하여 오류가 발생하면 print(e)에 의해 정확한 에러 원인에 대한 메시지를 출력하는지 확인해 보자.

```
try:
    num1=int(input("숫자 정수:"))
    num2=int(input("나눌 숫자:"))
    div=num1/num2
    print("{}".format(div))
except Exception as e:
    print(e)
```

실행결과

```
숫자 정수:15
나눌 숫자:5
3.0
```

정상적인 실행

```
숫자 정수:15
나눌 숫자:0
division by zero
```

예외 처리

try~except~else~finally 문

자, 지금까지는 try 문에서 오류가 발생하면 except 문이 실행되었다. 그런데 이번에는 try 문에서 오류가 발생하지 않으면 else 문이 실행되는 예외 처리에 대해서 알아볼 것이다.

그리고 finally 문은 예외 발생 여부와 상관없이 무조건 실행하는 문으로, 무조건 실행시키고 싶은 코드는 finally 문을 이용하여 작성하면 된다. finally 문은 생략이 가능하다.

```
try :
        에러 발생 가능성이 있는 코드
except 예외종류 :
        에러가 발생되면 동작할 코드
else:
        에러가 발생하지 않았을 경우 실행되는 코드
finally:
        에러 여부와 상관없이 무조건 실행되는 코드
```

- else: 예외 처리할 에러가 발생하지 않을 때 실행되는 코드
- finally: 에러 발생 여부와 상관없이 무조건 실행되는 코드

[예제 5]

try~exception~else~finally 문을 이해하기 위해 숫자 정수, 나눌 숫자를 입력하여 [실행결과]와 같이 입력하여 오류가 발생하지 않으면 else 문이 수행되는지 여부를 확인해 보자. 또한 finally 문은 오류 발생 여부와 상관없이 항상 수행되는지도 확인해 보자.

```
try:
   num1=int(input("숫자 정수:"))
   num2=int(input("나눌 숫자:"))
   div=num1/num2
   print("{}".format(div))
except ZeroDivisionError as e:
   print("숫자는 0으로 나눌 수 없습니다.")
else:
   print("else 처리문입니다.")
finally:
   print("finally는 항상 처리되는 문입니다.")
```

실행결과

```
숫자 정수:25
나눌 숫자:5
5.0
else 처리문입니다.                    # 에러가 없으므로 출력 됨
finally는 항상 처리되는 문입니다.
```

```
숫자 정수:25
나눌 숫자:0
숫자는 0으로 나눌 수 없습니다.         # 에러가 있으므로 else문은 출력되지 않음
finally는 항상 처리되는 문입니다.
```

raise 키워드로 직접 예외 발생시키기

프로그램을 진행하다보면 에러가 어느 상황에 발생하는지 궁금할 때가 있다. 즉, 프로그램 수행 중 오류 발생 여부를 확인하기 위해 try~exception과는 별도로 일부러 raise Exception을 이용하여 예외를 발생시켜 처리할 수도 있다.

[예제 6]

사용자로부터 어떤 숫자를 입력해서 5의 배수인지를 판별하고 5의 배수가 아니면 예외 처리를 진행한다. 이때 raise Exception을 통해서 사용자가 일부러 5의 배수가 아닌 다른 숫자를 입력하여 에러를 유발하여 예외 처리가 진행되는지 알아보도록 한다.

```
num=int(input("5의 배수를 입력하세요:"))
try :
    if num%5 !=0:
        raise Exception(f"{num}은(는) 5의 배수가 아닙니다.")
    print(f"{num}은(는) 5의 배수가 맞습니다.")
except Exception as e:                      # 예외 발생 시 실행
    print("예외가 발생했습니다.", e)
```

실행결과

```
5의 배수를 입력하세요:225
225은(는) 5의 배수가 맞습니다.
```

```
5의 배수를 입력하세요:233
예외가 발생했습니다. 233은(는) 5의 배수가 아닙니다.
```

에러 발생시 except Exception as e:에 대한 예외 처리를 실행하고, raise~Exception에 대한 에러 유발 메시지도 함께 실행되는 것을 알 수 있다.

진단문제

리스트 listStr=["python","programming","seoul","korea","university"]에 사용자가 문자열 인덱스 위치를 입력하여, 해당 문자열 항목에 대한 글자 개수를 출력하는 프로그램을 작성하시오. 단, 해당 인덱스가 없다면 예외 처리를 실행하시오.

실행결과

```
문자열 인덱스를 입력하세요:1
programming....11
```

정상적인 실행

```
문자열 인덱스를 입력하세요:6
찾고자 하는 인덱스가 없습니다.
```

예외 처리

12.2 파일 처리

파이썬에서 파일(file) 처리는 다른 언어에서와 마찬가지로 매우 중요하다. 파일에서 어떤 데이터를 읽고 처리하여 그 결과를 다시 파일로 저장하기 위한 역할이 파일 처리이다. 즉, 파일로 읽은 데이터를 분석하고 처리하여 그 결과를 보관하는 것도 파일 처리이다. 파일을 처리하기 위해서는 눈으로 읽을 수 있는 텍스트 파일과 눈으로 읽을 수 없는 이진 파일이 있는데 이번 절을 통해서 알아보도록 하자.

파일 입출력 장치

지금까지 우리가 학습한 내용 중에서 데이터를 처리하기 위해 입력할 데이터가 필요하였다. 이때 `input()`이라는 입력 함수를 이용하여 키보드를 통해서 숫자나 문자열 데이터를 입력 받았다. 또한 처리된 데이터 내용을 출력하기 위해서는 `print()` 함수를 이용하여 출력하였다.

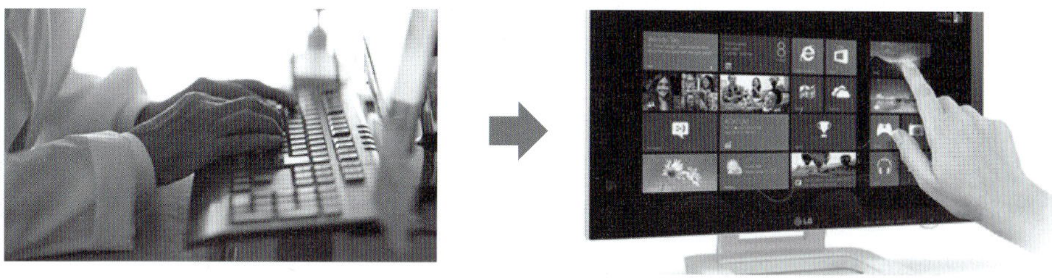

input() output()

이제 파이썬 파일 처리를 학습한 이후부터는 파일을 읽기 위해서는 `read()`와 `readline()`이라는 함수를 통해서 파일을 읽어오게 되며, 파일을 저장하기 위해서는 `write()`와 `writelines()`라는 함수를 통해서 데이터 내용을 파일로 저장할 수 있다는 개념에 익숙해지도록 하자.

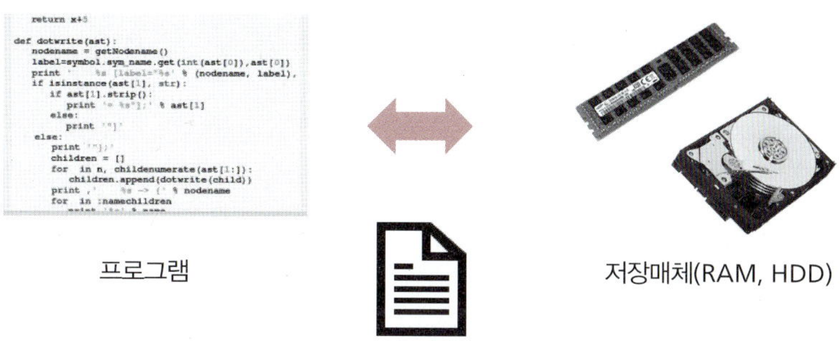

프로그램 저장매체(RAM, HDD)

파일

주기억장치

- RAM(램): Random Access Memory의 약어로, 읽고 쓰기가 자유로우나 전원이 꺼지면 지워지는 휘발성 메모리 특성을 가진 주기억장치이다.
- ROM(롬): Read Only Memory의 약어로, 읽기만 가능하고 저장이 되지 않는 주기억장치이다.

보조기억장치

전원이 꺼지더라도 지워지지 않고 영구히 보존할 수 있는 저장 매체이다.

- HDD: Hard Disk Drive의 약어로, 고정식 데스크톱 컴퓨터에 많이 사용되며, 가격은 싸고 대용량이 장점이나 무겁고 속도가 새로 나온 매체에 비해 다소 느린 편이다.
- SSD: Solid State Drive의 약어로, 주로 노트북 컴퓨터에 많이 사용되며, 플래시 메모리를 이용하여 매우 우수한 성능과 내구성을 제공하여 하드디스크에 비해 속도가 빠르며, 충격에 강하고 소음이 없다는 것이 특징이다.
- USB: Universal Serial Bus Memory의 약어로, 플래시 메모리의 종류이며, 최근에는 가격은 낮아지고 용량은 256GB급으로 커져서 컴퓨터 간 파일 이동이나 파일 보관 용도로 사용된다.

파일 읽기

자, 지금부터 파일과 관련된 실습을 진행할 것이다. 파이썬에서 가장 먼저 파일을 사용하기 위해서는 파일을 열어야 한다. 파일을 열 때 사용하는 함수가 `open()` 함수이다.

open은 호출이 완료되면 파일 객체를 반환해주며, 객체를 통해서 읽기, 쓰기 작업이 이루어진다. 또한 파일 사용에 대한 작업이 완료되면 반드시 파일 객체는 `close()` 함수로 닫아주어야 한다.

메모장으로 실습 파일 "sample.txt" 만들기

본 학습을 위해 실습 파일을 제공하고 있으나, 여러분들이 컴퓨터의 [내 PC]-로컬디스크(C:)에 폴더를 생성하여 파일을 직접 만들어 보도록 한다.

실습 진행을 위해 여러분들이 직접 해야 할 작업 구성은 다음과 같다.

❶ 로컬디스크(C:\) 드라이브에 "C:\python_work” 폴더를 만든다.

❷ 메모장을 열어서 다음과 같이 입력한다.

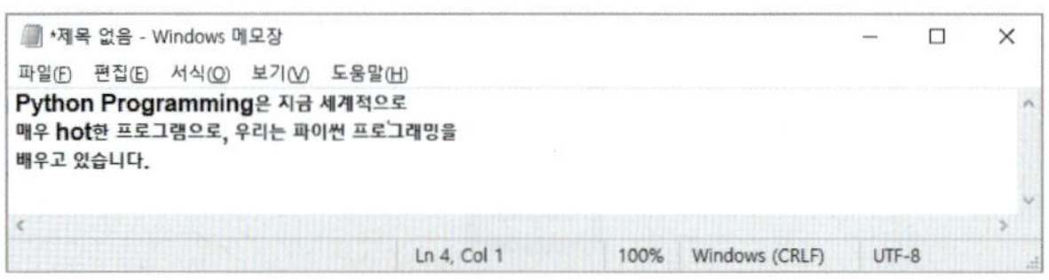

그림 12-1 메모장 입력

❸ 입력한 내용을 "C:\python_work\sample.txt" 파일로 저장한다.

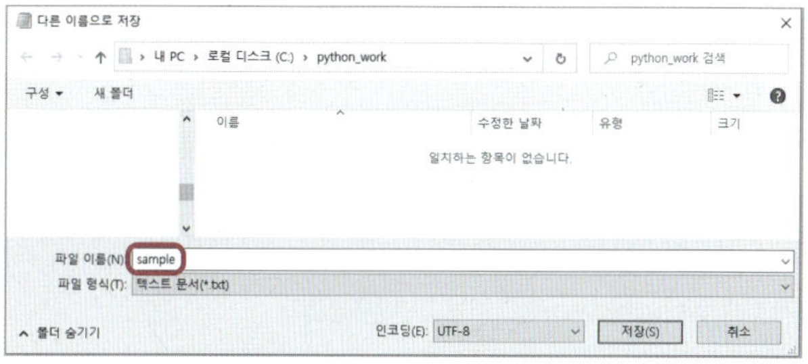

그림 12-2 파일 저장

파일 열기 객체

자, 그럼 "C:\python_work\sample.txt"로 저장된 파일을 읽어보자.

파일을 읽기 위해서는 다음과 같이 open 함수를 이용하여 파일 객체를 생성한다.

```
파일객체 = open("파일명", 'r', encoding="한글코드")
```

우선 open() 함수를 시작으로 파일을 열게 되는데 open() 함수는 3가지 인자를 사용할 수 있다.

첫 번째 인자는 사용할 파일명으로 "C:\\드라이브명\\sample.txt"를 입력하고, 두 번째 인자는 모드 방식으로 파일을 읽기 위한 "r" 모드를 입력한다. 세 번째 인자는 encoding 방식으로 한글 처리 방식을 위한 "한글코드"를 선택할 수 있다.

여기서 잠깐 파이썬 인코딩 한글 처리

열고자 하는 파일이 한글로 저장된 내용일 경우, 시스템에 따라 한글이 깨져서 원활한 데이터 처리가 어려울 수 있다. Windows 운영체제의 한글 기본 인코딩 방식은 CP949이지만, Linux, MacOS 운영체제에서 한글 기본 인코딩 방식은 UTF-8이다.

만약 한글 코드가 제대로 표시되는지 먼저 확인하고 싶다면, 키보드로 윈도우 로고 + R을 눌러서 [열기]에서 cmd를 입력하고 [확인] 버튼을 누른다.

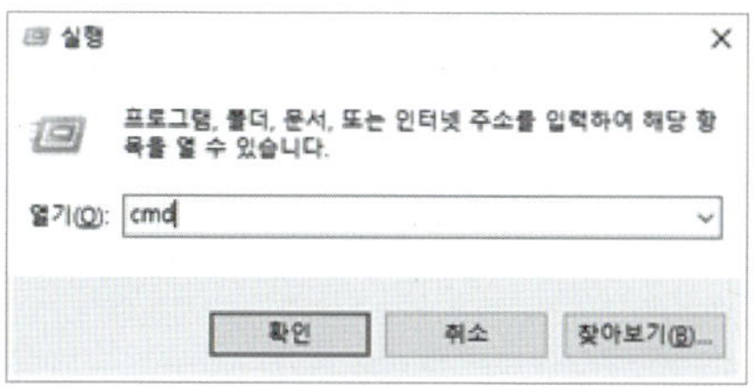

그런 다음 cd\python_work을 입력하여 디렉터리를 작업 디렉터리로 변경한다.

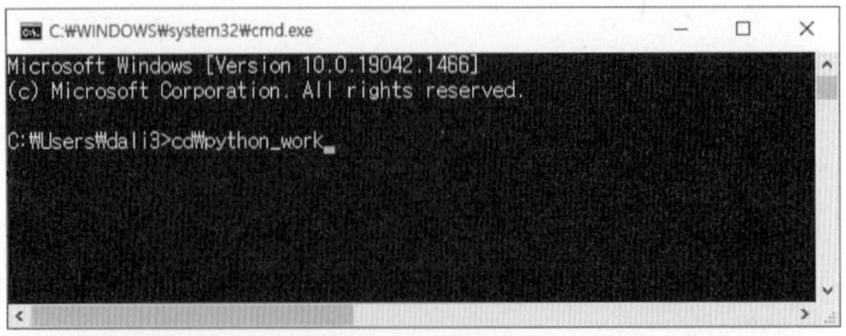

아래와 같이 디렉터리가 C:\python_work으로 잘 변경되었다.

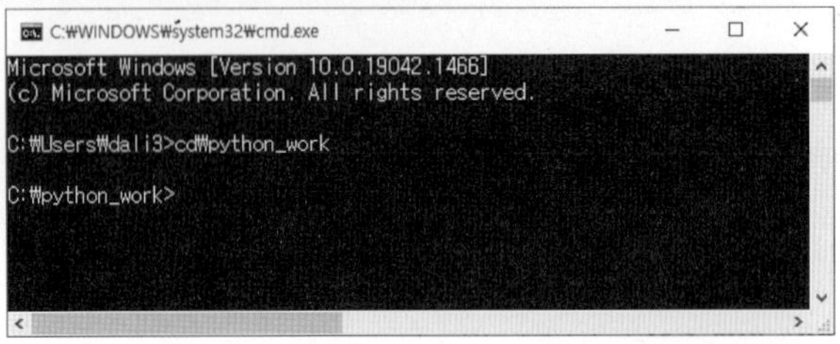

C:\python_work> 프롬프트 상태에서 아래와 같이 type sample.txt를 입력하여 조금 전 저장한 파일 내용이 제대로 표시되는지 확인해 본다.

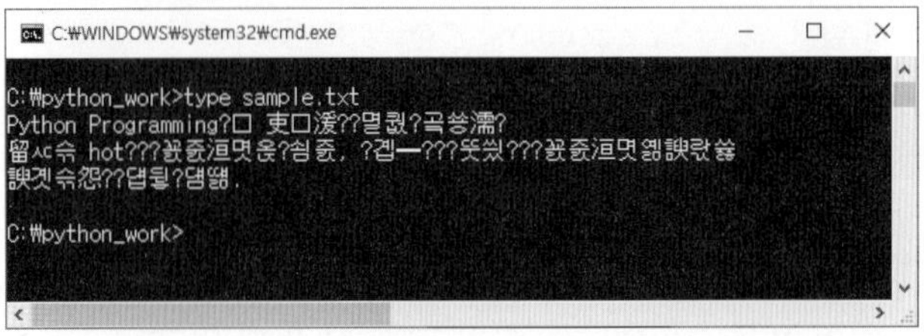

만약 위와 같이 시스템에서 한글이 깨져 잘 보이지 않을 경우에는 아래와 같이 chcp 65001을 입력하여 인코딩 타입을 UTF-8로 변경한다.

C:\python_work>chcp 65001

그런 다음 type sample.txt를 입력하여 다시 한 번 확인하면 한글이 제대로 표시됨을 확인할 수 있다.

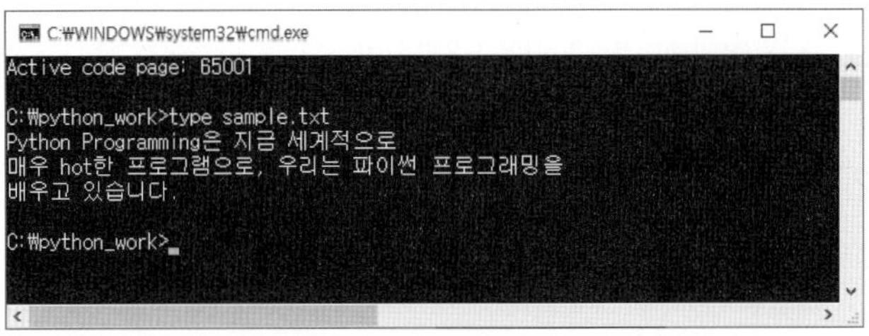

그림 12-3 도스 UTF-8 변경

파일 모드 종류

r	"read"의 약어로 파일을 읽기 전용 모드로 열기 이때 파일이 존재하지 않으면 에러 발생
w	"write"의 약어로 파일을 쓰기 모드로 열기 이미 파일이 존재한다면 새로 다시 쓰기를 하게 되며, 없는 경우는 새로 생성함
a	"append"의 약어로 기존 파일 마지막에 추가하기 만약 추가할 파일이 존재하지 않으면 새롭게 생성함
t	"text"의 약어로 텍스트 모드로 열기
b	"binary"의 약어로 파일을 바이너리 모드로 열기
r+	읽기+쓰기 모드, 파일 없으면 오류
w+	읽기+쓰기 모드, 파일 없으면 생성, 파일 있으면 지우고 생성
a+	읽기+추가 모드, 파일 없으면 생성, 파일 있으면 끝에 추가

read()로 파일 읽기

read() 함수는 모든 파일 내용을 읽어 들이거나 주어진 바이트 수만큼 파일의 내용을 읽어 들인다.

```
파일객체.read()
```

[예제 7]

open 함수를 사용하여 C:\python_work\sample.txt"에 있는 파일을 읽기 모드로 열고, 파일 객체의 read() 함수를 통해 내용을 확인해 보자.

```
>>> f=open("C:\\python_work\\sample.txt", "r", encoding="utf-8")
>>> a=f.read()
>>> print(a)
Python Programming은 지금 세계적으로
매우 hot한 프로그램으로, 우리는 파이썬 프로그래밍을
배우고 있습니다.
```

Tip 파이썬에서 파일의 경로를 디렉터리를 표시할 때 Windows OS 환경에서는 back 백슬래시(\)를 한 번 사용하며 Unix/Linux OS 환경에서는 슬래시(/)를 사용한다. 파이썬에서는 "C:\\python_work"과 같이 백슬래시를 두 번 연속 사용한다.

파일 종료

파일 사용이 끝난 작업은 반드시 파일 객체를 close() 함수를 사용하여 닫아 주도록 한다.

```
파일객체.close()
```

> **Tip**
> - 파이썬을 종료하면 알아서 close가 되지만, 사용자가 close() 명령을 반드시 진행하여 정상적으로 종료되도록 한다.
> - 쓰기 모드로 열었던 파일을 닫지 않고 다시 사용하려고 하면 오류가 발생하기 때문에 이를 방지하기 위한 이유이기도 하다.

[예제 8]

open 함수를 사용하여 "C:\python_work\sample.txt"에 있는 파일을 읽기 모드로 열어서 파일 객체의 read(byte) 함수로 byte 수만큼 읽어오는지 알아보자.

```
>>> f=open("C:\\python_work\\sample.txt", "r", encoding="utf-8")
>>> a=f.read(18)          # read(18)은 18 바이트 만큼 읽어들인다.
>>> print(a)
Python Programming
```

여기서 잠깐 파이썬에서 현재 디렉터리 확인하기

파이썬에서 현재 디렉터리를 확인하기 위해서는 os를 import 시킨다.

```
>>> import os
>>> os.getcwd()                    # 현재 디렉터리 확인하기
'C:\\ch12\\source\\ch12 예제 소스'
>>> os.chdir("c:\\python_work")    # 다른 디렉터리로 변경하기
>>> os.getcwd()                    # 변경된 디렉터리 확인
'C:\\python_work'
```

Tip

- 만약, 현재 실행 중인 디렉터리로 주소를 따로 저장하지 않은 상태에서 새로운 파일, 텍스트를 저장할 경우 해당 위치에 저장된다.
- 디렉터리 표시 없이 파일명만 사용하여 현 디렉터리에 있는 "phones.txt" 파일을 읽기 모드로 열기

```
파일객체=open("phones.txt","r")
```

- 절대 경로를 사용하여 파일을 열고자 할 때는 "C:\\python_work\\phones.txt"을 사용하여 파일을 읽기 모드로 열기

```
파일객체 = open("C:\\python_work\\phones.txt","r")
```

readline()으로 한 줄씩 읽기

readline() 함수는 텍스트 파일을 줄 단위로 읽어서 데이터를 가져올 수 있다. 줄 단위로 읽어오게되면 read() 함수를 사용해 한 번에 읽어오는 것보다 메모리를 효율적으로 사용할 수 있는 장점이 있다. readline() 함수로 읽어온 줄은 문자열로 반환되며, 읽어온 줄에는 개행 문자 \n이 포함되어 있다. 만약 readline() 함수로 더 이상 읽을 데이터가 없다면 빈 문자열(' ')을 반환하게 된다.

[예제 9]

readline() 함수를 이용하여 한 줄 단위로 데이터를 가져오는지 알아보자.

```
>>> f=open("C:\\python_work\\sample.txt", "r", encoding="utf-8")
>>> f.readline()
'Python Programming은 지금 세계적으로 \n'
>>> f.readline()
'매우 hot한 프로그램으로, 우리는 파이썬 프로그래밍을\n'
>>> f.readline()
'배우고 있습니다.\n'
```

여기서 잠깐

while 문을 사용해서 readline()으로 한 줄씩 읽어 해당 문장이 없을 때까지 전체 내용을 출력할 수 있다.

```
f = open("C:\\python_work\\sample.txt", "r", encoding="utf-8")
contents=f.readline()
```

```
while contents !="":          # 문장이 없을 때까지 반복
    print(contents)
    contents=f.readline()     # 한 줄씩 읽어들임

f.close()
```

실행결과

```
Python Programming은 지금 세계적으로

매우 hot한 프로그램으로, 우리는 파이썬 프로그래밍을

배우고 있습니다.
```

readlines()로 리스트로 저장하기

텍스트 파일을 읽는 또 다른 방법은 readline()과 비슷하기는 하나, readlines() 함수는 끝까지 읽어들인 내용을 각 줄을 항목으로 리스트(list)에 저장하여 반환한다.

[예제 10]

readlines() 함수를 이용하여 각 줄에 해당하는 항목을 리스트로 저장하는지 알아보자.

```
>>> f=open("c:\\python_work\\sample.txt", "r", encoding="utf-8")
>>> f.readlines()
['Python Programming은 지금 세계적으로 \n', '매우 hot한 프로그램으로, 우리는 파이썬 프로그래밍을\n', '배우고 있습니다.\n']
```

여기서 잠깐

자, 이번에는 for 문을 이용하여 readlines() 함수로 읽어서 리스트로 저장된 내용을 반복문을 사용해 전체 내용을 출력해 보자.

```
f = open("C:\\python_work\\sample.txt", "r", encoding="utf-8")
contents=f.readlines()

for i in contents:
    print(i)

f.close()
```

실행결과

```
Python Programming은 지금 세계적으로

매우 hot한 프로그램으로, 우리는 파이썬 프로그래밍을

배우고 있습니다.
```

여기서 잠깐 with~as

파일 객체를 생성하는 또 다른 방법으로 "with~as" 문을 사용하는 방법이 있다. 앞서 배운 파일 객체는 파일 사용 후, 반드시 객체.close() 함수를 사용하여 객체를 닫아야 한다고 하였는데 "with~as" 구문을 사용하여 객체를 생성하였을 경우에는 별도로 객체를 닫지 않아도 파일 사용이 끝나게 되면 객체를 자동으로 닫아주게 된다.

❶ open()만 사용하여 파일 객체를 생성한 경우

```
객체 = open("파일명", "모드", encoding="한글코드")
              파일 처리
객체.close()
```

❷ with~as와 open()을 함께 사용하여 파일 객체를 생성한 경우

```
with open ( "파일명" , '모드', encoding="한글코드") as 객체 :
               파일 처리
```

파일 쓰기

파일 쓰기 객체

이번에는 파일 읽기에 이어 "C:\python_work\sosok.txt" 파일을 저장해 보기로 하자. 파일을 쓰기 위해서는 다음과 같이 open 함수를 이용하여 파일 객체를 생성한다.

```
파일객체 = open("파일명", 'w', encoding="한글코드")
```

write로 파일 쓰기

입력한 내용을 파일로 저장하기 위해서는 write() 함수를 이용하여 파일로 저장할 수 있다.

```
파일객체.write()
```

[예제 11]

아래 내용을 입력하여 입력된 내용이 "C:\python_work 디렉터리에 sosok.txt 파일로 저장되는지 실행해 보자.

```
f = open("C:\\python_work\\sosok.txt", "w", encoding="utf-8")
f.write("송미자 산업정보시스템학과 010-1111-1234\n")
f.write("이명섭 스페인어과 010-2222-1234\n")
f.write("아이키 실용무용과  010-3333-1234\n")
f.write("박태호 영어영문학과 010-4444-1234\n")
f.write("아이유 실용음악과 010-5555-1234\n")
f.close()
```

실행결과

그림 12-4 파일 생성

C:\python_work 폴더에서 "sosok.txt" 파일이 생성된 것을 확인할 수 있다. 그리고 생성된 파일을 열어서 확인해 보니 잘 저장되어 있다.

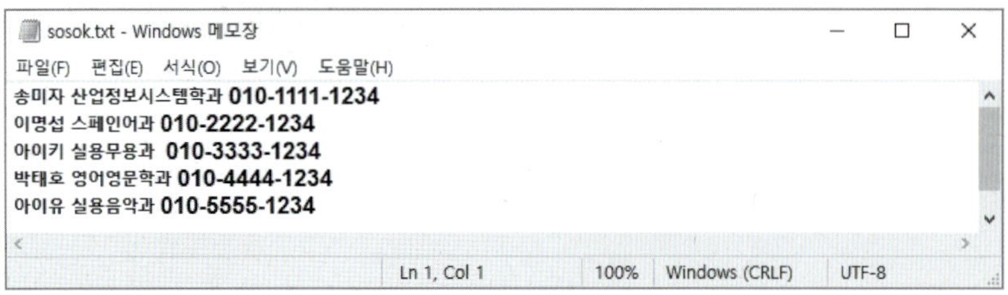

그림 12-5 파일 내용

writelines로 리스트 내용을 한 줄에 쓰기

writelines() 함수는 리스트, 튜플 자료형의 항목을 한 줄씩 텍스트 파일로 저장할 수 있다.

[예제 12]

아래 리스트 자료형 항목을 "C:\\python_work\\program.txt" 파일로 writelines() 함수를 이용하여 저장해 보자.

```
f = open("C:\\python_work\\program.txt", "w", encoding="utf-8")
language = ["파이썬\n", "자바\n", "R\n", "C언어\n", "JSP\n"]
f.writelines(language)
f.close()
```

실행결과

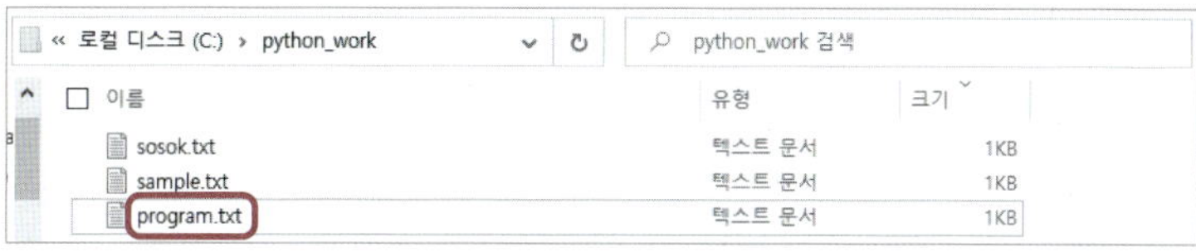

그림 12-6 파일 생성

[예제 13]

아래 튜플 자료형 항목을 "C:\\python_work\\program_1.txt" 파일로 writelines() 함수를 이용하여 저장해 보자.

```
f = open("C:\\python_work\\program_1.txt", "w", encoding="utf-8")
language = ("파이썬\n", "자바\n", "R\n", "C언어\n", "JSP\n")
    f.writelines(language)
f.close()
```

실행결과

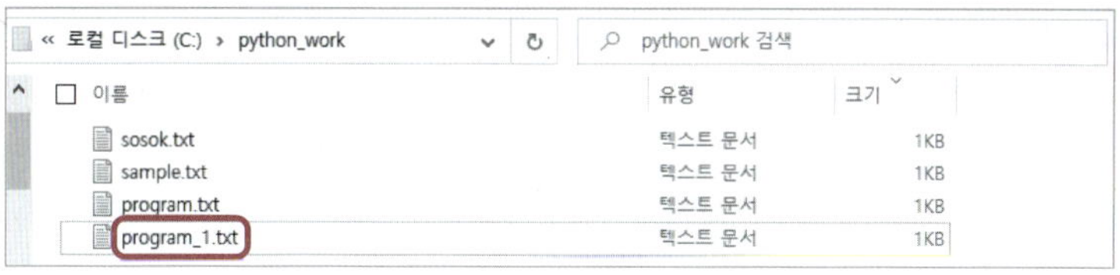

그림 12-7 파일 생성

진단문제

사용자로부터 구구단을 입력받아 "C:\\python_work\\gugudan.txt" 파일로 저장하시오.

실행결과

```
원하는 구구단:5
```

그림 12-8 파일 생성

생성된 구구단 파일을 열어서 확인했더니 구구단이 잘 저장되어 있다.

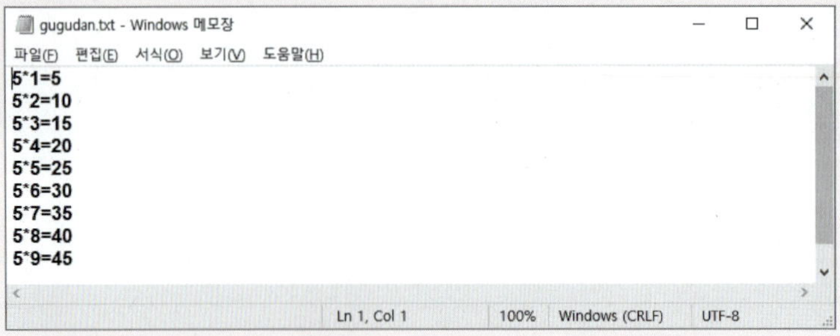

그림 12-9 구구단

파일 내용 추가하기

이번에는 기존 파일에 내용을 추가하는 방법인데 "append"의 약자 "a"라는 모드를 사용하여 기존 파일 내용 마지막에 추가할 수 있다.

[예제 14]

"C:\\python_work\\gugudan.txt" 기존 구구단 파일에 새로운 구구단을 입력받아 "a" 모드로 파일 내용 뒤에 추가해 보도록 하자.

```
f = open("C:\\python_work\\gugudan.txt", "a", encoding="utf-8")
gugu=int(input("원하는 구구단:"))
for i in range(1,10,1) :
    f.write(f"{gugu}*{i}={gugu*i}\n")
f.close()
```

실행결과

```
원하는 구구단:9
```

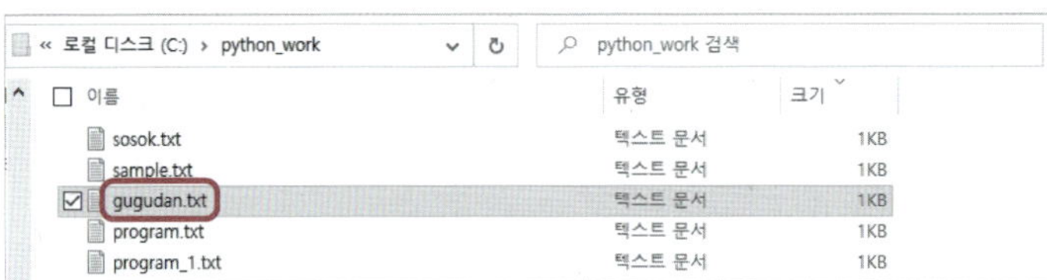

그림 12-10 파일 생성(추가)

기존 파일에 업데이트되어 잘 추가되었으며 파일을 클릭하여 내용도 확인해 봤더니 기존 구구단에 새로운 구구단이 잘 추가되었음을 확인할 수 있다.

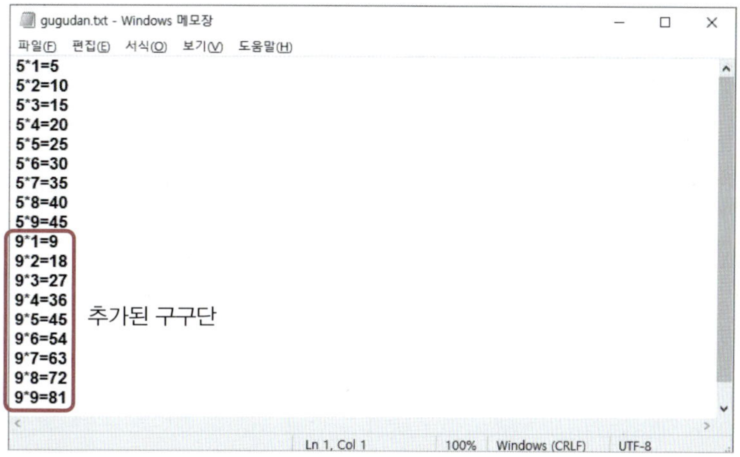

그림 12-11 구구단 추가

파일 삭제

지금까지 우리는 파일을 읽고 쓰는 방법에 대해서 학습하였다. 이번에는 불필요한 파일을 삭제하는 방법에 대해서도 알아보자. 먼저 파일을 삭제하기 위해서는 os 모듈을 `import`로 불러온 후, `os.path.exists("디렉터리 및 파일명")` 함수를 이용하여 디렉터리와 파일 존재 여부를 확인한다. 이때 해당 디렉터리와 파일이 존재하면 True를 리턴 받아 `os.remove("파일명")`으로 삭제하면 된다.

[예제 15]

"C:\\python_work\\program_1.txt" 파일이 존재하는지를 확인한 후, remove("파일명")을 이용하여 파일을 삭제해 보자.

```
import os
if os.path.exists("C:\\python_work\\program_1.txt"):   # 파일이 해당 디렉터리에
                                                          존재하는지 확인
    os.remove("C:\\python_work\\program_1.txt")         # 존재하면 삭제함
else:
    print("파일이 존재하지 않습니다.")
```

실행결과

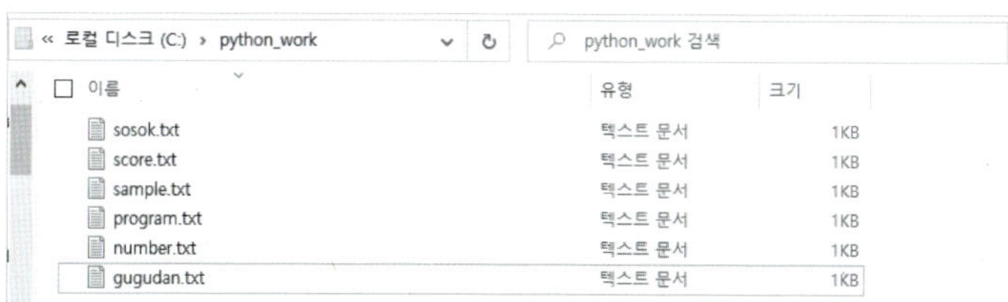

그림 12-12 삭제된 파일 확인

"C:\python_work" 폴더에 가서 해당 코드가 남아 있는지 확인해 봤더니 program_1.txt 파일이 이미 삭제되어 존재하지 않음을 확인할 수 있다.

> Tip 파일을 삭제할 때에도 파일이 있는 디렉터리 위치와 파일명까지 제대로 잘 표시되어야 올바르게 삭제할 수 있다.

파일 이름 바꾸기

파이썬에서는 파일 이름 삭제뿐만 아니라 파일 이름 변경도 가능하다. os 모듈이 이미 import로 불러와진 상태라면 계속해서 파일 이름 바꾸기가 가능할 것이다.

```
os.rename("old 파일명", "new 파일명")
```

[예제 16]

"C:\python_work\gugudan.txt" 파일을 "구구단.txt" 파일로 이름을 변경해 보자.

```
import os
if os.path.exists("C:\\python_work\\gugudan.txt"):
        os.rename("C:\\python_work\\gugudan.txt",
                    "C:\\python_work\\구구단.txt")
        print("파일 이름이 잘 변경되었습니다!")
else:
    print("파일이 존재하지 않습니다.")
```

실행결과

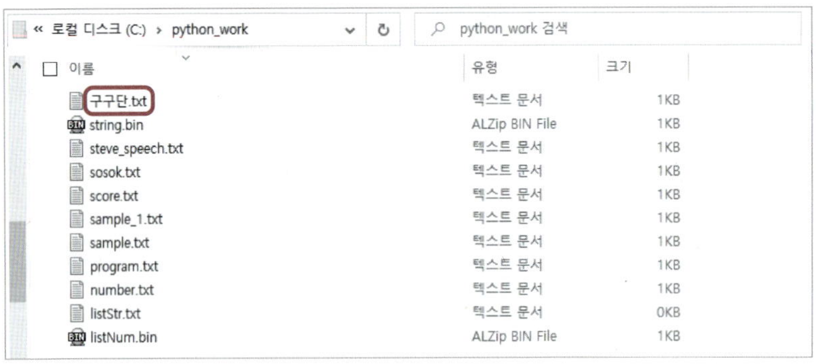

그림 12-13 파일 이름 변경

C:\python_work 디렉터리를 확인해 봤더니 "gugudan.txt" 파일명이 "구구단.txt"로 잘 변경된 것을 확인할 수 있다.

텍스트 파일 복사하기

메모장에 다음 내용을 입력하여 "C:\python_work\steve_speech.txt"로 저장하시오.

```
Steve Jobs' Speech at Stanford University in 2005 Graduation Celemony

Your time is limited, so don't waste it living someone else's life.
Don't be trapped by DOGMA, which is living with the result of other people's
thinking.
Don't let the noise of other's opinions drown out your own inner voice.

And most important, have the courage to follow your heart and intuition.
They somehow already know what you truly want to become.
Everything else is secondary.

Stay Hungry, Stay Foolish
Thank you all very much.
```

open() 함수를 다음과 같이 구성하여 복사할 수 있다.

- 복사할 원본 파일명 = open("파일명") 함수로 읽기 모드(r)로 파일을 객체로 저장
- 복사할 사본 파일명 = open("파일명") 함수로 쓰기 모드(w)로 파일을 객체로 저장

[예제 17]

위에서 입력한 "C:\python_work\steve_speech.txt" 파일을 원본으로 하여 같은 대상 디렉터리에 "C:\python_work\steve_speech_cpy.txt" 파일로 복사하여 보자.

```
import os
try :
    if os.path.exists("C:\\python_work\\steve_speech.txt"):
        orgFile=open("C:\\python_work\\steve_speech.txt", "r",
                          encoding="utf-8")
        cpyFile=open("C:\\python_work\\steve_speech_cpy.txt", "w",
                          encoding="utf-8")
except:
    print("파일이 존재하지 않습니다.")
    exit(1)

```

```
f=orgFile.read()    # read() 함수로 전체 파일 읽기
cpyFile.write(f)    # write() 함수로 전체 파일 쓰기로 복사

orgFile.close()
cpyFile.close()
```

실행결과

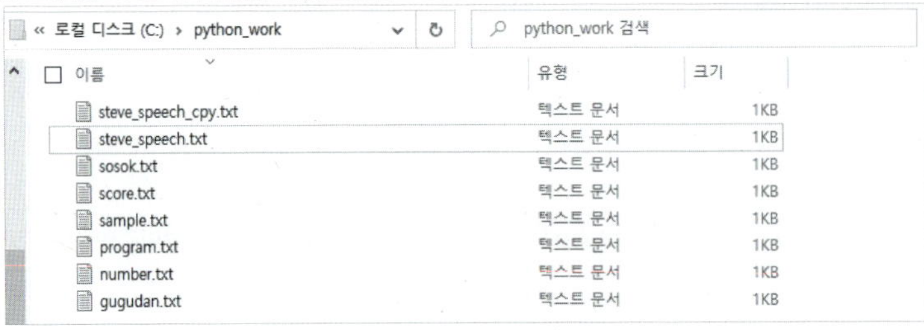

그림 12-14 파일 복사

원본 "steve_speech.txt" 파일이 사본 "steve_speech_cpy.txt" 파일로 잘 복사된 것을 확인할 수 있다.

> **Tip**
> - exit(0): 정상적인 프로그램 종료를 의미
> - exit(1): 오류 발생으로 인한 비정상적인 프로그램 종료를 의미

진단문제

사용자로부터 "C:\python_work"디렉터리에 존재하는 파일 중에서 삭제할 파일을 직접 입력하여 파일을 삭제하는 프로그램을 작성하시오. 삭제할 파일은 "steve_speech_cpy.txt"를 삭제하시오.

실행결과

```
삭제할 파일명을 입력하세요:c:\\python_work\\steve_speech_cpy.txt
파일이 잘 삭제되었습니다.
```

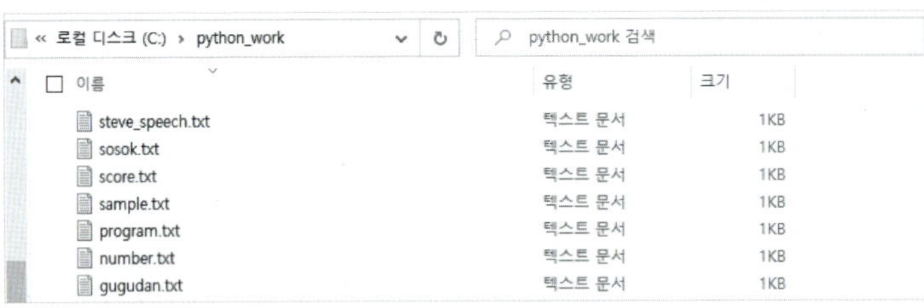

그림 12-15 파일 삭제

바이너리 모드

지금까지 텍스트 파일을 이용하여 파일을 읽고 쓰는 방법에 대해 학습하였다. 이번에는 바이너리(binary) 이진 파일에 대해서 학습하는데, 이진 파일은 우리가 눈으로 읽을 수는 없지만 컴퓨터 시스템에서 처리하는 디지털 방식으로 숫자 0, 1로만 구성하여 데이터를 처리하여 읽고 쓰는 방식이다.

파일을 쓸 때 바이너리 모드로 인코딩을 하게 되면 이진 파일로 저장이 되고, 파일을 열 때 바이너리 모드로 디코딩을 하게 되면 이진 파일을 열어서 사람이 읽을 수 있는 형식으로 표시된다. 이진 파일 종류로는 jpg, png 같은 그림 파일, mp3와 같은 음악 파일, exe와 같은 실행파일, zip과 같은 압축 파일, mp4와 같은 동영상 파일 등이 바이너리 파일에 해당된다.

bytes

bytes는 한번 설정되면 변경할 수 없는 Immutable 타입이다. 파이썬에서는 숫자나 리스트를 bytes() 함수를 이용하여 바이트 객체로 만들 수 있다.

문자열을 바이트로 변경하기 위한 인코딩은 "문자열". encode() 함수를 사용한다. 반대로 bytes 타입의 바이트 객체를 문자열로 변경하기 위한 디코딩은 decode() 함수를 사용한다.

Tip **파이썬 객체에는 Mutable과 Immutable이 있다.**

- Mutable: 객체를 생성한 뒤, 객체의 값을 수정할 수 있는 객체로 bytearray, list, tuple, dictionary 등이 있다.
- Immutable: 객체를 생성한 뒤, 객체의 값을 수정할 수 없는 객체로 bytes, bool, int, float, str, tuple 등이 있다.

[예제 18]

정수형 숫자 5를 바이트 객체로 생성해 보자.

```
>>> bytes(5)                          # 정수형 숫자 바이트 객체 생성
b'\x00\x00\x00\x00\x00'
```

[예제 19]

숫자 리스트를 바이트 객체로 생성해 보자.

```
>>> bytes([1,2,3,4,5])
b'\x01\x02\x03\x04\x05'               # 리스트로 바이트 객체 생성
```

bytes() 함수를 이용하여 숫자와 리스트를 이용하여 바이트 객체를 생성된 것을 알아보았다. 이번에는 문자열을 인코딩하여 바이트 객체로 생성되는 것을 알아보자.

문자열을 바이트 객체로 생성하기 위해서는 "문자열".encode("한글코드") 또는 bytes("문자열",encoding="utf-8")로 처리할 수 있다.

```
>>> x="파이썬".encode("utf-8")
b'\xed\x8c\x8c\xec\x9d\xb4\xec\x8d\xac'
```

이번에는 위에서 인코딩된 바이트 객체를 디코딩하여 원래의 내용으로 복원해 보자.

```
>>> x=bytes([1,2,3,4,5])
>>> x
b'\x01\x02\x03\x04\x05'
>>> list(x)
[1, 2, 3, 4 , 5]
```

```
>>> x=b'\xed\x8c\x8c\xec\x9d\xb4\xec\x8d\xac'
>>> x.decode("utf-8")
'파이썬'
```

bytearray

bytearray는 바이트 객체의 요소를 변경할 수 있는 Mutable 타입이다. bytearray는 객체 생성이 bytes와 비슷하며 bytearray()는 빈 바이트 배열 객체를 생성하지만, 길이만큼 반복 가능한 객체, 바이트 객체로 배열 객체를 생성하는 역할은 bytes 객체 생성과 거의 동일하다.

```
>>> x=bytearray(b"python")
>>> x
bytearray(b'python')
>>> x[0]=ord("P")        # bytearray는 mutable이므로 변경이 가능하다.
>>> x
bytearray(b'Python')
x=bytearray("파이썬".encode("utf-8"))
>>> x
bytearray(b'\xed\x8c\x8c\xec\x9d\xb4\xec\x8d\xac')
>>> x.decode("utf-8")
'파이썬
```

Tip bytearray의 요소에 값을 할당할 때는 정수 값으로 값을 할당해야 한다. 즉, 대문자 "P"를 할당하기 위해 문자열 내장함수에서 배운 ord() 함수를 이용하여 문자를 아스키 코드로 변환하여 할당하면 인덱스 위치에 맞는 글자를 변경할 수 있다.

바이너리 파일로 쓰기

그럼 텍스트로 구성된 데이터를 바이너리 형태의 이진 파일로 예제를 통해 만들어 보자.

[예제 20]

"Python Programming." 문자열을 읽어서 "wb" 바이너리 모드 이진 파일로 "C:\\python_work\\string.bin"에 저장해 보자.

```
f = open("C:\\python_work\\string.bin","wb")
str = bytearray("Python Programming.".encode("ascii"))
f.write(str)
f.close()
```

실행결과

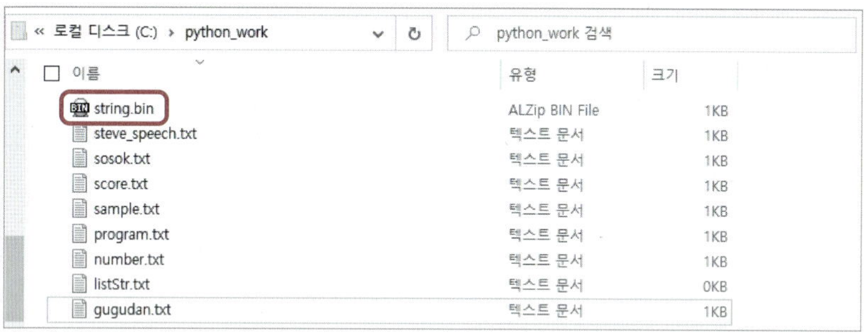

그림 12-16 이진파일 생성

python_work 디렉터리에서 string.bin 이진 파일로 잘 생성된 것을 확인할 수 있다.

바이너리 파일 읽기

[예제 21]

위에서 생성한 바이너리 "C:\python_work\string.bin" 파일을 "rb" 모드로 읽어서 출력해 보자.

```
f = open("C:\\python_work\\string.bin","rb")
print(f.read().decode("utf-8"))
f.close()
```

실행결과

```
Python Programming.
```

Tip 바이트 문자열을 유니코드 문자열로 변환하여 원래의 내용으로 읽어들이는 작업을 디코딩이라고 한다.

[예제 22]

리스트 num=[5, 10, 15, 20, 25]를 "wb" 바이너리 모드 이진 파일로 "C:\\python_work\\listNum.bin"에 저장해 보자.

```
f = open("C:\\python_work\\listNum.bin","wb")
num=[5, 10, 15, 20, 25]
arr=bytearray(num)
f.write(arr)
f.close()
```

실행결과

그림 12-17 이진파일 생성

[예제 23]

[예제 22]에서 바이너리 모드로 저장된 리스트 listNum.bin 파일을 "rb"로 디코딩하여 [실행결과]와 같이 화면에 출력해 보자.

```
f=open("C:\\python_work\\listNum.bin","rb")
print(list(bytearray(f.read())))
f.close()
```

실행결과

```
[5, 10, 15, 20, 25]
```

진단문제

"C:\\python_work\\steve_speech.txt" 파일을 바이너리 모드 "wb"로 인코딩하여 [실행결과]와 같이 화면에 출력하시오.

Hint: fw.write(읽어들인파일.encode("utf-8")

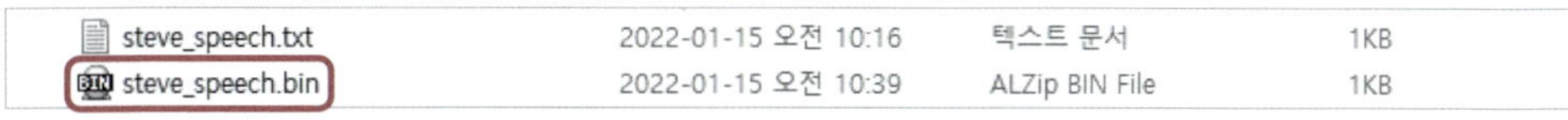

그림 12-18 이진파일 생성

진단문제

"C:\\python_work\\steve_speech.bin" 이진 파일을 바이너리 모드 "rb"로 디코딩하여 [실행결과]와 같이 화면에 출력하시오.

Hint:
```
data=fi.read()                        # 바이너리 파일에서 읽은 객체를 읽어서 data에 저장
print(data.decode("utf-8"))           # 디코딩해서 읽어 들임
```

실행결과

```
Steve Jobs' Speech at Stanford University in 2005 Graduation Celemony

Your time is limited, so don't waste it living someone else's life.
Don't be trapped by DOGMA, which is living with the result of
                                                other people's thinking.
Don't let the noise of other's opinions drown out your own inner voice.

And most important, have the courage to follow your heart and intuition.
They somehow already know what you truly want to become.
Everything else is secondary.

Stay Hungry, Stay Foolish
Thank you all very much.
```

진단문제

"C:\\python_work\\ipsa.txt" 파일에는 다음과 같이 "이름, 면접, 필기" 데이터가 기억되어 있다. ipsa.txt 파일을 읽어서 이름, 면접, 필기 시험에 대한 성적을 [실행결과]와 같이 출력하시오.

Hint: 반복문변수.split()로 구분자를 주어 데이터를 분리한다.

```
홍길동 90 80
이순신 60 70
강감찬 70 70
최불암 85 85
이연경 90 90
```

실행결과

```
이  름    면접      필기
======   ====      ====
홍길동     90        80
이순신     60        70
강감찬     70        70
최불암     85        85
이연경     90        90
```

요점정리

1. 예외 처리(Exception Handling)는 파이썬을 실행하는 과정에서 오류가 발생하면 프로그램 실행을 중단시키기 않고 예외 처리를 통해 프로그램을 계속 실행하고자 할 때 사용한다.

2. 예외 처리 시 에러에 대한 정확한 원인을 파악하기 힘들 때 `Exception as e`를 사용한 후, `print(e)`를 하게 되면 에러 메시지를 출력할 수 있다.

3. `try ~ except ~ else ~ finally` 문에서 `try`는 에러 발생 가능성이 있는 코드이다.

4. `try ~ except ~ else ~ finally` 문에서 `except`는 에러가 발생되면 동작할 코드이다.

5. `try ~ except ~ else ~ finally` 문에서 `else`는 에러가 발생하지 않았을 경우 실행되는 코드이다.

6. `try ~ except ~ else ~ finally` 문에서 `finally`는 에러 여부와 상관없이 무조건 실행되는 코드이다.

7. 주기억장치 RAM(램)은 Random Access Memory의 약어로, 읽고 쓰기가 자유로우나 전원이 꺼지면 지워지는 휘발성 메모리 특성을 가지고 있다.

8. 보조기억장치 하드디스크(HDD, Hard Disk Drive)는 고정식 데스크톱 컴퓨터에 많이 사용되며, 가격은 싸고 대용량이 장점이지만, 부피가 커서 무겁고 속도도 새로 나온 매체에 비해 느리다는 단점을 가지고 있다.

9. Windows 운영체제의 한글 기본 인코딩 방식은 CP949이지만, Linux, MacOS 운영체제에서 한글 기본 인코딩 방식은 UTF-8이다.

10. `read()` 함수는 텍스트 파일을 전체 읽어 들이거나 바이트 수만큼 읽어서 데이터를 가져올 수 있다.

11. `readline()` 함수는 텍스트 파일을 줄 단위로 읽어서 데이터를 가져올 수 있다.

12. `readlines()` 함수는 끝까지 읽어들인 내용을 각 줄을 항목으로 리스트(list)에 반환하여 저장한다.

13. `write()` 함수를 이용하여 파일로 저장할 수 있다.

14. `writelines()` 함수는 리스트, 튜플 자료형의 항목을 한 줄씩 텍스트 파일로 저장할 수 있다.

15. `"append"`의 약어 `"a"`라는 모드를 사용하여 기존 파일 내용 마지막에 추가할 수 있다.

16. 파일을 삭제하기 위해서는 `os.remove("파일명")`으로 삭제하면 된다.

17. 파일 이름을 변경하기 위해서는 `os.rename("old 파일명", "new 파일명")`으로 변경할 수 있다.

18. 이진 파일 종류로는 jpg, png 같은 그림 파일, mp3와 같은 음악 파일, exe와 같은 실행파일, zip과 같은 압축 파일, mp4와 같은 동영상 파일 등이 바이너리 파일에 해당된다.

연습문제

1. 다음 중 파일을 읽어서 리스트와 같은 자료형으로 저장하여 반환하는 함수는? (   )

   ① read() ② readline()
   ③ readlines() ④ readlist()

2. 다음 중 파일 모드에 사용되는 연결이 옳지 않은 것은? (   )

   ① r: 파일 읽기 모드 ② w: 파일 쓰기 모드
   ③ a: 추가모드 ④ v: 바이너리 모드

3. 다음 중 이진 파일이 아닌 것은? (   )

   ① png ② zip ③ mp3 ④ html

4. 다음 중 파이썬 예외 처리 에러가 아닌 것은? (   )

   ① IndexError ② ValueError
   ③ ZeroDivisionError ④ IndexOutofBoundError

5. 리스트 인덱스 범위를 벗어났을 때 처리되는 예외 처리 종류는? (   )

   ① IndexError ② ValueError
   ③ ZeroDivisionError ④ IndexOutofBoundError

6. 다음 중 immutable 방식이 아닌 것은? (   )

   ① int ② float ③ list ④ tuple

   Hint: immutable 방식은 불변적 객체로 메모리에 담겨있는 값이 변하지 않는 객체이다.

7. 다음 한글 인코딩 처리 중에서 윈도우 인코딩 방식은? (   )

   ① CP949 ② UTF-8 ③ KSC-5601 ④ UNIX : EUC-KR

8. try ~ except ~ else ~ finally 문에서 에러가 발생하지 않았을 경우 실행되는 문은? (   )

   ① try ② except ③ else ④ finally

9. 읽고 쓰기가 자유로우나 전원이 꺼지면 지워지는 휘발성 메모리 특성을 가진 기억장치는? ( )

① RAM ② HDD ③ SDD ④ USB

10. 리스트 language = ["파이썬\n", "자바\n", "R\n", "C언어\n", "JSP\n"] "Program.txt" 파일로 저장하기 위해 ___ 밑줄 친 부분에 들어갈 올바른 코드는? ( )

```
f = open("C:\\python_work\\program.txt", "w", encoding="utf-8")
language = ["파이썬\n", "자바\n", "R\n", "C언어\n", "JSP\n"]
________________________
f.close()
```

① f.writeline(language) ② f.writelines(language)

③ f.print(language) ④ f.print(list(language))

11. 문자열 "programming"을 bytearray 객체로 인코딩한 후, 인덱스 0번째 글자를 영문자 대문자 "P"로 변경하기 위해 ___ 밑줄 친 부분에 들어갈 올바른 코드는? ( )

```
>>> x = bytearray(b'programming'.encode="utf-8")
>>> ____________________
>>> x
bytearray(b'Programming')
```

① x[0]="P" ② x[0] = chr('P')

③ x[0]=chr(80) ④ x[0] = ord('P')

12. 다음 파이썬 프로그래밍의 mutable 방식이 아닌 것은? ( )

① list ② dictionary ③ set ④ tuple

Hint: mutable 방식은 가변적 객체로 메모리에 담겨있는 값이 변할 수 있는 객체이다.

수행평가

1. 사용자로부터 분자, 분모 숫자를 입력하여 [실행결과]와 같이 계산 값을 출력하는 프로그램을 작성하시오. 단, 분모가 0일 경우 0으로 나눌 수 없다는 예외 처리를 진행하시오.

Hint: 분모가 0일 경우, 0으로 나눌 수 없는 ZeroDivisionError 예외 처리를 한다.

실행결과

```
분자 숫자:3
분모 숫자:4
3/4=0.75
분자 숫자:2
분모 숫자:0
0으로 나눌 수 없습니다.
```

2. 반복문을 사용하여 1~10까지 증가된 숫자를 "C:\python_work\number.txt" 파일로 저장하는 프로그램을 작성하시오.

실행결과

```
1  2  3  4  5  6  7  8  9  10
```

3. "C:\python_work\score.txt" 파일이 다음과 같이 저장되어 있다. 파일 내용을 읽어서 [실행결과]와 같이 합계, 평균을 구하는 프로그램을 작성하시오.

```
80
70
90
100
85
```

실행결과

```
합계:425
평균:85.0
```

4. "C:\python_work\final.txt" 파일을 읽어서 [실행결과]와 같이 출력하시오.

Hint: 파일을 열어서 줄 단위(readlines)로 읽어 들인다. 반복문을 이용하여 공백으로 분리한다.

```
for line in lines :
    student=line.split()
```

final.txt 파일에 대한 데이터 구성은 다음 같다.

```
홍길동  100  80   70
김유신   90  80   85
최영호   70  90  100
유관순   85  85   85
강감찬   90  90   90
```

실행결과

```
이  름   국어   영어   수학
======   ====   ====   ====
홍길동   100     80     70
김유신    90     80     85
최영호    70     90    100
유관순    85     85     85
강감찬    90     90     90
```

5. 메모장에 아래와 같이 각 나라 이름을 입력한 후, "C:\python_work\country.txt"로 저장한 후, 실행결과와 같이 바이너리 쓰기 모드 "wb"로 이진 파일 country.bin을 생성하시오.

```
한국 영국 미국 중국 일본 태국
```

Hint:

```
fw = open("C:\\python_work\\country.bin","wb")                       # 바이너리 파일 쓰기
fi = open("C:\\python_work\\country.txt","r", encoding="utf-8")    # 텍스트 파일 읽기
contents=fi.read().encode("utf-8")
```

실행결과

country.txt	텍스트 문서	1KB
country.bin	ALZip BIN File	1KB

6. 5번 문제에서 생성된 이진 파일을 바이너리 읽기 모드 "rb"로 읽어들인 후, 디코딩하여 내용을 화면에 출력하시오.

Hint: contents=fi.read().decode("utf-8")

실행결과

```
한국 영국 미국 중국 일본 태국
```

7. 사용자로부터 5개의 동물을 입력받아 “C:\python_work” 폴더에 animal.txt 파일을 해당 폴더에 생성하여 파일을 생성하는 프로그램을 작성하시오.

실행결과

```
동물을 입력해주세요: deer
동물을 입력해주세요: bear
동물을 입력해주세요: lion
동물을 입력해주세요: tiger
동물을 입력해주세요: donkey
```

실행결과

```
animal
파일 편집 보기

deer
bear
lion
tiger
donkey
```

8. `animal` 문자열 리스트를 이용하여 글자의 개수를 구하여 “C:\python_work” 폴더에 animalLength 파일을 해당 폴더에 파일을 생성하도록 프로그램을 작성하시오.

```
animal=['elephant', 'rabbit', 'lion', 'tiger', 'donkey']
```

실행결과

```
animalLength
파일 편집 보기

elephant    8
rabbit      6
lion        4
tiger       5
donkey      6
```

9. 다중리스트 `numList`에 다음과 같이 학번, 이름, 성적에 대한 항목이 저장되어 있다. 성적 내림차순 기준으로 [실행결과]와 같이 “C:\python_work” 폴더에 python_grade.txt 파일을 생성하는 프로그램을 작성하시오. 단, 평균은 소수 둘째 자리까지 구하도록 한다.

```
numList=[
        ["20221234","홍길동",90],
        ["20221235","송중기",80],
        ["20221236","유아인",90],
        ["20221237","유혜진",100],
        ["20221238","김유정",95]
]
```

실행결과

```
python_grade
파일   편집   보기

 학  번      이 름      점수
20221237    유혜진     100
20221238    김유정     95
20221234    홍길동     90
20221236    유아인     90
20221235    송중기     80
=====================
전체 점수 총점=455
전체 점수 평균=91.00
```

10. "C:\python_work" 폴더 currency.txt 파일을 읽어 오전 10시~4시까지 시간대별 US $ 환율에 대한 최고환율, 최저환율이 저장되어 있다. 해당 폴더의 파일을 읽어서 [실행결과]와 같이 시간대별 평균 환율액을 계산하여 출력하는 프로그램을 작성하시오.

```
10 1312.59 1300.10
11 1313.10 1311.07
12 1314.72 1312.18
13 1311.63 1310.53
14 1312.15 1307.36
15 1308.65 1303.11
16 1305.33 1302.33
```

실행결과

```
10시 평균 US 환율 $1,306.34
11시 평균 US 환율 $1,312.09
12시 평균 US 환율 $1,313.45
13시 평균 US 환율 $1,311.08
14시 평균 US 환율 $1,309.76
15시 평균 US 환율 $1,305.88
16시 평균 US 환율 $1,303.83
```

Python

CHAPTER 13

클래스와 모듈

학습목표

이번 장에서는 파이썬 클래스와 모듈을 진행한다. 여러분은 각 학습 단원 중간에 함수와 객체라는 용어를 사용하여 조금씩 기능들을 익혀 왔다. 파이썬 클래스는 지금까지 학습한 함수를 재사용할 수 있도록 틀(frame)과 같은 기능을 제공한다. 또한 클래스를 통해 함수와 변수로 구성된 개체를 생성할 수 있다. 개체가 생성되면 얼마든지 객체를 인수로 넘겨 함수 내에서 클래스 속성 및 함수에 접근할 수 있도록 재사용을 가능하게 한다.

모듈은 클래스를 모아놓은 파일과 같은 개념으로 파이썬에서 제공하지 않은 라이브러리 등을 import를 통해서 불러와서 얼마든지 필요에 따라 추가적으로 호출하여 파이썬 실행 환경에 탑재해 사용할 수 있다. 또한 외부 모듈을 설치하여 통계, 데이터 분석 등에 활용될 수 있도록 이번 장에서는 클래스와 모듈 활용법에 대해 자세히 알아볼 것이다.

학습목차

13.1 클래스

파이썬에서 클래스(Class)란 큰 틀을 의미하며 틀 안에서 속성과 행위로 구성되어 있다. 클래스에서 틀이란 계속해서 같은 구조를 만들기 위한 역할을 제공한다. 클래스 내에서 속성이란 클래스 내부의 변수와 같은 기능으로 데이터 값을 저장하고, 행위는 메소드에 해당하는 용어 객체가 생성된 후, 프로그램 수행을 위해 호출되는 부분으로 이해하면 좋다. 즉, 클래스는 객체를 만들기 위한 설계도를 구축하는 과정이다.

객체 지향 프로그래밍

객체 지향 프로그래밍(Object-Oriented Programming, OOP)은 유연하고 변경이 용이한 재사용성 때문에 최근에 개발 쪽에서 사용되는 프로그램은 대부분 객체 지향 프로그래밍이 많다. 또한 객체 지향 프로그래밍은 코드 분석 등이 쉬워 각종 데이터 처리에 유용하며 유지 보수가 쉽기 때문에 대규모 SW개발에서 자주 사용된다.

자, 그럼 객체 지향 프로그래밍과 관련된 다양한 용어를 살펴보기로 하자.

파이썬 클래스에서는 속성과 메소드를 포함하고 있는데 원래 속성(attribute)은 가지고 있는 성질이나 특징을 나타내지만, 파이썬에서 속성은 클래스 내에 정의된 변수로 클래스 변수와 인스턴스 변수가 포함된다. 클래스 변수는 클래스 바로 밑에 선언되어 클래스 속성 값으로 설정되는 변수를 의미하며, 인스턴스 변수는 생성자 메소드에 전달받은 매개변수나, 함수에 자체적으로 데이터를 저장하기 위해 사용되는 변수 등을 일컫는다.

인스턴스 메소드는 첫 번째 파라미터에 항상 객체 자신을 의미하는 "self"라는 매개변수를 통해 인스턴스 변수에 데이터를 엑세스하여 값을 할당받기도 하며, 메시지 출력을 위해 전달하는 데 사용되는 메소드이다.

객체(Object)는 특정한 기능을 수행하기 위해 클래스로부터 생성된 변수로 생각하면 좋다.

객체가 생성되면 메시지를 전달하기 위해 각 변수, 메소드 등에 접근할 수 있다. 즉, 객체는 클래스 인스턴스를 통해 생성된 실체이다.

인스턴스(Instance)는 거의 객체와 같은 의미로 사용되고 있지만, 세부적인 차이를 클래스와 연관지어 말하면 객체보다는 인스턴스라고 한다. 또한 인스턴스는 클래스로부터 객체가 만들어지는 동적 과정으로 인스턴스는 객체가 메모리에 할당되어 실제 사용되고 있는 작은 차이가 있다.

메소드(Method)는 클래스로부터 생성된 객체를 사용하여 명령을 전달하거나 수행하는 역할을 한다.

상속이란 자식 클래스(Child Class) 입장에서 부모 클래스(Parent Class)의 내용(속성과 메소드)을 물려받아 자식 클래스에서 반복되는 과정을 중복 사용하지 않고 부모 클래스의 속성과 메소드를 사용할 수 있도록 하는 방법이다.

클래스 만들기

자, 그럼 클래스를 잘 알고 친해지기 위해서 먼저 우리가 지금까지 많이 다루었던 각 변수에 값을 할당하여 입력해 보자. 그런 다음, `type()` 함수를 통해서 자료의 유형도 살펴보자. 이때도 앞에 `<class>`가 붙은 것을 볼 수 있는데 파이썬 자료형도 클래스인 것이다.

```
>>> num=10
>>> str="python"
>>> numList=[1,2,3,4,5]

>>> type(num)
<class 'int'>

>>> type(str)
<class 'str'>

>>> type(numList)
<class 'list'>
```

클래스 틀 구축하기

파이썬에서 클래스를 만드는 일은 설계를 구축하는 과정으로 가장 먼저 해야 할 부분이다. 클래스 정의는 `class 클래스명:`으로 시작하며 클래스 이름은 항상 대문자를 사용하도록 한다. 그 다음 우리가 함수에서 배웠던 대로 `def 함수명(self)`으로 함수를 정의하면 되는데, 배웠던 내용을 되짚어 보면 함수는 만들어 놓고 필요할 때마다 호출하여 사용하는 소단위 프로그램으로 재사용이 가능하였다. 이렇게 필요할 때마다 불러 사용하기 위한 부분을 객체 프로그램에서는 메소드(method)라고 부르고 있으며 메소드 첫 번째 인자로 self를 부여하여 전달하고 있는 메소드를 인스턴스 메소드라고 한다. 즉, 클래스 구성은 다음과 같으며 클래스 내에는 속성(attribute)이 포함되어 있다.

```
class 클래스이름:                                   # 클래스 생성
    클래스변수 = 값
    처리문
  def __init__(self, 매개변수1, 매개변수2..):        # 생성자 메소드
      인스턴스 변수
      처리문
  def 함수명(self, 매개변수1, 매개변수2..):         # 메소드 생성
      처리문
```

클래스 변수는 클래스 아래 선언된 변수로 클래스의 속성 값을 설정하여 모든 인스턴스 사이에 공유된 값을 가진 변수인데, 우리가 앞에서 학습했던 전역변수는 프로그램에 전체적인 영향을 미치므로 가급적 사용을 자제하길 권고한 바 있다. 클래스 변수도 절대 변경되지 않고 객체 간에 값이 공유되므로 객체와 객체 사이에 값이 공유되는 경우 클래스 변수를 선언하면 된다. 인스턴스 변수는 객체 단위로 값이 보존되어야 하는 경우로 생성자 메소드에 전달받은 매개변수나, 함수에 자체적으로 데이터를 저장하기 위해 설정하면 된다.

[예제 1]

위에서 설명한 내용을 가지고 아래와 같이 클래스명과 메소드를 생성해 보자.

```
>>> class Greeting:                  # 클래스명
        def hello(self):             # 메소드
            print("안녕, 파이썬!")
```

방금 입력한 클래스는 뼈대에 그치므로 현재는 사용할 수 없다. 다음의 "인스턴스 만들기"와 "메소드 호출하기"까지 진행되어야 하나의 작은 객체 프로그래밍이 완성되는 프로세스를 느낄 수 있을 것이다.

인스턴스(instance) 만들기

자, 위에서 클래스로 틀을 만들었고, 바로 밑에 언제든지 필요하면 불러서 사용할 수 있는 함수, 즉 메소드 hello(self)까지 진행되었다.

이번에는 인스턴스를 생성하는 과정을 알아볼 것인데 인스턴스라는 용어부터 무척 생소하다. 쉽게 말하면 인스턴스란 클래스를 이용하여 생성된 변수라고 보면 되는데 위에서 구축한 뼈대 클래스를 객체로 만들기 위해서는 반드시 인스턴스 생성 과정이 필요하다.

- 인스턴스명=클래스명()

```
>>> hi=Greeting()        # hi가 인스턴스 이름이다.
```

자, 드디어 인스턴스가 hi로 생성되었다.

메소드(method) 호출하기

이번에는 생성된 인스턴스를 가지고 사용자가 만든 함수 def hello(self)를 호출해서 동작하도록 해야 하는데 이것이 메소드 호출에 해당된다. "안녕, 파이썬!"을 출력하는 메소드를 호출하여 실행시켜 보자.

- 객체.메소드(): 해당 메소드 호출

```
>>> hi.hello()          # 객체로 메소드 호출
안녕, 파이썬!
```

객체를 가지고 메소드를 호출했더니 "안녕, 파이썬!"이라고 잘 출력된 것을 볼 수 있다. 이것이 객체 지향 프로그래밍에서 가장 중요한 클래스와의 첫 만남인데, 어렵지 않게 다음 과정도 잘 따라오길 바란다.

[예제 2]

클래스로부터 인스턴스를 생성하고, 생성된 객체를 이용해 메소드를 호출하는 완성된 코드이다.

```
>>> class Greeting:
        def hello(self):
            print("안녕, 파이썬!")
>>> hi=Greeting()
>>> hi.hello()
안녕, 파이썬!
```

진단문제

아래와 같이 클래스를 만들어, myname() 메소드를 호출하여 "나의 이름은 홍길동입니다."를 출력하시오.

```
>>> class Me:
        def myname(self) :
            print("나의 이름은 홍길동입니다.")

>>> ____________                # 인스턴스 생성
>>> ____________                # 메소드 호출
나의 이름은 홍길동입니다.
```

클래스 속성

파이썬에서 클래스 구성은 속성과 메소드를 포함하고 있다. 속성은 다른 프로그램에서는 메소드 내에서 사용하는 변수로, 멤버 변수 또는 멤버 필드라는 용어를 사용하는데 역할적으로는 같은 맥락으로 사용되지만 파이썬에서 속성은 변수와 메소드를 모두 포함하여 일컫고 있다.

클래스에서는 클래스 변수, 인스턴스 변수를 통해 직접 값을 할당하기도 하고, 출력하고 싶은 내용을 출력하기도 한다. 또한 클래스를 이용하여 인스턴스를 생성하고 인자 값을 부여하여 메소드를 호출할 수도 있다.

[예제 3]

메소드 내 변수에 직접 값을 할당한 후, 메소드를 호출하여 실행해 보자.

```
class Member:                            # 클래스 선언

    def myInfo(self):                    # 메소드(인스턴스 메소드)
        self.name="홍길동"                # 인스턴스 변수(name, age)
        self.age=22
        print("저의 이름은 {}이고, 나이는 {}세 입니다.".format(self.name,
                                                          self.age))

me=Member()                              # 인스턴스 생성
me.myInfo()                              # 메소드 호출
```

실행결과

```
저의 이름은 홍길동이고, 나이는 22세입니다.
```

진단문제

클래스와 메소드를 정의하여 [실행결과]와 같이 출력하시오.

실행결과

```
안녕하세요
파이썬 프로그래밍은 재미있습니다.
```

[예제 4]

인스턴스 생성한 후, 메소드 호출 시 인자 값을 부여하여 실행해 보자.

```
class Member:                          # 클래스 선언

    def myInfo(self, name, age):       # 메소드
        self.name=name
        self.age=age
        print("저의 이름은 {}이고, 나이는 {}세 입니다.".format(self.name,
                                                          self.age))

me=Member()                            # 인스턴스 생성
me.myInfo("홍길동",22)                  # 메소드 호출
```

실행결과

```
저의 이름은 홍길동이고, 나이는 22세입니다.
```

[예제 5]

인스턴스를 생성한 후, 객체.메소드()를 호출하여 인자 값만 변경하면 얼마든지 다른 값으로 필요한 데이터를 출력할 수 있다.

```
class Member:                          # 클래스 선언

    def myInfo(self, name, age):       # 메소드
        self.name=name
        self.age=age
        print("저의 이름은 {}이고, 나이는 {}세 입니다.".format(self.name,
                                                          self.age))

me=Member()                            # 인스턴스 생성
me.myInfo("홍길동",22)                  # 메소드 호출
me.myInfo("강감찬",23)                  # 메소드 호출
```

실행결과

```
저의 이름은 홍길동이고, 나이는 22세 입니다.
저의 이름은 강감찬이고, 나이는 23세 입니다.
```

[예제 6]

이번에는 인스턴스 변수에 직접 값을 할당하고, 외부에서도 변수에 값을 할당하여 실행해 보자.

```
class Member:                          # 클래스 선언

    def myInfo(self):                  # 메소드
        self.hakbun="20241234"         # 인스턴스 변수에 직접 값을 할당

me=Member()                            # 인스턴스 생성
me.name="홍길동"                        # 외부에서 변수에 값을 할당
me.age=22
me.major="산업디자인"
me.phone="010-1234-4567"

print("내 프로필 입니다.")
me.myInfo()
print("학번:", me.hakbun)
print("이름:", me.name)
print("나이:", me.age)
print("전공:", me.major)
print("연락처:", me.phone)
```

실행결과

```
내 프로필 입니다.
학번: 20241234
이름: 홍길동
나이: 22
전공: 산업디자인
연락처: 010-1234-4567
```

진단문제

클래스를 구성하고 인스턴스를 생성한 후, 인자 값을 부여하여 함수를 호출하여 [실행결과]와 같이 출력되도록 실행해 보자. 메소드 호출에 필요한 인자 값은 다음과 같다.

```
BookSale("Python Programming", 25000, 3)
결재금액 = 가격 * 수량
```

실행결과

```
도서명:Python Programming
가격:25000
수량:3
결재금액:75000
```

생성자

이번에는 앞에서 만들었던 함수를 조금 변형하여 def (__init__)이라는 특별한 이름을 부여하여 사용하는 생성자 메소드에 대해서 학습한다.

파이썬에서는 __init__(self)와 같은 이름의 메소드를 생성자(constructor)라고 부른다. 이 생성자는 클래스가 생성될 때 자동으로 실행되는 메소드로 필요한 데이터 값을 부여하는 초기화 작업을 수행하는 역할을 한다.

> **Tip** 인스턴스가 만들어질 때 호출되는 함수를 생성자(__init__)라고 하며, 인스턴스가 사라질 때 호출되는 함수를 소멸자(__del__)라고 한다.

생성자 메소드

파이썬에서는 특별한 생성자 __init__(self)에 name, age 인스턴스 변수를 포함하여, 인스턴스 생성 시 자동으로 이름, 나이 시작값을 부여하게 된다.

[예제 7]

생성자 메소드에 인스턴스 변수 name, age를 선언하여 자동으로 값을 부여한 후, 메소드를 호출하여 실행해 보자.

```
class Member:                         # 클래스 선언

    def __init__(self, name, age):    # 생성자 메소드
        self.name=name
        self.age=age
```

```

    def myInfo(self) :                    # 메소드
        print("저의 이름은 {}이고, 나이는 {}세 입니다.".format(self.name,
                                                          self.age))

me=Member("홍길동",22)                     # 클래스 생성 시 자동으로 시작값을 할당
me.myInfo()                               # 메소드 호출
```

실행결과

```
저의 이름은 홍길동이고, 나이는 22세 입니다.
```

위에서 살펴본 대로 __init__ 생성자 메소드는 클래스를 생성할 때 자동으로 호출되어 값을 부여하는 특별한 메소드이다. 생성자 데이터 값 부여는 __init__ 생성자 메소드 속성에 맞게 차례대로 부여해 주면 된다. 부여된 데이터는 각 매개변수(name, age)를 self.속성 값으로 할당하여 저장된다.

클래스 생성자를 통해 자동으로 데이터 값을 부여하는 방법에 대해서 배웠다. 이번에는 하나의 클래스를 가지고 각각 다른 이름으로 객체를 만들어 사용하는 부분에 대해 알아보자.

[예제 8]

생성자를 통해 여러 개의 이름으로 객체를 만들어 실행해 보자.

```
class Member:                                     # 클래스 선언

    def __init__(self, name, age, phone)  :       # 생성자 메소드
        self.name=name
        self.age=age
        self.phone=phone

    def myInfo(self):
        print("이름:{}이고, 나이:{}세, 연락처:{}입니다.".format(self.name,
                                              self.age, self.phone))

me=Member("홍길동",22,"010-1234-5678")           # 객체.메소드()로 각각 다르게 호출
friend1=Member("이정재",24,"010-2356-3456")
friend2=Member("전지현",21,"010-7890-2345")

me.myInfo()
friend1.myInfo()
friend2.myInfo()
```

실행결과

```
이름:홍길동이고, 나이:22세, 연락처:010-1234-5678입니다.
이름:이정재이고, 나이:24세, 연락처:010-2356-3456입니다.
이름:전지현이고, 나이:21세, 연락처:010-7890-2345입니다.
```

__str__() 메소드

str() 함수는 우리가 문자열 내장함수에서 살펴본 듯이 문자열 처리 함수이다.

파이썬에서 __str__ 메소드는 클래스 __init__ 메소드에서 정의한 내용을 __str__메소드에서 문자열화하여 처리한 후, 해당 값을 반환하게 된다.

[예제 9]

def __init__ 함수에서 정의된 내용을 __str__ 메소드를 호출하여 적용된 내용을 호출해 보자.

```
class Member:                                # 클래스 선언

    def __init__(self, name, age, phone):    # 생성자 메소드
        self.name=name
        self.age=age
        self.phone=phone

    def __str__(self):
        msg="이름:{}이고, 나이:{}세, 연락처:{}입니다.".format(self.name,
                                                self.age, self.phone)
        return msg

me=Member("홍길동",22,"010-1234-5678")        # 객체.메소드()로 각각 다르게 호출
friend1=Member("이정재",24,"010-2356-3456")
friend2=Member("전지현",21,"010-7890-2345")

print(me)
print(friend1)
print(friend2)
```

실행결과

```
이름:홍길동이고, 나이:22세, 연락처:010-1234-5678입니다.
이름:이정재이고, 나이:24세, 연락처:010-2356-3456입니다.
이름:전지현이고, 나이:21세, 연락처:010-7890-2345입니다.
```

진단문제

아래와 같이 클래스를 만들어, 생성자로 데이터를 초기화한 후, __str__ 함수를 호출하여 [실행결과]와 같이 출력해 보자.

실행결과

```
이름:홍길동, 취미:무술, 소속:한국무도협회
```

상속

파이썬에서 상속(inheritance)은 부모 클래스에서 정의한 속성, 메소드들을 자식 클래스에서도 사용할 수 있도록 지정하는 것이다. 그러면 상속받은 자식 클래스에서는 부모 클래스의 속성, 메소드들을 사용할 수 있는데, 자식 클래스에서는 부모 클래스의 동일한 속성이나 기능을 중복으로 정의할 필요 없이 갖다 쓸 수 있다는 장점이 있다. 상속의 경우, 자바와 같은 언어에서는 다중 상속은 불가하지만 파이썬에서는 다중 상속도 가능하다.

```
class 부모클래스이름:                    # 부모 클래스
   처리문
   def 함수명(self):                    # 메소드 생성
      처리문
class 자식클래스이름(부모클래스이름):    # 자식 클래스(부모 클래스를 상속 받음)
      처리문
```

자식 클래스는 부모 클래스와 똑같이 정의해주는데 자식 클래스 옆에는 (부모 클래스이름)을 소괄호로 표시하여 상속된 것임을 구분해 준다. 자식 클래스에서 부모 클래스의 메소드나 변수를 사용하기 위해서는 super()라는 키워드를 사용하면 자식 클래스 내에서 부모 클래스를 호출하여 사용할 수도 있다.

자, 그럼 부모 클래스를 정의한 후, 자식 클래스에서 부모 클래스에서 정의된 속성을 호출하여 사용하는 예제를 살펴보자.

[예제 10]

부모 클래스에서 정의된 클래스 변수, 메소드를 자식 클래스에서도 호출하여 사용할 수 있는지 실행해 보자.

```
class Movie:                                    # 부모 클래스
    title = "이터널스"                           # 클래스 변수
    director="클로이자오"

    def prt(self):                              # 메소드
        print("{} 영화입니다.".format(self.title))

class Staff(Movie):                             # 자식 클래스(부모 클래스 상속)
    def __init__(self, koract, usact) :
        self.koract=koract
        self.usact=usact

    def prtChild(self):
        super().prt()                           # 부모 클래스 메소드 호출
        print("감독 :", super().director)       # 부모 클래스 변수
        print("한국 남자 배우:", self.koract)
        print("헐리우드 여자 배우:", self.usact)

m=Staff("마동석", "안젤리나졸리")
m.prtChild()
```

실행결과

```
이터널스 영화입니다.
감독 : 클로이자오
한국 남자 배우: 마동석
헐리우드 여자 배우: 안젤리나졸리
```

Tip super() 함수는 자식 클래스에서 부모 클래스 내 변수 및 메소드를 사용할 수 있다.

- super().메소드이름()
- super().메소드이름(매개변수)

메소드 오버라이딩

파이썬 메소드 오버라이딩(Method Overriding)은 부모로부터 상속받은 메소드를 자식 클래스에서 재정의하여 사용하고자 할 때 사용하는 메소드이다. 메소드 오버라이딩은 부모 클래스에서 정의한 메소드의 기능을 자식 클래스에서 그대로 이용할 수가 없다. 즉, 자식 클래스에서 부모 클래스의 메소드를 재정의하여 사용해야만 하는데 이것을 메소드 오버라이딩이라고 한다.

[예제 11]

메소드 오버라이딩을 통해 자식 클래스에서 부모 클래스를 재정의하여 사용해 보자.

```
class Person:                                    # 부모 클래스
    def __init__(self, lastname, firstname):     # 부모 클래스 생성자 메소드
      self.firstname = firstname
      self.lastname = lastname

    def prtName(self):                           # 메소드
      print(self.lastname, self.firstname)

class Student(Person):                           # 자식 클래스
    def __init__(self, lname, fname, dept):      # 자식 클래스 생성자
      super().__init__(lname, fname)             # 부모 클래스 호출
      self.dept=dept

    def welcome(self):
      print("안녕하세요 제 이름은 ",self.lastname, self.firstname,"입니다.")
      print(self.dept,"에 재학중입니다.")

x = Student("홍","길동","전자공학과")
x.welcome()
```

실행결과

```
안녕하세요 제 이름은  홍 길동 입니다.
전자공학과에 재학중입니다.
```

위 예제를 살펴보면 자식 클래스에서는 부모 클래스의 메소드를 그대로 사용할 수 없으므로 부모 클래스 `__init__(self, lastname, firstname)`를 자식 클래스 `__init__(self, lname, fname, dept)`에서 `self.dept=dept`를 추가하여 매개변수에 대한 부분을 재정의하여 메소드 오버라이딩을 사용하였다.

진단문제

부모 클래스는 변수에 10을 저장한 후 메소드를 호출하여 저장한 10을 그대로 반환한다. 자식 클래스는 부모 클래스를 상속받아 부모 클래스의 메소드 값 10에 50을 더하여 반환하는 오버라이딩을 수행한다. 이때 메소드 오버라이딩 프로그램을 [실행결과]와 같이 출력하시오.

실행결과

```
합:60
```

Tip 메소드 오버로딩(overloading)은 Java와 같은 다른 언어에서 동일 클래스 내에서 매개변수의 개수 또는 자료형은 다르게하고 같은 이름으로 메소드를 정의하는 것을 말하는데, 오버라이딩과는 달리 파이썬에서는 정식적으로 메소드 오버로딩 기능을 지원하지 않고 있다.

13.2 모듈

모듈(module)이란 함수나 변수 또는 클래스들을 모아 놓은 파일이다. 모듈은 파이썬 프로그램에서 불러와 사용할 수 있게끔 만들어진 파이썬 파일이라고도 할 수 있다.

즉, `import 모듈이름`은 현재 디렉터리에 있는 파일이나 파이썬 라이브러리가 저장된 디렉터리에 있는 모듈만 불러올 수 있다. 만약, 여러 함수를 불러오고 싶을 때는 단지 ,(콤마)로 여러 함수를 입력해 주면 된다. 또는 해당 모듈의 모든 함수를 불러오기 위해서 *(asterisk)을 이용하면 모든 함수를 `import`할 수 있다.

우리는 이미 내장함수에서 아래와 같이 `math()` 함수와 `mean()` 함수를 학습하였다. 파이썬에서 기본적으로 제공하는 모듈은 설치 없이 `import`로 불러와서 사용할 수 있는데 대표적인 것이 수학함수 `math`와, `mean` 함수이다. 즉, 수학함수를 사용하기 위해서 `import math`, 통계함수를 사용하기 위해서 `import statistics`를 선언하여 사용한 바 있다.

이번 절에서는 현업에서 많이 사용하는 pandas 모듈을 소개할 것이다. pandas는 파이썬에서 실용적인 실제 데이터 분석을 수행하기 위해 설계되었으므로 다루기가 쉽고 다양한 응용 명령으로 유연하며 표현이 풍부한 데이터 구조를 제공하는 파이썬 패키지이다.

아나콘다 플랫폼

아나콘다는 파이썬 기반 데이터 분석에 널리 사용되는 플랫폼이다. 아나콘다 웹 사이트에서 아나콘다를 설치한 후, 주피터 노트북을 실행하는 방법을 알아보자.

아나콘다 다운로드 및 설치

❶ 아나콘다 플랫폼을 다운받기 위해 아나콘다 웹 사이트(https://www.anaconda.com/download/)에 접속한다.

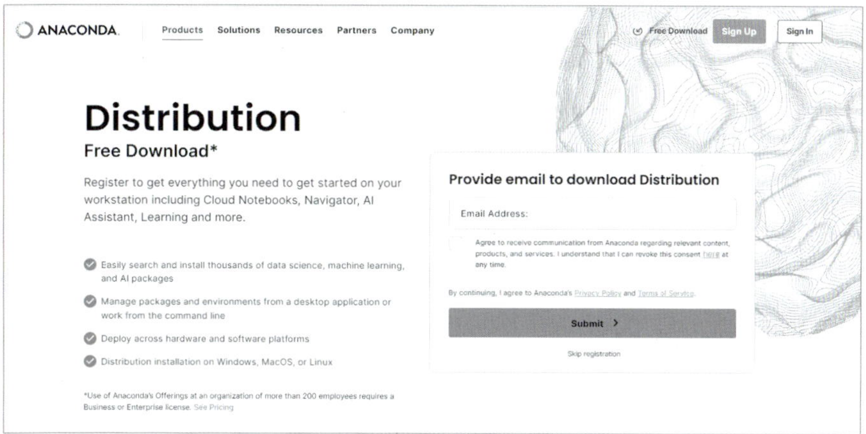

그림 13-1 아나콘다 웹 사이트

❷ 사용자 이메일을 입력받는 창이 나오면 입력창에 이메일을 입력하고, [Submit >] 버튼을 클릭한다. 이메일 입력을 원하지 않을 때는 [Submit >] 버튼 바로 아래 'Skip registration' 을 클릭하여 진행하여도 무방하다.

❸ 다운로드 화면이 나오면 내가 사용하고 있는 컴퓨터 운영체제 환경에 맞는 플랫폼을 선택하여 다운로드한다. 본 교재에서는 윈도우 기반 파이썬 3.12 버전을 선택하여 설치한다.

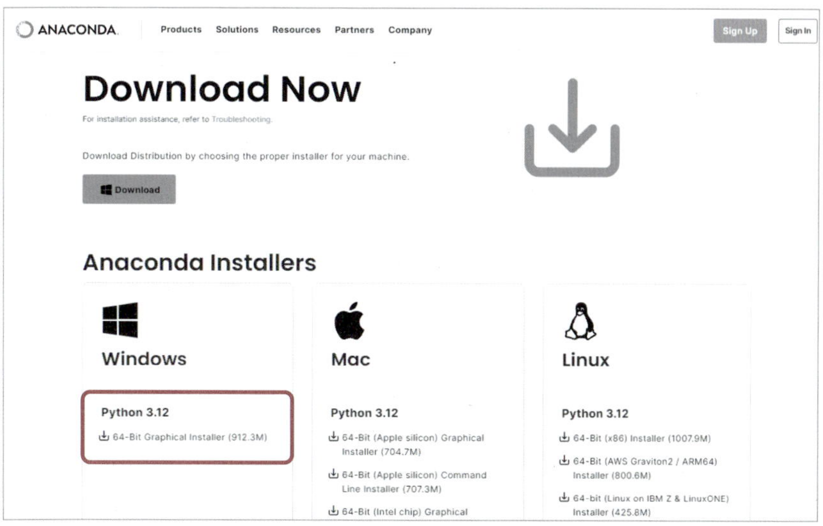

그림 13-2 아나콘다 다운로드 화면

❹ 아나콘다 플랫폼 설치 파일이 [다운로드] 폴더에 저장되었다.

그림 13-3 아나콘다 설치 실행 파일

❺ 설치 파일을 더블클릭하여 실행한다. 'Welcome to Anaconda3 Setup'이 나오면 [Next] 버튼을 클릭한다.

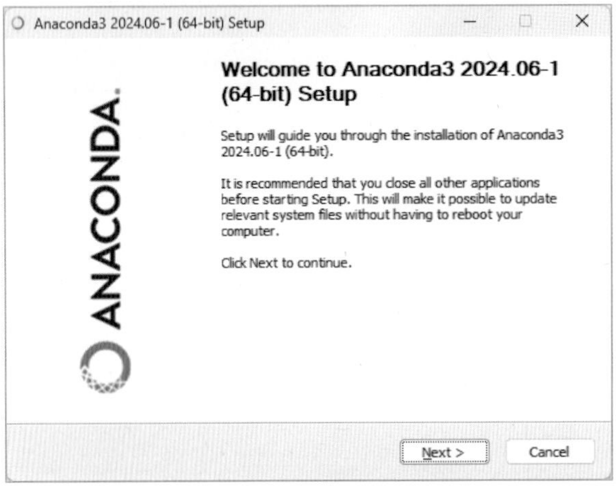

그림 13-4 아나콘다 설치 실행

❻ 라이센스 사용 동의를 위해 [I Agree] 버튼을 클릭한다.

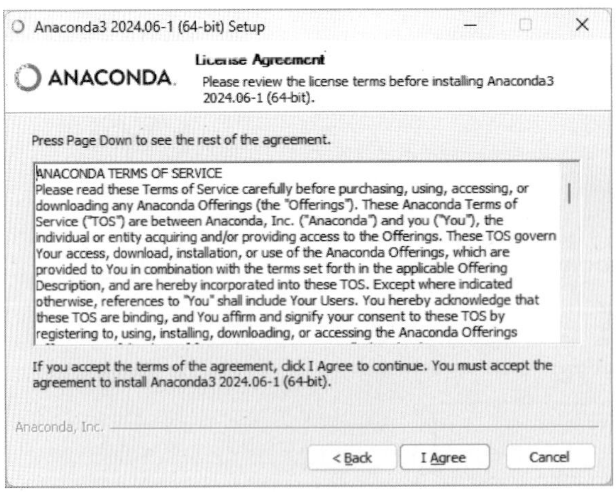

그림 13-5 아나콘다 라이센스 사용 동의

❼ 이미 파이썬 프로그램이 설치되어 있는 경우 다음과 같은 경고창이 보일 수 있다. 파이썬 프로그램이 설치되어 있다면 해당 프로그램을 제거한 후 설치를 시작할 것을 권고한다.

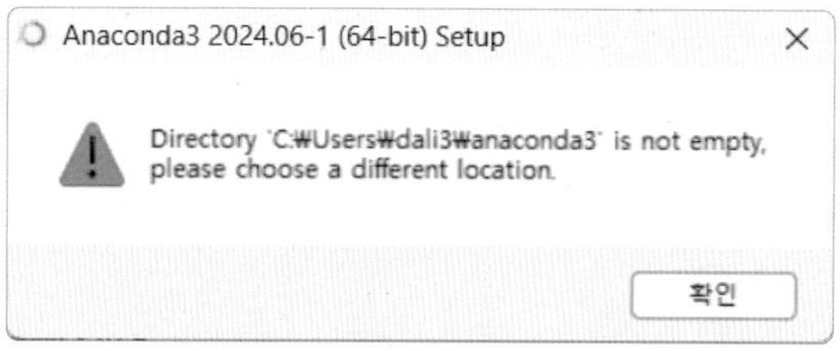

그림 13-6 아나콘다 이전 프로그램 존재 표시

❽ 설치 유형 항목인 'Install for:'가 나오면 'Just Me(recommended)'를 선택하고 [Next] 버튼을 클릭한다.

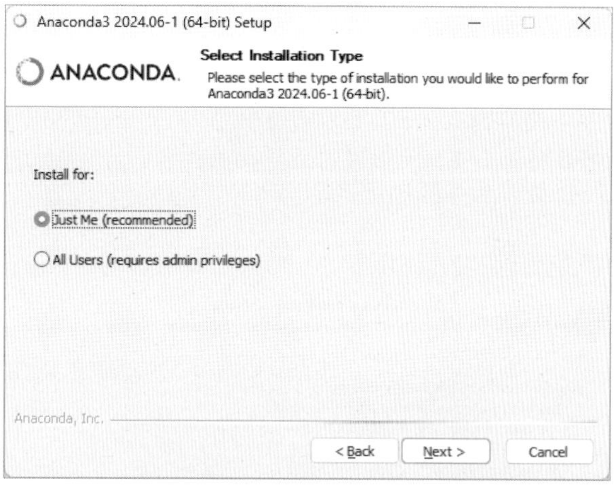

그림 13-7 아나콘다 설치 유형

여기서 잠깐 Just Me와 All Users의 차이점

두 항목에 대한 차이점은 설치 시 사용자 계정 범위 영역에 따라 선택하여 설치한다는 점이 다르다.

- Just Me는 로그인한 사용자 계정에만 설치하는 옵션
- All Users는 시스템에 로그인한 모든 사용자 계정에 설치하는 옵션

❾ 설치 경로에 대한 'Destination Folder'가 나오면 기본 설치 경로를 그대로 둔 상태로 [Next] 버튼을 클릭한다.

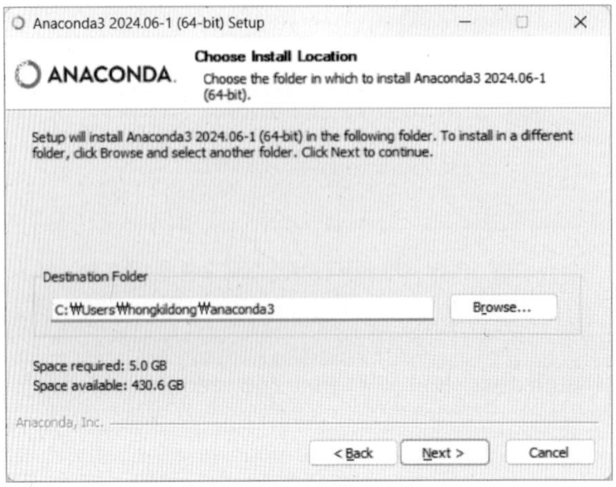

그림 13-8 아나콘다 설치 경로 선택

❿ 설치 옵션을 설정하는 화면이 나오면 기본적으로 'Create shortcuts(supported packages only)'만 선택되어 있다.

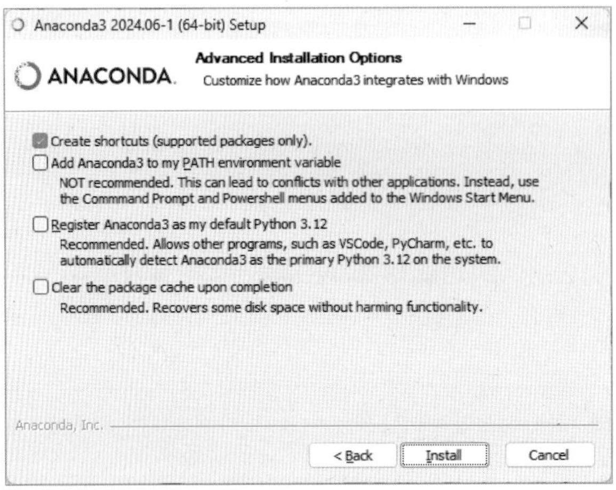

그림 13-9 아나콘다 설치 옵션

추가적으로 나중에 powershell, cmd 같은 커맨드 프롬프트 창에서 아나콘다를 편리하게 사용할 수 있도록 'Add Anaconda3 to my PATH environment variable'도 함께 선택한다.

그런 다음 아나콘다를 기본 파이썬으로 설정하기 위해 'Register Anaconda3 as my default Python 버전'을 선택한 후, 설치를 위해 [Install] 버튼을 클릭한다.

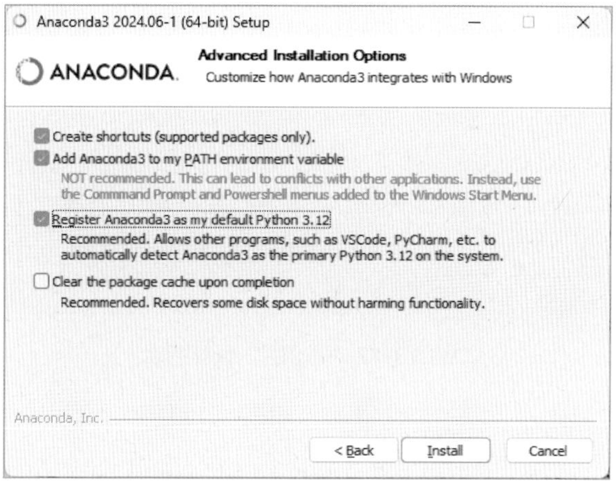

그림 13-10 아나콘다 기본값 설정

⑪ 설치를 진행한다.

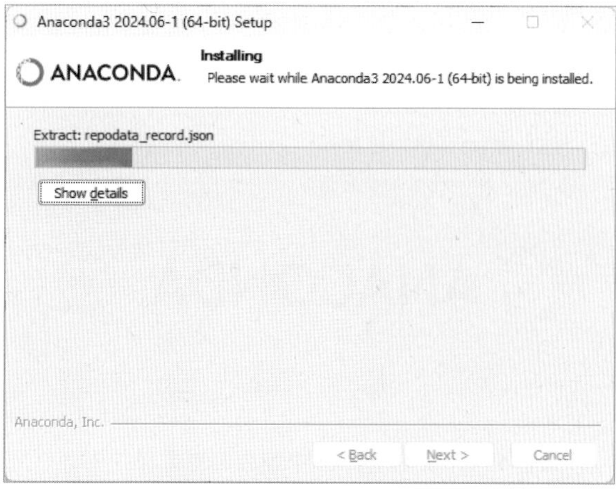

그림 13-11 아나콘다 설치 진행

⑫ 설치가 완료되었다면 [Next] 버튼을 클릭한다.

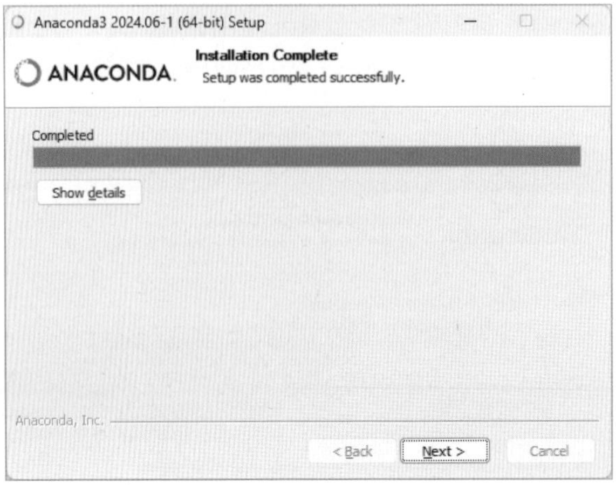

그림 13-12 아나콘다 설치 완료

⑬ 아나콘다 클라우드 노트북 안내를 위한 'Code in the cloud with Anaconda Notebooks' 창이 보인다. 안내를 위해서 관련된 링크를 클릭하도록 되어 있는데 설치 진행을 위해서는 클릭하지 않고 [Next]를 선택해도 좋다.

그림 13-13 아나콘다 클라우드 노트북 링크 안내

⓮ [Finish] 버튼을 클릭하여 설치를 종료한다

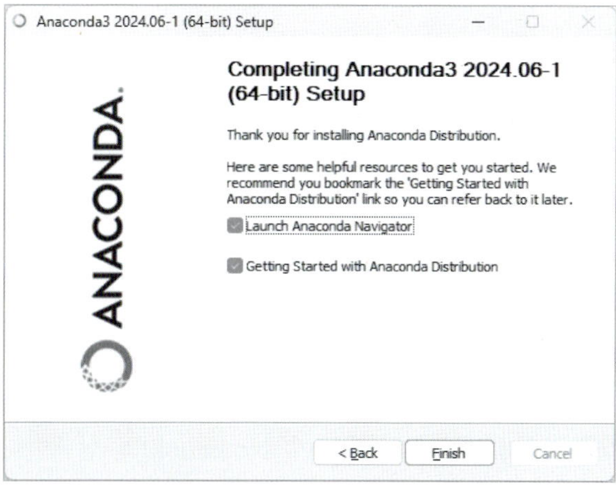

그림 13-14 아나콘다 설치 종료

주피터 노트북

주피터 노트북은 파이썬 개발 지원 툴로, 아나콘다 환경을 웹에서 손쉽게 사용할 수 있다. 파이썬을 이용한 데이터 분석 및 시각화 작업을 편리하게 수행할 수 있어서 많이 사용된다. 아나콘다를 설치한 이유는 주피터 노트북을 사용하기 위해서이다.

주피터 노트북 실행하기

아나콘다 플랫폼 설치를 마쳤다면 주피터 노트북을 실행해 보자.

❶ [윈도우 시작] → [Anaconda3 (64-bit)] → [Jupyter Notebook]을 선택하여 실행한다.

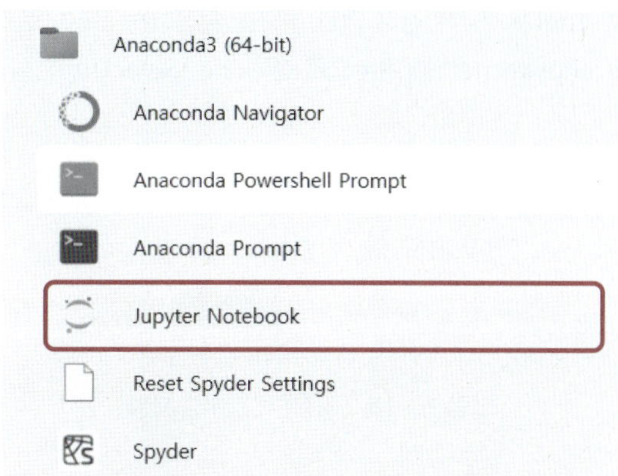

그림 13-15 주피터 노트북 실행

❷ 주피터 노트북을 실행하면 [그림 13-16]과 같이 jupyter 로고가 나오면서 웹브라우저에서 열리는 것을 확인할 수 있다.

그림 13-16 주피터 실행 첫 화면

❸ 웹 브라우저 화면 오른쪽의 [New]를 선택하여 [Notebook]을 선택한다

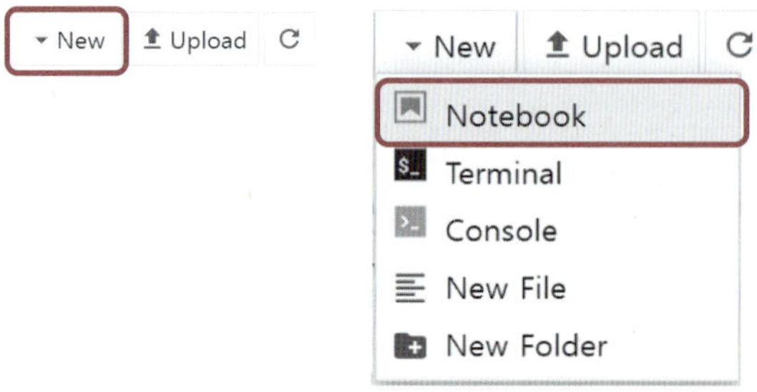

그림 13-17 주피터 노트북 셀 열기

여기서 잠깐 Select Kernel은?

주피터 노트북이 실행되고 [New] → [Notebook]을 클릭했을 때 사용자 환경에 따라 [그림 13-18] 화면이 나올 수 있다. 'Select Kernel'은 가상환경에 대한 커널을 지정하는 옵션으로 특별한 가상환경이 주어져 있지 않은 경우에 'Python 3(ipykernel)'을 기본으로 선택하고 [Select] 버튼을 눌러 진행하면 된다.

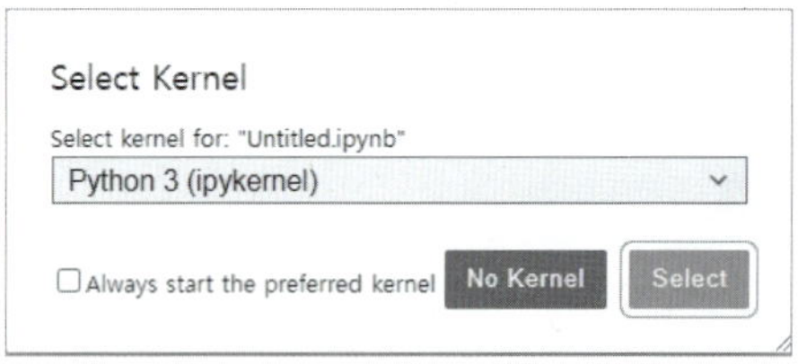

그림 13-18 가상환경 커널 지정

코드 입력하기

❶ 새 노트북 화면이 나오고 코드를 작성할 수 있는 코드 입력창이 보인다.

그림 13-19 주피터 노트북 입력 창 화면

❷ 아래 빈 셀을 클릭하여 파이썬 코드를 다음과 같이 입력해 보자.

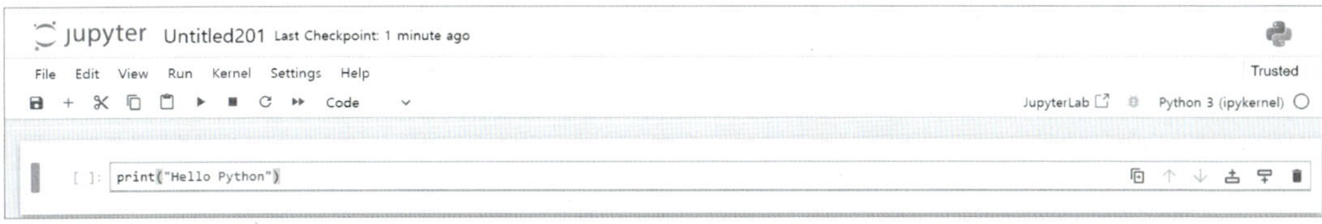

그림 13-20 주피터 노트북 셀에 입력하기

코드 실행하기

❶ 코드 실행을 위해 단축키 Shift + Enter를 누르면 실행 결과가 코드 셀 아래에 출력된다.

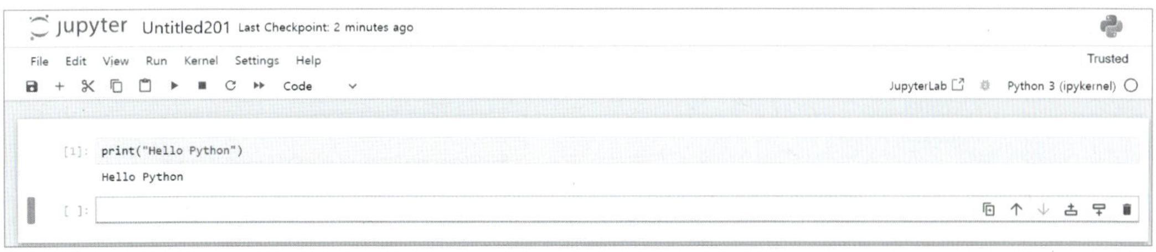

그림 13-21 주피터 노트북 코드 실행하기

여기서 잠깐 **코드 셀 순서 바꾸기**

주피터 노트북의 각 코드 셀은 독립적으로 보이지만 모두 연결되어 실행에 영향을 미친다. 코드 셀에서 생성된 변수는 해당 코드 셀뿐만 아니라 다른 코드 셀에서도 사용할 수 있다. 코드 셀의 실행 순서는 사용자가 바꿀 수 있는데 메뉴에서 ↑↓를 사용하면 된다. 이때 코드 셀의 실행 순서는 `In [ ]:`에서 보이는 번호에 따라 실행된다.

그림 13-22 주피터 셀 순서 바꾸기

코드 저장하기

❶ 상단 jupyter 로고 옆에 있는 'Untitled'를 클릭한다.

그림 13-23 주피터 Untitled 선택

❷ Untitled를 지우고 파일 이름을 'silsub_01'으로 변경하기 위해 해당 이름으로 입력한 후, [Rename] 버튼을 클릭한다.

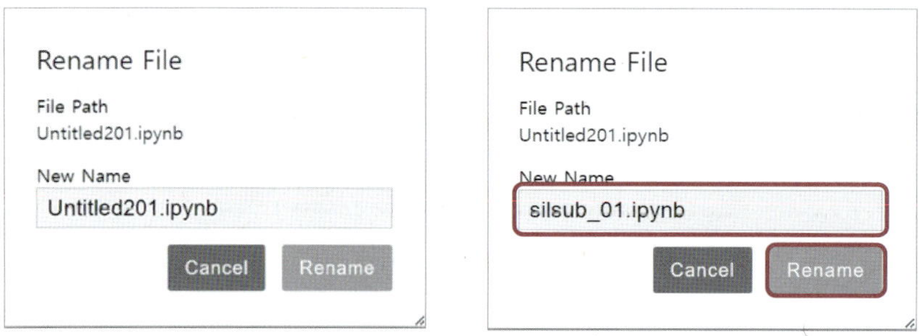

그림 13-24 주피터 노트북 파일 이름 변경하기

❸ jupyter 로고 옆의 'Untitled'가 'silsub_01'로 변경된되었다. 이번에는 코드 저장을 위해 화면 메뉴 좌측의 저장 아이콘을 클릭한다.

그림 13-25 주피터 노트북 파일 이름 변경 후 화면

파일 닫기

현재 사용 중인 파일을 닫기 위해 [File] → [Close and Shut Down Notebook]을 선택한다.

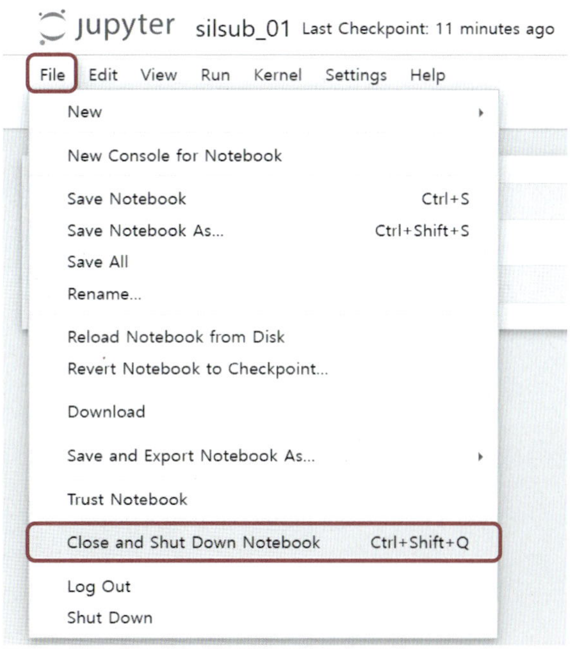

그림 13-26 주피터 노트북 파일 닫기

파일 열기

❶ 메뉴 [Files] 아래에서 저장된 파일 'silsub_01.ipynb' 파일을 찾아 선택하고 [Open]을 클릭한다.

그림 13-27 주피터 노트북 파일 찾기

그림 13-28 주피터 노트북 파일 선택 후 열기

❷ 파일이 잘 열린 것을 확인할 수 있다.

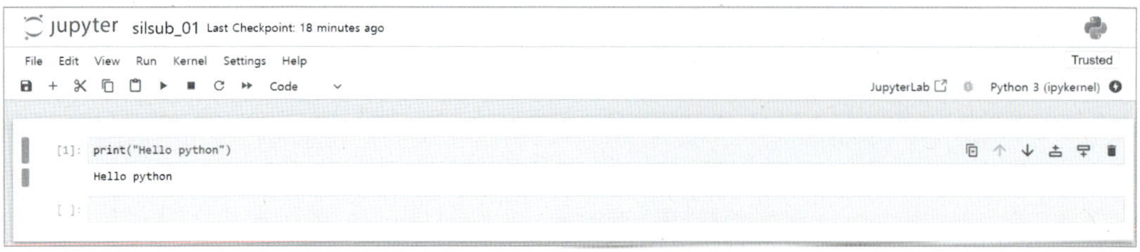

그림 13-29 주피터 노트북 파일 열기 후 화면

주피터 노트북 단축키

셀이 아닌 빈 영역을 클릭한 후에 단축키를 눌러 원하는 작업을 수행할 수 있다.

단축키	설 명
Enter↵	코드 라인 번호 추가
Ctrl + Enter↵	해당 셀 실행
Shift + Enter↵	해당 셀이 실행되고 다음 셀 선택
Alt + Enter↵	셀이 실행되고 아래에 셀 삽입
Insert Cell Above, A	해당 셀 위에 한 개 추가
Insert Cell Below, B	해당 셀 아래에 한 개 추가
D D	셀 삭제
C	셀 복사
X	셀 잘라내기
Shift + V	해당 셀 위에 붙여넣기
V	해당 셀 아래에 붙여넣기
Ctrl + S	다양한 주피터 노트북의 단축키 확인
Ctrl + [	내어 쓰기
Ctrl +]	들여 쓰기
Ctrl + A	전체 선택

pandas 설치

자, 그럼 pip를 이용하여 간편하게 이용할 수 있는 pandas를 설치해 보자. 아나콘다 플랫폼이 이미 설치되어 있다면 이 부분은 넘어가도 좋다.

[예제 12]

키보드 윈도우 키+ R을 눌러 [cmd]를 입력하여 도스 창으로 빠져 나간다.

```
C:\Users\dali3>
```

도스 모드에서 pip install pandas를 입력한다. 어렵지 않게 간단히 설치할 수 있다.

```
C:\Users\dali3>pip install pandas
```

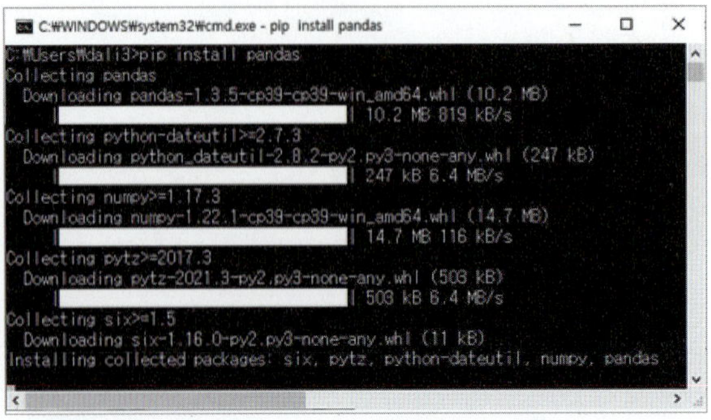

그림 13-30 pandas 설치

pandas DataFrame

최근 인공지능 및 빅데이터 관련된 곳에서는 Python Pandas를 많이 사용한다. Pandas의 데이터 처리는 대부분 DataFrame과 Series로 이루어지기 때문에 데이터분석을 위해서는 매우 중요하다. 자, 그럼 파이썬 pandas 모듈을 통해 데이터를 처리하고 분석하는 방법에 대해 알아보자.

DataFrame 생성하기

pandas를 사용하기 위해 빈 데이터프레임을 생성하는 방법부터 알아보자. 가장 먼저 pandas 모듈을 사용하기 위해 'import pandas as pd'를 입력한다. 이때 as 뒤에는 pandas의 별명을 붙여주는 pandas의 약어로 보통 pd를 입력하여 사용한다.

[예제 13] 빈 데이터프레임을 생성해 보자.

```
import pandas as pd
df=pd.DataFrame()
print(df)
```

실행결과

```
Empty DataFrame
Columns: []
Index: []
```

여기서 잠깐

- data: DataFrame을 생성할 때 데이터 소스로 ndarray, dictionary, series, list 등을 이용해서 생성
- index: Row(행)에 해당하는 레이블(판다스에서는 행을 index라고 함)
- column: Column(열)에 해당하는 레이블
- dtype: Column(열)에 해당하는 데이터 형

[예제 14] 리스트 자료형을 이용해서 DataFrame을 생성해 보자.

`columns` 키워드를 사용하여 `columns=['name','age']` 열에 대한 컬럼 제목을 입력한다.

```
import pandas as pd
data=[['최성호',22],['박철수',21],['이민호',23],['성시경',24],['전지현',27]]
df=pd.DataFrame(data, columns=['name','age'])
df
```

실행결과

	name	age
0	최성호	22
1	박철수	21
2	이민호	23
3	성시경	24
4	전지현	27

[예제 15] 이번에는 dictionary 자료형을 이용해서 DataFrame을 생성해 보자.

```
data={'fruit':['apple','banana','cherry','durian','mango'], 'cnt':[5,11,15,22,3]}
data
df=pd.DataFrame(data)
df
```

실행결과

	fruit	cnt
0	apple	5
1	banana	11
2	cherry	15
3	durian	22
4	mango	3

열 추가하기

[예제 16] 열 '가격'을 추가해 보자.

열 추가를 위해서는 df['추가하는 열 이름']=[추가할 데이터]를 이용한다.

```
df['가격']=[1000,500,1200,2000,1500]
df
```

실행결과

	fruit	cnt	가격
0	apple	5	1000
1	banana	11	500
2	cherry	15	1200
3	durian	22	2000
4	mango	3	1500

판매대금 구하기

[예제 17] 열 '판매대금'을 계산해 보자.

이때 계산을 위해 추가할 열 '판매대금'에 숫자 0 값을 임의로 할당한 후, 계산식을 넣기로 한다. 그리고 df["판매대금"] = df["cnt"] * df["가격"] 계산식으로 데이터를 변경하여 적용한다.

```
df['판매대금']=0
df['판매대금']=df['cnt']*df['가격']
df
```

실행결과

	fruit	cnt	가격	판매대금
0	apple	5	1000	5000
1	banana	11	500	5500
2	cherry	15	1200	18000
3	durian	22	2000	44000
4	mango	3	1500	4500

진단문제

열 'sale(%)'에 숫자 데이터 20%를 환산하여 0.2를 일괄적으로 할당해 보자. 그리고 "sale가격 = 판매대금 * sale(%)"을 계산하여 [실행결과]와 같이 출력되도록 밑줄 친 빈 칸을 채워서 데이터를 삽입해 보도록 하자.

```
df['sale(%)']=________
df['sale가격']=0
df['sale가격']=________________________________________
df
```

실행결과

	fruit	cnt	가격	판매대금	sale(%)	sale가격
0	apple	5	1000	5000	0.2	1000.0
1	banana	11	500	5500	0.2	1100.0
2	cherry	15	1200	18000	0.2	3600.0
3	durian	22	2000	44000	0.2	8800.0
4	mango	3	1500	4500	0.2	900.0

진단문제

"판매가격=판매대금 - sale가격"을 계산하여 [판매가격] 열을 추가한다.

판매가격 뒤에 열 '비고'를 추가해 보자.

```
______________________________________________________
__________________
df
```

실행결과

	fruit	cnt	가격	판매대금	sale(%)	sale가격	판매가격	비고
0	apple	5	1000	5000	0.2	1000.0	4000.0	
1	banana	11	500	5500	0.2	1100.0	4400.0	
2	cherry	15	1200	18000	0.2	3600.0	14400.0	
3	durian	22	2000	44000	0.2	8800.0	35200.0	
4	mango	3	1500	4500	0.2	900.0	3600.0	

열 삭제하기

사용하다보면 필요한 행/열을 삭제할 수 있는데 drop 명령어를 통해 삭제할 수 있다. 이때, axis=1은 열(column), axis=0은 행(row)을 지정하여 삭제한다.

- df=df.drop([삭제할 열)], axis=1)
- df=df.drop([삭제할 행)], axis=0)

[예제 18] **열 '비고'를 삭제해 보자.**

이때 '비고'는 열이므로 axis=1 옵션을 지정한다.

```
df=df.drop(['비고'], axis=1)
df
```

실행결과

	fruit	cnt	가격	판매대금	sale(%)	sale가격	판매가격
0	apple	5	1000	5000	0.2	1000.0	4000.0
1	banana	11	500	5500	0.2	1100.0	4400.0
2	cherry	15	1200	18000	0.2	3600.0	14400.0
3	durian	22	2000	44000	0.2	8800.0	35200.0
4	mango	3	1500	4500	0.2	900.0	3600.0

Tip **열 삭제 바로 적용하기**

열을 삭제한 후, df에 저장하지 않고 inplace=True 옵션을 추가하여 삭제된 열을 바로 적용할 수도 있다.

만약 열 '비고'를 삭제하고 바로 적용하려면 다음과 같이 설정하면 된다.

```
df.drop('비고', axis=1, inplace=True)
```

또한 특정 컬럼으로 삭제하고자 할 때에는 컬럼 번호를 지정하여 삭제도 가능하다.

```
df.drop(df.columns[7], axis=1, inplace=True)
```

수치 관련 통계 수행하기

[예제 19] 수치와 관련된 column 정보들에 대해서 전체적으로 요약하여 통계를 수행해 보도록 하자.

```
df.describe()
```

실행결과

	cnt	가격	판매대금	sale(%)	sale가격
count	5.000000	5.000000	5.000000	5.0	5.000000
mean	11.200000	1240.000000	15400.000000	0.2	3080.000000
std	7.694154	559.464029	16953.613184	0.0	3390.722637
min	3.000000	500.000000	4500.000000	0.2	900.000000
25%	5.000000	1000.000000	5000.000000	0.2	1000.000000
50%	11.000000	1200.000000	5500.000000	0.2	1100.000000
75%	15.000000	1500.000000	18000.000000	0.2	3600.000000
max	22.000000	2000.000000	44000.000000	0.2	8800.000000

엑셀 파일 활용

실무에서 파이썬 통계분석이나 데이터 분석 등을 위해 엑셀 스프레드시트에서 작업한 엑셀 파일을 읽어 와야 할 필요성이 많다.

pandas에서는 엑셀 데이터를 쉽게 불러오고 저장할 수 있는 편리한 기능을 제공하고 있다.

바로 'read_csv'와 'read_excel'인데, read_csv는 엑셀에서 작업한 파일을 csv로 변환하여 가져오는 기능이고, read_excel은 엑셀 시트 그대로 불러오는 기능인데 이번 절에서는 read_csv()를 활용하여 데이터를 가져오고 concat() 함수로 통합하는 부분까지 살펴볼 것이다.

import pandas as pd

- csv 파일 가져오기

```
file = "C:\\디렉터리명\\파일명.csv"
```

- 기본 구분자 쉼표로 가져오기

```
df = pd.read_csv(file)   # 기본 값은 콤마(,)이므로 csv 파일에서는 구분자를 지정할 필요가 없다.
```

- 구분 기호를 지정된 탭(\t)으로 가져오기

```
df = pd.read_csv(file, "\t")
```

Tip df=pd.read_csv("C:\\python_work\\grade.csv")를 이용하여 한꺼번에 작업을 수행할 수 있다.

여기서 잠깐 엑셀 xlsx 파일을 csv로 어떻게 변환하지요?

엑셀 worksheet에서 작업된 파일을 csv로 변환하기 위해서는 [파일]-[다른 이름으로 저장]-파일 형식을 [CSV UTF-8(쉼표로 분리)(*. CSV)]를 선택한 후, 파일 이름을 지정하면 된다.

csv 파일 가져오기

[예제 20]

제공한 sales_1.csv, sales_2.csv 예제 파일을 작업 디렉터리 C:\python_work 디렉터리에 복사한 후, 파이썬으로 csv 파일 가져오기를 진행해 보자.

```
import pandas as pd
file1=pd.read_csv("c:\\python_work\\sales_1.csv", encoding="utf-8")
file1
```

실행결과

	판매일자	제품명	판매수량	판매금액
0	2024.5.15	액세스	15	225000
1	2024.5.15	컴퓨터활용	32	416000
2	2024.5.15	전산개론	15	217500
3	2024.5.15	멀티미디어개론	80	1120000
4	2024.5.15	C언어 입문	12	216000
5	2024.5.15	자바입문	25	400000

```
file2=pd.read_csv("c:\\python_work\\sales_1.csv", encoding="utf-8")
file2
```

실행결과

	판매일자	제품명	판매수량	판매금액
0	2024.5.18	Visual Basic	8	136000
1	2024.5.18	컴퓨터활용	12	156000
2	2024.5.18	전산개론	8	116000
3	2024.5.18	자료구조	12	300000
4	2024.5.18	C언어 입문	15	270000
5	2024.5.18	자바입문	12	192000

파일 합치기

[예제 21] file1, file2를 데이터프레임으로 합쳐보도록 하자.

파일을 합치기 위해서는 df.concat([파일1,파일2]) 함수를 이용한다.

```
df=pd.concat([file1,file2])
df
```

실행결과

	판매일자	제품명	판매수량	판매금액
0	2024.5.15	액세스	15	225000
1	2024.5.15	컴퓨터활용	32	416000
2	2024.5.15	전산개론	15	217500
3	2024.5.15	멀티미디어개론	80	1120000
4	2024.5.15	C언어 입문	12	216000
5	2024.5.15	자바입문	25	400000
0	2024.5.18	Visual Basic	8	136000
1	2024.5.18	컴퓨터활용	12	156000
2	2024.5.18	전산개론	8	116000
3	2024.5.18	자료구조	12	300000
4	2024.5.18	C언어 입문	15	270000
5	2024.5.18	자바입문	12	192000

인덱스 번호 설정

앞서 살펴본 바와 같이 데이터를 합치게 되면 기존의 index를 그대로 가져오게 된다. 이때 병합된 문서에 reset_index() 함수를 이용하여 새로운 index 번호를 부여할 수 있다.

```
df.reset_index(drop=False, inplace=False)
```

- drop: 기존 인덱스 번호를 지울 것인가에 대한 설정으로 기본값은 False이다. 새로운 인덱스 번호를 부여하기 위해서는 True로 설정한다.
- inplace: 변경된 인덱스 번호를 바로 적용할지 설정하는 옵션이다. 기본 값은 False이지만 바로 적용하기 위해 True로 설정한다.

[예제 22] reset_index() 함수를 사용하여 새로운 인덱스 번호를 부여해 보자.

```
df.reset_index(drop=True, inplace=True)
df
```

실행결과

	판매일자	제품명	판매수량	판매금액
0	2024.5.15	액세스	15	225000
1	2024.5.15	컴퓨터활용	32	416000
2	2024.5.15	전산개론	15	217500
3	2024.5.15	멀티미디어개론	80	1120000
4	2024.5.15	C언어 입문	12	216000
5	2024.5.15	자바입문	25	400000
6	2024.5.18	Visual Basic	8	136000
7	2024.5.18	컴퓨터활용	12	156000
8	2024.5.18	전산개론	8	116000
9	2024.5.18	자료구조	12	300000
10	2024.5.18	C언어 입문	15	270000
11	2024.5.18	자바입문	12	192000

Tip 2개의 데이터프레임을 합칠 때 ignore_index=True를 지정해 주면, 기존 인덱스를 무시하고 순서대로 인덱스를 바로 적용하여 재배열할 수 있다.

```
df=pd.concat([file1,file2], ignore_index=True)
```

DataFrame 행, 열 구조 확인하기

[예제 23] DataFrame의 컬럼 구조를 확인해 보자.

```
df.columns
```

실행결과

```
Index(['판매일자', '제품명', '판매수량', '판매금액'], dtype='object')
```

[예제 24] DataFrame의 인덱스 구조를 확인해 보자.

```
df.index
```

실행결과

```
RangeIndex(start=0, stop=12, step=1)
```

[예제 25] DataFrame 컬럼 구조의 데이터형 정보를 확인해 보자.

```
df.dtypes
```

실행결과

```
판매일자     object
제품명      object
판매수량      int64
판매금액      int64
dtype: object
```

DataFrame에서 열 선택 및 조회하기

[예제 26] 열 '판매수량'에 대한 데이터를 조회해보자.

```
df["판매수량"]
```

실행결과

```
0     15
1     32
2     15
3     80
4     12
5     25
6      8
7     12
8      8
9     12
10    15
11    12
Name: 판매수량, dtype: int64
```

[예제 27] 열 '판매수량', '판매금액'에 대한 두 개 열에 대한 데이터를 조회해 보자.

```
df[["판매수량","판매금액"]]
```

실행결과

	판매수량	판매금액
0	15	225000
1	32	416000
2	15	217500
3	80	1120000
4	12	216000
5	25	400000
6	15	225000
7	32	416000
8	15	217500
9	80	1120000
10	12	216000
11	25	400000

[예제 28] 열 '판매금액'이 400000 이상인 데이터를 조회해 보자.

```
df[df['판매금액']>=400000]
```

실행결과

	판매일자	제품명	판매수량	판매금액
1	2024.5.15	컴퓨터활용	32	416000
3	2024.5.15	멀티미디어개론	80	1120000
5	2024.5.15	자바입문	25	400000

[예제 29] 열 '판매일자'가 '2024.5.18.'인 데이터를 조회해 보자.

```
df[df['판매일자']=='2024.5.18']
```

실행결과

	판매일자	제품명	판매수량	판매금액
6	2024.5.18	Visual Basic	8	136000
7	2024.5.18	컴퓨터활용	12	156000
8	2024.5.18	전산개론	8	116000
9	2024.5.18	자료구조	12	300000
10	2024.5.18	C언어 입문	15	270000
11	2024.5.18	자바입문	12	192000

엑셀 파일 활용과 분석

이번 절에서는 read_csv()를 가지고 온 데이터를 원하는 특정 열 위치에 삽입하고, 데이터에 대한 그룹과 정렬, 가공된 데이터를 다시 엑셀로 보내는 부분까지 살펴볼 것이다.

데이터 가져오기

[예제 30]

제공한 student.csv 예제 파일을 작업 디렉터리 C:\python_work 디렉터리에 복사한 후, 파이썬으로 csv 파일 가져오기를 진행해 보자.

```
import pandas as pd
df=pd.read_csv("c:\\python_work\\student.csv", encoding="utf-8")
df
```

실행결과

	이 름	점수
0	김태리	90
1	손석구	80
2	아이유	100
3	송중기	85
4	송혜교	80

[예제 31]

새로운 열 '출신'을 추가하여, 아래와 같이 데이터를 입력해 보자.

출신=[서울, 강원, 제주, 충남, 경기]

```
df['출신']=['서울','강원','제주','충남','경기']
```

실행결과

	이 름	점수	출신
0	김태리	90	서울
1	손석구	80	강원
2	아이유	100	제주
3	송중기	85	충남
4	송혜교	80	경기

열 삽입하기

insert() 함수는 데이터프레임의 특정 위치에 열을 삽입하는 함수이다.

```
df.insert(loc, column, value, allow_duplicates=False)
```

- loc: 삽입할 열의 위치
- column: 삽입할 열 이름
- value: 삽입 열의 데이터
- allow_duplicates: 중복 열의 삽입을 허용하는 옵션으로 기본 값은 False이나, 기본 값을 허용할 경우에는 True를 지정한다.

[예제 32]

열 '학과'를 '이름' 앞에 삽입하여, 아래와 같이 데이터를 차례로 입력해 보자.

학과=[컴퓨터공학,산업정보시스템,IT융합,데이터사이언스,인공지능]

```
df.insert(0,'학과',['컴퓨터공학','산업정보시스템','IT융합','데이터사이언스','인공지능'])
df
```

실행결과

	학과	이름	점수	출신
0	컴퓨터공학	김태리	90	서울
1	산업정보시스템	손석구	80	강원
2	IT융합	아이유	100	제주
3	데이터사이언스	송중기	85	충남
4	인공지능	송혜교	80	경기

열 이름 변경하기

rename() 함수는 열 이름을 바꿀 수 있는 함수이다.

```
df.rename(columns = {'old_column' : 'new_column'}, inplace = True)
```

- old_column: 기존 열 이름
- new_column: 새로운 열 이름

[예제 33] **열 '학과' 이름을 '전공학부'로 변경해 보자.**

```
df.rename(columns = {"학과": "전공학부"}, inplace=True)
df
```

실행결과

	전공학부	이름	점수	출신
0	컴퓨터공학	김태리	90	서울
1	산업정보시스템	손석구	80	강원
2	IT융합	아이유	100	제주
3	데이터사이언스	송중기	85	충남
4	인공지능	송혜교	80	경기

정렬(sort)하기

sort_values() 함수는 특정 열의 값을 기준으로 데이터를 정렬하는 함수이다.

```
df.sort_values(by, axis=0, ascending=True, inplace=False)
```

- by: 어떤 열을 기준으로 정렬할 것인지를 지정한다.
- axis: 어떤 축을 기준으로 정렬할지를 설정하는 옵션으로 axis=0이면 행, axis=1이면 열을 기준으로 정렬한다.
- ascending: 오름차순과 내림차순을 설정할 수 있는데, 기본값은 True로 오름차순으로 되어있으며, 내림차순 정렬을 하고자 할 경우 False를 선택한다.
- inplace: 정렬한 내용을 바로 적용하기 위해서는 inplace=True를 지정한다.

[예제 34] 열 '점수'를 기준으로 내림차순으로 정렬해 보자.

```
df.sort_values(by='점수', ascending=False, inplace=True)
df
```

실행결과

	전공학부	이름	점수	출신
2	IT융합	아이유	100	제주
0	컴퓨터공학	김태리	90	서울
3	데이터사이언스	송중기	85	충남
1	산업정보시스템	손석구	80	강원
4	인공지능	송혜교	80	경기

상위/하위 데이터 가져오기

정렬된 데이터에 상위/하위 데이터를 가져올 수 있는데 df.head()만 지정하게 되면 전체 데이터 중에서 상위 데이터만 보여주고 df.tail()을 지정하게 되면 하위 데이터만 보여준다.

[예제 35] **상위 데이터를 가져와 보자.**

```
df.head()
```

실행결과

	전공학부	이름	점수	출신
2	IT융합	아이유	100	제주
0	컴퓨터공학	김태리	90	서울
3	데이터사이언스	송중기	85	충남
1	산업정보시스템	손석구	80	강원
4	인공지능	송혜교	80	경기

[예제 36] **head()와 tail() 함수에 데이터를 개수를 지정할 수 있다.**

정렬된 데이터에서 하위 데이터 3개를 가져와 보자.

```
df.tail(3)
```

실행결과

	전공학부	이름	점수	출신
3	데이터사이언스	송중기	85	충남
1	산업정보시스템	손석구	80	강원
4	인공지능	송혜교	80	경기

[예제 37] **정렬(sort)에서 동일한 데이터가 발생한 경우, 2차 기준을 지정할 수 있다.**

"점수"는 내림차순으로 지정하고 점수에서 동점이 발생할 경우에는 2차 기준으로 "전공학부" 내림차순으로 지정하여 정렬해 보자.

```
df.sort_values(by=['점수','전공학부'], ascending=[False,False], inplace=True)
df
```

실행결과

	전공학부	이름	점수	출신
2	IT융합	아이유	100	제주
0	컴퓨터공학	김태리	90	서울
3	데이터사이언스	송중기	85	충남
4	인공지능	송혜교	80	경기
1	산업정보시스템	손석구	80	강원

Numpy Array

넘파이는 Numerical Python의 약자로, 다차원 배열을 쉽게 처리하고 효율적으로 사용할 수 있도록 지원하는 파이썬 패키지이다. 넘파이는 데이터 구조 외에도 수치 계산을 위해 효율적으로 구현된 기능을 제공하며 pandas에서 다루어진 데이터를 좀 더 다양한 방법으로 활용하기 위해 배열 객체로 반환한다.

numpy array로 변환하기

[예제 38] DataFrame을 넘파이를 이용해 배열 구조로 변환하여 가져와 보자.

```
arr=df.to_numpy()
arr
```

실행결과

```
array([['IT융합', '아이유', 100, '제주'],
       ['컴퓨터공학', '김태리', 90, '서울'],
       ['데이터사이언스', '송중기', 85, '충남'],
       ['인공지능', '송혜교', 80, '경기'],
       ['산업정보시스템', '손석구', 80, '강원']], dtype=object)
```

[예제 39] 넘파이 배열 차원을 확인해 보자.

```
arr.shape
```

실행결과

```
(5, 4)
```

[예제 40] 넘파이 arr 배열 객체를 반복문을 활용하여 출력해 보자.

```
for i in arr:
    print(i)
```

실행결과

```
['IT융합' '아이유' 100 '제주']
['컴퓨터공학' '김태리' 90 '서울']
['데이터사이언스' '송중기' 85 '충남']
['인공지능' '송혜교' 80 '경기']
['산업정보시스템' '손석구' 80 '강원']
```

[예제 41] 넘파이 arr 배열 객체를 2차원 반복문을 활용하여 출력해 보자.

```
print(f"전공학부\t이   름\t\t점수\t출신")
for i in range(5) :
    for j in range(4):
        print(f"{arr[i][j]:<7}", end="\t")
    print()
```

실행결과

```
전공학부        이   름         점수    출신
IT융합          아이유          100     제주
컴퓨터공학      김태리          90      서울
데이터사이언스  송중기          85      충남
인공지능        송혜교          80      경기
산업정보시스템  손석구          80      강원
```

Tip 다차원 배열

아래에서 정의된 5행4열로 2차원 배열을 지정하면 다음과 같다.

```
for i in range(5) :
    for j in range(4):
```

배열에 대한 길이를 다차원에서 자동으로 할당되도록 작성해도 동일한 결과를 얻을 수 있다.

```
print(f"전공학부\t이   름\t\t점수\t출신")
for i in range(len(arr)) :
    for j in range(len(arr[i])):
        print(f"{arr[i][j]:<7}", end="\t")
    print()
```

실행결과

```
전공학부        이   름         점수    출신
IT융합          아이유          100     제주
컴퓨터공학      김태리          90      서울
데이터사이언스  송중기          85      충남
인공지능        송혜교          80      경기
산업정보시스템  손석구          80      강원
```

그룹화하기

판다스에서 groupby() 함수는 데이터를 그룹화하고 그룹화된 독립된 데이터에 그룹별 집계 통계 연산을 수행하는 데 매우 유용한 기능이다.

특히 groupby() 함수를 사용하면 데이터를 쉽게 분석할 수 있으며, 그룹 지정은 여러 개 지정도 가능하다.

```
df.groupby(["그룹할 열 이름"])
```

[예제 42]

제공한 convience_1.csv, convience_2.csv 예제 파일을 작업 디렉터리 C:\python\work 디렉터리에 복사한 후, 파이썬으로 가져오기를 진행해 보자.

```
import pandas as pd
file1=pd.read_csv("c:\\python_work\\convience_1.csv", encoding="utf-8")
file1
```

실행결과

	지점코드	판매사원	직책	근무시간	시급
0	K324	이동수	점장	7	13000
1	F324	김진표	캐셔	5	9250
2	K324	강석현	캐셔	3	9250
3	M524	배한석	매니저	5	12000
4	T411	최종명	부매니저	8	11000
5	M524	김정아	캐셔	5	9250

```
file2=pd.read_csv("c:\\python_work\\convience_2.csv", encoding="utf-8")
file2
```

실행결과

	지점코드	판매사원	직책	근무시간	시급
0	K324	윤석환	캐셔	10	9250
1	M524	김진만	점장	5	13000
2	T411	오명진	매니저	3	11000
3	M524	이찬원	캐셔	5	9250

file1, file2 두 개의 데이터프레임을 df에 합쳐보자. 데이터프레임을 합치기 위해서는 concat() 함수를 이용한다.

```
df=pd.concat([file1,file2])
df
```

실행결과

	지점코드	판매사원	직책	근무시간	시급
0	K324	이동수	점장	7	13000
1	F324	김진표	캐셔	5	9250
2	K324	강석현	캐셔	3	9250
3	M524	배한석	매니저	5	12000
4	T411	최종명	부매니저	8	11000
5	M524	김정아	캐셔	5	9250
0	K324	윤석환	캐셔	10	9250
1	M524	김진만	점장	5	13000
2	T411	오명진	매니저	3	11000
3	M524	이찬원	캐셔	5	9250

데이터프레임이 합쳐진 후, 인덱스 순서를 새 인덱스로 재구성하여 배열해 보자.

```
df.reset_index(drop=True, inplace=True)
df
```

실행결과

	지점코드	판매사원	직책	근무시간	시급
0	K324	이동수	점장	7	13000
1	F324	김진표	캐셔	5	9250
2	K324	강석현	캐셔	3	9250
3	M524	배한석	매니저	5	12000
4	T411	최종명	부매니저	8	11000
5	M524	김정아	캐셔	5	9250
6	K324	윤석환	캐셔	10	9250
7	M524	김진만	점장	5	13000
8	T411	오명진	매니저	3	11000
9	M524	이찬원	캐셔	5	9250

[급여], [세금], [실수령액]을 다음과 같이 계산하여 할당해 보자. 단, 세율은 3%이다.

```
[급여]=[근무시간]*[시급]
[세금]=[급여]*0.03
[실수령액]=[급여]-[세금]
```

```
df['급여']=df['근무시간']*df['시급']
df['세금']=df['급여']*0.03
df['실수령액']=df['급여']-df['세금']
df
```

실행결과

	지점코드	판매사원	직책	근무시간	시급	급여	세금	실수령액
0	K324	이동수	점장	7	13000	91000	2730.0	88270.0
1	F324	김진표	캐셔	5	9250	46250	1387.5	44862.5
2	K324	강석현	캐셔	3	9250	27750	832.5	26917.5
3	M524	배한석	매니저	5	12000	60000	1800.0	58200.0
4	T411	최종명	부매니저	8	11000	88000	2640.0	85360.0
5	M524	김정아	캐셔	5	9250	46250	1387.5	44862.5
6	K324	윤석환	캐셔	10	9250	92500	2775.0	89725.0
7	M524	김진만	점장	5	13000	65000	1950.0	63050.0
8	T411	오명진	매니저	3	11000	33000	990.0	32010.0
9	M524	이찬원	캐셔	5	9250	46250	1387.5	44862.5

[예제 43]

'지점코드', '판매사원', '직책'별로 데이터를 그룹화하여 '근무시간', '급여', '세금', '실수령액에 대한 합계액을 구해 보자.

```
df.groupby(['지점코드','판매사원','직책']).sum()
```

실행결과

			근무시간	시급	급여	세금	실수령액
지점코드	**판매사원**	**직책**					
F324	**김진표**	**캐셔**	5	9250	46250	1387.5	44862.5
K324	**강석현**	**캐셔**	3	9250	27750	832.5	26917.5
	윤석환	**캐셔**	10	9250	92500	2775.0	89725.0
	이동수	**점장**	7	13000	91000	2730.0	88270.0
				9250	46250	1387.5	44862.5
				13000	65000	1950.0	63050.0
				12000	60000	1800.0	58200.0
				9250	46250	1387.5	44862.5
				11000	33000	990.0	32010.0
				11000	88000	2640.0	85360.0

	전공학부	이름	점수	출신
0	컴퓨터공학	김태리	90	서울
1	산업정보시스템	손석구	80	강원
2	IT융합	아이유	100	제주
3	데이터사이언스	송중기	85	충남
4	인공지능	송혜교	80	경기

[예제 44]

'직책', '지점코드', '판매사원'별로 데이터를 그룹화하여 '근무시간', '급여', '세금', '실수령액'에 대한 평균값을 구해 보자.

```
df.groupby(['직책','지점코드','판매사원']).mean()
```

실행결과

직책	지점코드	판매사원	근무시간	시급	급여	세금	실수령액
매니저	M524	배한석	5.0	12000.0	60000.0	1800.0	58200.0
	T411	오명진	3.0	11000.0	33000.0	990.0	32010.0
부매니저	T411	최종명	8.0	11000.0	88000.0	2640.0	85360.0
점장	K324	이동수	7.0	13000.0	91000.0	2730.0	88270.0
	M524	김진만	5.0	13000.0	65000.0	1950.0	63050.0
캐셔	F324	김진표	5.0	9250.0	46250.0	1387.5	44862.5
	K324	강석현	3.0	9250.0	27750.0	832.5	26917.5
		윤석환	10.0	9250.0	92500.0	2775.0	89725.0
	M524	김정아	5.0	9250.0	46250.0	1387.5	44862.5
		이찬원	5.0	9250.0	46250.0	1387.5	44862.5

데이터프레임을 엑셀 파일로 보내기

파이썬에서는 DataFrame으로 완성된 파일을 엑셀에서 사용할 수 있도록 엑셀로 보내는 기능을 제공하고 있다.

- 파이썬에서보낼데이터.to_excel("엑셀파일명")
- 파이썬에서보낼데이터.to_csv("csv파일명")

[예제 45]

최종적으로 데이터를 '실수령액' 기준 내림차순으로 정렬한 후, 동점 데이터가 발생할 경우 2차 정렬로 '지점코드' 기준 오름차순으로 정렬해 보자.

```
df.sort_values(by=['실수령액','지점코드'], ascending=[False, True], inplace=True)
df
```

실행결과

	지점코드	판매사원	직책	근무시간	시급	급여	세금	실수령액
6	K324	윤석환	캐셔	10	9250	92500	2775.0	89725.0
0	K324	이동수	점장	7	13000	91000	2730.0	88270.0
4	T411	최종명	부매니저	8	11000	88000	2640.0	85360.0
7	M524	김진만	점장	5	13000	65000	1950.0	63050.0
3	M524	배한석	매니저	5	12000	60000	1800.0	58200.0
1	F324	김진표	캐셔	5	9250	46250	1387.5	44862.5
5	M524	김정아	캐셔	5	9250	46250	1387.5	44862.5
9	M524	이찬원	캐셔	5	9250	46250	1387.5	44862.5
8	T411	오명진	매니저	3	11000	33000	990.0	32010.0
2	K324	강석현	캐셔	3	9250	27750	832.5	26917.5

여기서 잠깐 openpyxl 라이브러리 설치하기

만약 엑셀로 내보내기를 수행하는 과정에서 에러가 난다면 다음과 같이 openpyxl을 설치하면 해결할 수 있다.

❶ 주피터 노트북 셀(cell)에서 느낌표를 붙인 후, pip 명령으로 install openpyxl을 입력하여 설치한다.

```
!pip install openpyxl
```

❷ 설치가 끝나면 openpyxl을 import하여 사용한다.

```
import openpyxl
```

여기서 잠깐 엑셀 파일 저장하기 옵션

```
df.to_excel (
    excel_write = "C:\\python_work\\salels통합.xlsx",    # 파일 경로와 파일명 정의
    sheet_name "Sheet1",                                 # 엑셀 시트 이름 정의
    index = False,       # index 숫자 0,1,2,3... 포함 설정(표시를 원할 때 True로 지정)
    encoding="utf-8",    # 한글 인코딩 방식 지정
    na_rep="             # 결측치 값을 "로 채워서 처리
)
```

[예제 46]

파이썬에서 작업 완료된 데이터프레임 df를 엑셀에서 사용할 수 있도록 "C:\python_work" 폴더에 "지점별 payroll" 엑셀 파일로 저장해 보자.

```
df.to_excel("C:\\python_work\\지점별payroll.xlsx")
```

❶ "C:\python_work" 폴더에 "지점별payroll" 엑셀 파일이 잘 생성된 것을 확인할 수 있다.

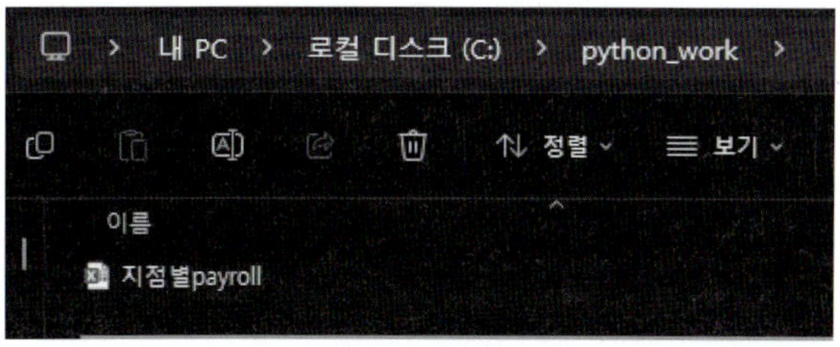

❷ 엑셀에서 생성된 "지점별payroll.xlsx" 파일 내용도 확인해 보자.

	A	B	C	D	E	F	G	H	I	J
1		지점코드	판매사원	직책	근무시간	시급	급여	세금	실수령액	
2	6	K324	윤석환	캐셔	10	9250	92500	2775	89725	
3	0	K324	이동수	점장	7	13000	91000	2730	88270	
4	4	T411	최종명	부매니저	8	11000	88000	2640	85360	
5	7	M524	김진만	점장	5	13000	65000	1950	63050	
6	3	M524	배한석	매니저	5	12000	60000	1800	58200	
7	1	F324	김진표	캐셔	5	9250	46250	1387.5	44862.5	
8	5	M524	김정아	캐셔	5	9250	46250	1387.5	44862.5	
9	9	M524	이찬원	캐셔	5	9250	46250	1387.5	44862.5	
10	8	T411	오명진	매니저	3	11000	33000	990	32010	
11	2	K324	강석현	캐셔	3	9250	27750	832.5	26917.5	
12										

데이터프레임을 CSV 파일로 보내기

[예제 47]

이번에도 데이터프레임 df를 "C:\python_work" 폴더에 "지점별payroll.csv" 파일로 저장해 보자. csv 파일은 파이썬 판다스 대용량 데이터분석에서 많이 활용되는 텍스트 파일로 매우 유용한 파일 형식이다.

```
df.to_csv("C:\\python_work\\지점별payroll.csv")
```

엑셀에서 csv 파일 가져오기

파이썬에서 내보내기한 csv 파일을 엑셀로 가져와보자.

❶ 우선 Excel 프로그램을 가동시킨다.

❷ [파일] → [새로 만들기]를 선택하여 빈 화면을 연다.

❸ [데이터] → [데이터 가져오기] → [파일에서 – 텍스트/CSV에서]를 선택한다.

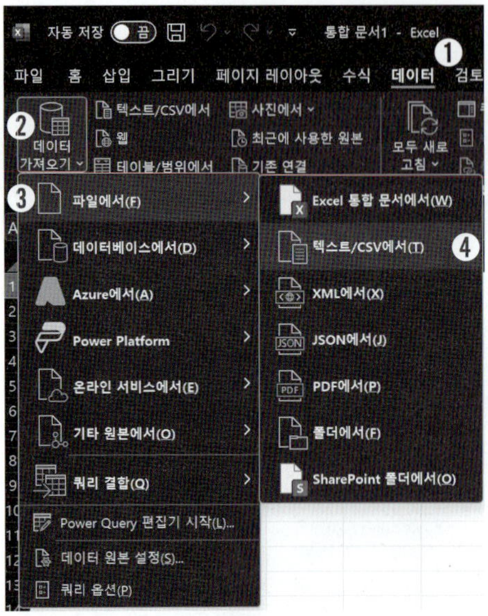

❹ C:\python_work 폴더에서 '지점별payroll.csv' 파일을 선택하고 [가져오기]를 선택한다.

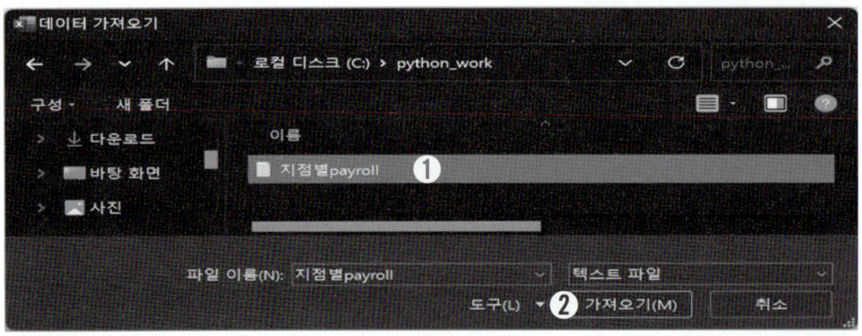

❺ [파일 원본]에서 한글 인코딩 방식이 [65001:유니코드(UTF-8)]로 되어 있는지 확인하고, 안 되어 있으면 콤보박스를 선택하여 65001:유니코드(UTF-8)]로 변경한다. [구분기호]는 [쉼표]를 확인한 후, [로드] 버튼을 클릭한다.

❻ 엑셀 스프레드시트로 한글이 깨지지 않고 잘 불러와진 것을 확인할 수 있다.

❼ 엑셀에서 확인해보니 "Column1"에 인덱스 번호가 붙어서 데이터가 생성되었다. 인덱스 번호없이 csv 파일을 내보내기 해보자. 인덱스 번호 없이 파일을 생성하기 위해서는 index=False 옵션을 추가하면 된다.

```
df.to_csv("C:\\python_work\\지점별payroll.csv", index=False)
```

❽ "C:\python_work" 폴더에서 '지점별payroll.csv' 파일을 선택하고 다시 한번 [가져오기]를 해보자. 엑셀 스프레드시트 안으로 csv 파일이 잘 [가져오기]된 것을 확인할 수 있다.

지점코드	판매사원	직책	근무시간	시급	급여	세금	실수령액
K324	윤석환	캐셔	10	9250	92500	2775	89725
K324	이동수	점장	7	13000	91000	2730	88270
T411	최종명	부매니저	8	11000	88000	2640	85360
M524	김진만	점장	5	13000	65000	1950	63050
M524	배한석	매니저	5	12000	60000	1800	58200
F324	김진표	캐셔	5	9250	46250	1387.5	44862.5
M524	김정아	캐셔	5	9250	46250	1387.5	44862.5
M524	이찬원	캐셔	5	9250	46250	1387.5	44862.5
T411	오명진	매니저	3	11000	33000	990	32010
K324	강석현	캐셔	3	9250	27750	832.5	26917.5

진단문제

1. 제공된 toefl_1.csv, toefl_2를 "C:\\python_work" 폴더에 복사한 후, _____ 밑줄 친 부분을 채워 파이썬으로 가져오기를 진행해 보시오.

```
import pandas as pd
file1=____________________________________________
file1
```

실행결과

	수험실	이름	수험번호	Reading	Listening	Speaking	Writing
0	208호	이민호	T4022	80	73	70	88
1	208호	김현중	T3154	95	80	65	70
2	208호	김수현	T7125	80	88	73	85
3	208호	손예진	T9183	60	55	47	75
4	208호	엄정화	T8745	45	37	40	63

```
file2=____________________________________________
file2
```

실행결과

	수험실	이름	수험번호	Reading	Listening	Speaking	Writing
0	300호	박나래	T1233	70	80	30	50
1	300호	이국주	T1259	65	90	50	90
2	300호	이영자	T2012	80	70	60	70
3	300호	강호동	T2253	80	60	70	60
4	300호	김병만	T3120	70	85	70	45

2. file1, file2 두 개의 데이터프레임을 df에 합치시오.

```
df=______________________
df
```

실행결과

	수험실	이름	수험번호	Reading	Listening	Speaking	Writing
0	208호	이민호	T4022	80	73	70	88
1	208호	김현중	T3154	95	80	65	70
2	208호	김수현	T7125	80	88	73	85
3	208호	손예진	T9183	60	55	47	75
4	208호	엄정화	T8745	45	37	40	63
0	300호	박나래	T1233	70	80	30	50
1	300호	이국주	T1259	65	90	50	90
2	300호	이영자	T2012	80	70	60	70
3	300호	강호동	T2253	80	60	70	60
4	300호	김병만	T3120	70	85	70	45

3. 인덱스 순서를 새 인덱스로 재구성하여 설정하시오.

```
______________________________
df
```

실행결과

	수험실	이름	수험번호	Reading	Listening	Speaking	Writing
0	208호	이민호	T4022	80	73	70	88
1	208호	김현중	T3154	95	80	65	70
2	208호	김수현	T7125	80	88	73	85
3	208호	손예진	T9183	60	55	47	75
4	208호	엄정화	T8745	45	37	40	63
5	300호	박나래	T1233	70	80	30	50
6	300호	이국주	T1259	65	90	50	90
7	300호	이영자	T2012	80	70	60	70
8	300호	강호동	T2253	80	60	70	60
9	300호	김병만	T3120	70	85	70	45

4. 열 [총점], [평균]을 계산하여 추가하시오.

```
총점 = [Reading + Listening + Speaking + Writing]
평균 = [총점/4]
```

```
df['총점']= ____________________________________________
df['평균']= ____________
df
```

실행결과

	수험실	이름	수험번호	Reading	Listening	Speaking	Writing	총점	평균
0	208호	이민호	T4022	80	73	70	88	311	77.75
1	208호	김현중	T3154	95	80	65	70	310	77.50
2	208호	김수현	T7125	80	88	73	85	326	81.50
3	208호	손예진	T9183	60	55	47	75	237	59.25
4	208호	엄정화	T8745	45	37	40	63	185	46.25
5	300호	박나래	T1233	70	80	30	50	230	57.50
6	300호	이국주	T1259	65	90	50	90	295	73.75
7	300호	이영자	T2012	80	70	60	70	280	70.00
8	300호	강호동	T2253	80	60	70	60	270	67.50
9	300호	김병만	T3120	70	85	70	45	270	67.50

5. '수험실'을 그룹화하여 숫자 열에 대한 그룹 합계를 구하시오.

```
dfGrp=______________________________
dfGrp
```

실행결과

			Reading	Listening	Speaking	Writing	총점	평균
수험실	**이름**	**수험번호**						
208호	**김수현**	**T7125**	80	88	73	85	326	81.50
	김현중	**T3154**	95	80	65	70	310	77.50
	손예진	**T9183**	60	55	47	75	237	59.25
	엄정화	**T8745**	45	37	40	63	185	46.25
	이민호	**T4022**	80	73	70	88	311	77.75
300호	**강호동**	**T2253**	80	60	70	60	270	67.50
	김병만	**T3120**	70	85	70	45	270	67.50
	박나래	**T1233**	70	80	30	50	230	57.50
	이국주	**T1259**	65	90	50	90	295	73.75
	이영자	**T2012**	80	70	60	70	280	70.00

6. 열 '평균'을 기준으로 내림차순으로 정렬하시오.

```
_______________________________________________
df
```

실행결과

	수험실	이름	수험번호	Reading	Listening	Speaking	Writing	총점	평균
2	208호	김수현	T7125	80	88	73	85	326	81.50
0	208호	이민호	T4022	80	73	70	88	311	77.75
1	208호	김현중	T3154	95	80	65	70	310	77.50
6	300호	이국주	T1259	65	90	50	90	295	73.75
7	300호	이영자	T2012	80	70	60	70	280	70.00
8	300호	강호동	T2253	80	60	70	60	270	67.50
9	300호	김병만	T3120	70	85	70	45	270	67.50
3	208호	손예진	T9183	60	55	47	75	237	59.25
5	300호	박나래	T1233	70	80	30	50	230	57.50
4	208호	엄정화	T8745	45	37	40	63	185	46.25

7. 데이터프레임에서 열 '평균'이 60점 이상인 데이터만 dfPass로 저장하시오. 그런 다음 저장된 dfPass 데이터프레임을 "C:\\python_work\\tofelPass.xlsx" 엑셀 파일로 내보내기 하시오. 단, 엑셀 파일 생성시 인덱스 행번호는 부여되지 않도록 옵션을 설정한다.

```
dfPass=________________
_______________________________________________________
```

8. 엑셀 스프레드시트에서 엑셀로 내보내기한 파일을 "C:\\python_work\\tofelPass.xlsx" 열기로 가져오시오.

L13

	A	B	C	D	E	F	G	H	I	J
1	수험실	이름	수험번호	Reading	Listening	Speaking	Writing	총점	평균	
2	208호	김수현	T7125	80	88	73	85	326	81.5	
3	208호	이민호	T4022	80	73	70	88	311	77.75	
4	208호	김현중	T3154	95	80	65	70	310	77.5	
5	300호	이국주	T1259	65	90	50	90	295	73.75	
6	300호	이영자	T2012	80	70	60	70	280	70	
7	300호	강호동	T2253	80	60	70	60	270	67.5	
8	300호	김병만	T3120	70	85	70	45	270	67.5	
9										

요점정리

1. 파이썬에서 클래스(Class)란 큰 틀을 의미하며 틀 안에서 속성(변수, 메소드)을 포함하고 있다. 클래스에서 틀이란 객체를 만들기 위한 설계 역할이다.

2. 메소드(Method)는 클래스로부터 생성된 객체를 사용하여 명령을 전달하거나 수행하는 역할을 한다.

3. 상속이란 자식 클래스(Child class) 입장에서 부모 클래스(Parent Class)의 속성(변수, 메소드)을 물려받아 부모 클래스의 속성을 사용할 수 있도록 하는 방법이다.

4. 인스턴스(Instance)는 거의 객체와 같은 의미로 사용되고 있는데 객체를 사용하기 위해서 인스턴스화를 거친 후 객체 사용이 가능하다.

5. 생성자는 클래스 생성 시 자동으로 실행되는 메소드로 필요한 데이터 값을 초기화 하여 할당한다.

6. `__str__`메소드는 클래스 `__init__` 메소드에서 정의한 내용을 `__str__`메소드에서 문자열화하여 처리한 후, 해당 값을 반환하게 된다.

7. 상속에서 메소드 오버라이딩은 부모 클래스를 물려받은 자식 클래스에서 부모 클래스의 메소드를 재정의하여 사용하는 기능이다.

8. pandas 모듈에서 DataFrame에 활용한 통계 함수이다.

함수	설명
describe()	데이터에 대한 통계 값 요약
count()	열 개수 구하기
sum()	합계 구하기
mean()	평균 구하기
var()	분산 값 구하기
median()	중간 값(중위수) 구하기
mode()	최빈수 구하기
std()	표준편차 구하기
max()	최대값 구하기
min()	최소값 구하기

연습문제

1. 클래스에서 생성자 메소드에 전달받은 매개변수나, 함수에 자체적으로 데이터를 저장하기 위해 사용되는 변수는? (　)

   ① 클래스 변수　② 인스턴스 변수　③ 정적 변수　④ 전역 변수

2. 클래스로부터 생성된 객체를 사용하여 명령을 전달하거나 수행하는 역할을 하는 것은? (　)

   ① 클래스　② 객체　③ 메소드　④ 인스턴스

3. 클래스에서 객체 내에서 동작하는 함수를 일컫는 용어는? (　)

   ① 속성　② 인스턴스　③ 클래스　④ 메소드

4. 변수, 메소드 등에 접근하기 위해 클래스로부터 생성된 이것은? (　)

   ① 클래스　② 객체　③ 메소드　④ 상속

5. 자식 클래스에서 반복되는 과정을 중복 사용하지 않고 부모 클래스의 속성과 메소드를 사용할 수 있도록 하는 이 기능은? (　)

   ① 클래스　② 객체　③ 메소드　④ 상속

6. 자식 클래스에서 부모 클래스 메소드를 그대로 사용할 수 없으므로 재정의하여 사용해야하는 기능은? (　)

   ① 메소드 오버로딩　② 메소드 오버라이딩
   ③ 추상형　④ 은닉

7. 다음 중 분산을 구하는 함수는? (　)

   ① var　② std　③ mean　④ mode

8. 다음 중 최빈수를 구하는 함수는? (　)

   ① var　② std　③ mean　④ mode

9. 다음 중 표준편차를 구하는 함수는? (　)

   ① var　② std　③ mean　④ mode

10. 다음 중 대표적인 객체 지향 프로그래밍 언어는? ( )

① Java ② C ③ COBOL ④ HTML

11. 파이썬 판다스 라이브러리에서 데이터를 분석할 때 유용하게 사용되며, 파일을 저장할 때는 주로 콤마(,)나 탭(\t)으로 구분자를 지정하여 저장하는 텍스트 형태의 파일은? ( )

① ppt ② txt ③ csv ④ xlsx

12. 판다스 모듈에서 데이터를 정렬하기 위해 사용되는 함수는? ( )

① `sort_values()` ② `sorted()` ③ `order()` ④ `groupby()`

수행평가

1. 아래 부모 클래스를 참고하여 자식 클래스에서 부모 클래스를 상속받아 [실행결과]와 같이 출력되도록 메소드 오버라이딩을 구현하시오.

```
class Dog:
    def dogBarking(self, howling):
        print("내 개는", howling, "하고 짖어요.")
```

실행결과

```
내 개는 컹컹! 하고 짖어요.
내 강아지는 멍멍! 하고 짖어요.
```

2. 아래 부모 클래스를 참고하여 자식 클래스에서 부모 클래스를 상속받아 [실행결과]와 같이 출력되도록 상속 기능을 구현하여 프로그램을 완성하시오.

```
class Parent:
    city="부산"
    def dadHome(self):
        print("아버님 고향은",self.city,"이시다.")
```

실행결과

```
내 고향은  서울 이지만
아버님 고향은 부산 이시다.
```

3. 클래스를 만들어 sum(15,25) 메소드를 호출하여 두 수에 대한 합계를 [실행결과]와 같이 출력하는 생성자 프로그램을 작성하시오.

실행결과

```
합계= 40
```

4. 클래스를 만들어 somopum("노트",5,1500) 메소드를 호출하여 [실행결과]와 같이 출력하는 생성자 프로그램을 작성하시오. (단, 금액=수량*단가)이다.

```
somopum("노트",5,1500)
```

실행결과

```
품명: 노트
수량: 5
단가: 1500
금액: 7500
```

5. 아래와 같이 딕셔너리 형태의 종류, 단가를 DataFrame으로 변환 후, 수량, 판매대금 열을 추가하여 [실행결과]와 같이 출력하는 pandas 모듈을 활용한 파이썬 프로그램을 작성하시오. 단, 판매대금 = 단가 * 수량이다.

```
data = {"종류":["볼펜","잉크","샤프","색종이","딱풀"],"단가":
[1000,2000,1500,500,500]}      # 딕셔너리
```

Hint: pandas 모듈을 사용하기 위해서 import pandas as pd를 선언
```
df["판매대금"] = df["단가"] * df["수량"]
```

실행결과

```
        종류    단가   수량    판매대금
0       볼펜   1000    12    12000
1       잉크   2000    10    20000
2       샤프   1500    10    15000
3      색종이   500    20    10000
4       딱풀    500    25    12500
```

6. class 'Car' 객체 지향 프로그래밍 코드에 대한 [실행결과]를 참조하여 Car 클래스를 생성자 메소드로 초기 데이터 값을 읽어서 [실행결과]와 같이 데이터를 출력하는 객체 지향 프로그램을 완성하시오. 단, engine 변수는 클래스 변수를 이용한다.

```
class Car:
    engine="Gasoline 3.5 Turbo Engine"
    def ___________________________________________ :    # 생성자 메소드
        self.model=model
        self.company=company
        self.color=color
        self.cc=cc
        self.price=price

    def disp(self) :
        print(f"""
         ___________________________________________          # 시스템 성능
        자동차 모델:{self.model}
        제조회사 :{self.company}
        색    상 :{self.color}
        배 기 량 :{self.cc}
        가    격 :{self.price:,}
        """)
___________________________________________________           # 타이틀 출력
vehicle=Car("Genesis","HYUNDAI","Black",3497,50000000)
vehicle.disp()
```

실행결과

```
시스템 성능 :Gasoline 3.5 Turbo Engine
자동차 모델 :Genesis
제조회사 :HYUNDAI
색    상 :Black
배 기 량 :3497
가    격 :50,000,000
```

찾아보기

국문